노인복지론

장우심·길태영·이미란
임재옥·정명환·성기옥

창지사

머리말

현대사회에 이르러 다양한 사회 환경의 변화와 의료 기술의 발달로 인간의 수명은 늘어났고 노인인구가 급증하는 고령화사회가 도래하였다. 특히, 우리나라의 경우 급속한 속도로 고령화가 진행되면서 노인과 관련된 다양한 문제들이 사회 전반에서 나타나고 있다. 이에 빠른 속도로 초고령화사회로 진입하고 있는 우리나라의 특성을 고려한 다양한 논의와 연구, 관련 노인 정책들이 사회복지 현장에서 이루어지고 있다.

우리나라의 노인복지에 대해 관심과 사명감을 가진 여러 대학의 전공 교수들이 모여 현행 노인복지에 대해 분석하고 논의할 기회가 있었다. 우리는 장차 노인복지 현장을 이끌어 갈 후학들에게 어떻게 하면 노인복지의 현 상황과 앞으로 나아가야 할 방향에 대해 잘 전달하고 실제적으로 가르쳐 줄 수 있을지에 대해 고심하는 시간을 가졌다. 결론적으로 학습자의 입장에서 노인복지와 관련된 학습 내용을 보다 쉽게 이해할 수 있도록 할 뿐만 아니라 향후 실제 사회복지 현장에서 활용하고 실천할 수 있는 길라잡이와도 같은 교재를 집필하면 좋겠다는 의견이 모아졌다.

현재 사회복지 교육현장에는 훌륭하신 교수님들께서 이미 집필해두신 『노인복지론』 교재가 무수히 많다. 그럼에도 불구하고 본 교재를 집필한 이유는 다년간 교육현장에서 강의를 통하여 '가르침'과 '깨우침'에 대해 깊이 고민해 왔기 때문이다. 특히, 교수자가 많은 것을 알고 있고 열심히 가르친다고 해서 모든 학습자들이 '깨우침', 즉 '이해'와 '배움'을 얻는 것은 결코 아니기 때문이다. 또한 어려운 용어들로 전문지식을 많이 축적한다고 하여 현장에서 '실천'이 가능한 것은 더더욱 아닐 것이다. 장차 노인복지 현장에서 실제적인 일들을 담당할 해당 학생들이 이해와 배움을 얻지 못하고 실제로 쓰이지 못하는 지식과 학습은 비효율적이고 공허하다. 이에 뜻을 함께하는 몇 명의 교수들이 모여 이해와 실천을 중심으로 본 교재를 마련하게 되었다.

본 교재의 구성은 다음과 같다. 초입부에서는 노인과 노화의 이해에 대해 다루고 있으며, 중반부는 노인복지 정책 및 제도, 후반부는 노인복지 실천 및 개입방법의 이해로 구성하였다. 세부적으로 각 장이 끝나는 마지막 부분에 해당 주제와 관련하여 참고할 만한 정보나 자료로 영화, 사이트 또는 이슈를 소개하였다. 또한 주제별 생각해볼 문제 및 문제 상황 등에 대해 다룸으로써 현장성과 실제성을 반영하고 향후 사회복지 현장에서의 활용성을 높이고자 노력하였다. 마지막으로 수업 과정에서 Flipped Learning(거꾸로 학습), Team Based Learning(팀기반 학습), Problem Based Learning(문제중심 학습), DBL(토의토론 학습) 등의 다양한 교수 · 학습 방법을 도입하여 수업 과정에서 쉽게 적용할 수 있도록 하였다. 이는 노인복지에 대한 학습자의 흥미와 동기를 유지하고 학생 참여형 수업이 가능하며, 향후 교재의 활용 과정에서 학습자의 단계와 수준을 고려한 여러 전공 교수님들의 재구성을 통해 더욱 풍성하고 재미있게 수업을 진행할 수 있는 요소로 작용할 것이다.

끝으로 따뜻한 관심과 함께 이 책이 활자화되어 나오기까지 물심양면으로 도움을 주신 출판사 대표님과 편집부 직원 선생님들께 깊은 감사의 말씀을 전한다. 또한 전국에서 노인복지 수업과 각 주제에 대해 깊은 고민과 노력을 통해 옥고를 보내주신 집필 교수님들께도 진심으로 감사의 인사를 드린다. 이 책이 우리나라 노인복지를 이끌어 갈 미래의 인재들에게 유용하고 실질적인 도움으로 활용되기를 진심으로 기대한다.

대표저자 장우심

차례

■ 머리말 / 2

chapter 01 노인과 고령사회의 이해 7

1. 고령사회의 환경변화 / 8
2. 노인의 정의 및 특성 / 20
3. 노인의 주요문제와 욕구 / 24

chapter 02 노화와 노화이론 29

1. 노화의 정의 / 30
2. 노화의 특징 / 31
3. 노화의 주요 이론 / 42
4. 활동적 노화와 건강한 노화 및 성공적인 노화 / 49

chapter 03 노인복지의 개관 55

1. 노인복지의 개념과 기능 / 56
2. 노인복지의 역사 / 57
3. 노인복지의 원칙과 주요내용 / 63
4. 노인복지정책 및 실천체계 / 66

chapter 04 노년기 소득실태와 소득보장 77

1. 노인의 소득실태 / 79
2. 노인의 빈곤 / 83
3. 노인 소득보장정책 / 88

chapter 05 노년기 일자리사업과 고령친화산업 99

1. 노년기 일자리 사업 / 100
2. 고령친화사업 / 113

chapter 06 노년기 건강과 의료보장 121

1. 노인의 건강실태 및 주요 질병 / 122
2. 노인과 치매 / 136
3. 노인 건강보장정책 / 141

chapter 07 노년기 돌봄니즈와 장기요양 145

1. 노인의 돌봄니즈와 돌봄실태 / 146
2. 노인 장기요양정책 / 148
3. 에이징 인 플레이스 정책 / 161

chapter 08 노년기의 주거보장 171

1. 노인 주거보장의 개념 / 172
2. 노인주거시설의 유형 / 174

chapter 09 노년기 사회참여 및 사회적 관계 191

1. 노년기 사회적 관계와 역할 및 사회적고립 / 192
2. 노인의 관계적 자원 / 197
3. 노인의 사회참여 및 시민활동 / 199

chapter 10 노인복지서비스 및 실천 207

1. 노인복지실천의 이해 / 208
2. 노인복지실천의 과정 / 218
3. 노인복지실천 개입방법 / 224

chapter 11 노인상담 및 실천 237

1. 노인상담의 이해 / 238
2. 노인상담의 목적과 기본원칙 / 240
3. 노인상담의 기법과 유형 / 243
4. 노인상담의 윤리적 이슈 / 252
5. 노인상담 과정 / 253

chapter 12 노인사례관리 265

1. 사례관리의 이해 / 266
2. 사례관리의 주요 모델과 개입방법 / 273
3. 노인대상 사례관리의 실제 / 281

chapter 13 그 밖의 다양한 노인복지서비스 291

1. 노인과 가족 / 292
2. 노인학대와 인권 / 298
3. 노인과 성(性) / 304
4. 호스피스 케어와 임종 / 307

■ 참고문헌 / 318

C·H·A·P·T·E·R 01

노인과 고령사회의 이해

학습목표

1. 고령사회의 환경변화에 대해 이해하고 설명할 수 있다.
2. 노인의 정의 및 특성을 이해하고 설명할 수 있다.
3. 노인의 주요문제 및 욕구에 대해 이해하고 설명할 수 있다.

최근 보건의료기술의 발전과 교육수준 및 생활수준의 향상, 건강에 대한 관심의 증가, 영양, 안전, 위생환경의 개선 등과 같은 사회적 환경의 변화 및 발전으로 인간의 수명은 늘어났고, 더불어 노인인구도 급속하게 증가하였다. 특히, 80세 이상의 후기 고령노인의 증가로 인하여 다양하고 심각한 사회적 문제들이 제기되고 있다.

현대사회를 살아가는 대부분의 노인들은 자신의 노후를 위해 미처 준비하지 못한 상태에서 노년기를 맞이하거나, 노인부양으로 인한 가족 구성원들과의 갈등과 함께 부양 부담을 외면하는 경향이 늘어나고 있다. 이미 고령사회에 진입한 우리나라의 경우 노인인구의 증가와 함께 미비한 노후준비 및 소득감소로 인한 생활의 어려움, 노동시장으로의 진입의 어려움, 노화로 인한 건강악화 및 요양, 현대사회의 가족구성 및 기능과 거주형태의 변화, 사회적 지위와 역할의 변화, 세대간의 소통문제, 사회적 관계의 변화와 함께 노인빈곤, 노인학대, 노인범죄, 노인자살 등과 같은 많은 노인 관련 문제들이 나타나고 있다. 그러므로 본 장에서는 고령사회의 이해를 위해 고령사회의 환경변화와 노인의 정의 및 특성 그리고 노인의 다양한 문제 및 욕구에 대해 살펴보고자 한다.

1. 고령사회의 환경변화

우리나라 노인인구 추이를 살펴보면, 1960년 이후 총인구 및 65세 이상의 노인인구 수는 점차 증가하여 2020년 현재, 총인구 5천178만 명과 노인인구 8백 12만 5천 명으로 전체 인구 중 노인인구는 15.7%를 차지하는 '고령사회'에 이르렀다.

〈표 1-1〉 우리나라 노인인구의 추이

(단위: 천 명, %)

구 분	1960년	2000년	2010년	2015년	2020년
총인구	24,989	45,985	47,991	49,706	51,780
65세 이상(명)	935	3,372	5,425	6,569	8,125
노인구성비(%)	3.7	7.3	11.3	13.2	15.7

구 분	2025년	2030년	2035년	2040년	2045년
총인구	51,905	52,926	51,629	50,855	49,574
65세 이상(명)	10,511	12,979	15,237	17,223	18,329
노인구성비(%)	20.3	25.0	30.5	33.9	37.0

출처 : 통계청, 장래인구추계, 재구성.

우리나라는 1960년 이후 노인인구가 꾸준히 증가하여 2000년에는 노인인구 비율이 전체인구 중 7.2%로 '고령화사회[1]'에 진입하였으며, 2018년 전체인구 중 14.8%로 '고령사회[2]', 2025년에는 '초고령사회[3]'로의 진입을 앞두고 있다.

다른 국가들의 인구고령화 추이를 살펴보면, 프랑스의 경우 '고령화사회'에서 '고령사회'로 진입하는 데 소요된 기간은 115년이었으며, 미국은 72년, 일본은 24년이었지만 우리나라는 18년으로 매우 빠르게 진행되었다. 이는 세계 어느 나라에서도 찾아볼 수 없는 빠른 고령화 진행 속도로, 이에 대한 대응책이 매우 필요하다.

〈표 1-2〉 주요 국가들의 인구 고령화 추이 비교

국 가	도달 연도			소요 년 수	
	7%(고령화)	14%(고령)	20%(초고령)	7%→14%	14→20%
프랑스	1864	1979	2019	115	40
스웨덴	1887	1972	2011	85	40
미국	1942	2014	2030	72	16
독일	1932	1972	2010	40	38
일본	1970	1994	2006	24	12
한국	2000	2018	2025	18	7

출처 : 일본 국립사회보장·인구문제연구소, 「인구통계자료집」 재구성, 2003.

1) 고령화사회(Aging society) : 전체인구 대비 65세 이상 노인인구가 7% 이상 14% 미만인 사회.

2) 고령사회(Aged society) : 전체인구 대비 65세 이상 노인인구가 14% 이상 20% 미만인 사회.

3) 초고령사회(Super aged society) : 전체인구 대비 65세 이상 노인인구가 20% 이상인 사회.

통계청(2019)에 의하면 오는 2025년에는 65세 이상의 고령인구가 1,000만 명이 넘을 것으로 예상하고 있으며, 2047년에는 1,879만 명(38.4%)에 이를 것으로 전망하였다. 특히, 베이비부머 세대[4]가 고령인구에 진입하는 2020년부터는 고령인구가 더욱 급증할 것으로 전망되고 있다.

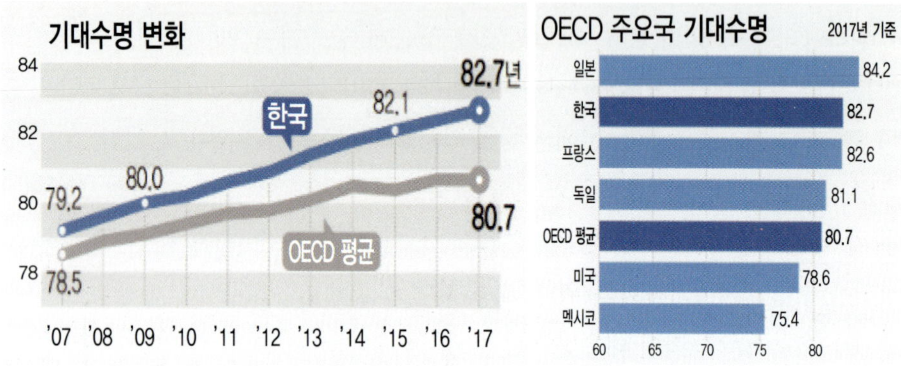

[그림 1-1] OECD 주요국가 기대수명 보건통계

출처 : 보건복지부, OECD 보건통계 2019년.

고령사회 진입의 직접적인 요인으로는 노인의 평균수명이 연장되었기 때문이다. 노인의 평균수명 연장으로 건강한 노인이 장수하는 것은 큰 축복으로 여길 수 있겠으나, 현대사회를 살아가는 노인들은 노후 준비가 부족하여 건강문제를 비롯하여 경제적 빈곤, 사회적 관계의 단절 외에도 여러 가지 문제에 직면하고 있다. 노인 혼자서 자신의 질환을 관리할 수 있다면 문제가 되지 않지만, 다른 사람의 도움이 필요할 정도로 일상생활 지속이 불가능하다면 그에 따른 노인부양을 위한 인력과 비용이 발생하게 된다.

'2019년 OECD[5]보건통계'에 따르면 2017년 기준 OECD 평균수명은 80.7년이나 한국인의 평균 기대수명은 82.7년으로 OECD 국가의 평균보다 2년이 더 길다

4) 베이비 부머 : 우리나라에서는 6.25 전쟁 후 1955~1963년 사이 태어난 사람.

5) 경제협력개발기구(Organization for Economic Cooperation and Development).

고 한다. 성별로는 한국 여성노인의 기대수명은 85.7년이며 남성노인의 기대수명은 79.7년으로 여성노인이 6년 더 길다고 하였다.

고령사회 진입의 간접적인 요인으로는 최근 젊은이들이 예전과 달리 결혼 · 출산과 관련한 가치관과 태도가 많이 달라져 비혼 및 만혼이 늘어나고 출산율이 감소되었기 때문이다.

'2018년 전국 출산력 및 가족보건 · 복지 실태조사'보고서에 의하면 이상적인 자녀수는 평균 2.16명으로 나타났으나, 2019년 현재 우리나라 합계출산율[6]은 0.92명으로 OECD 국가 중 최하위에 있으며 매우 심각한 상태이다. 특히, 20대 후반 출산율이 크게 감소하였고 주 출산 연령인 30대 초반의 출산율도 많이 줄어든 상태이다. 그 이유로는 양육비나 교육비 등 경제적 부담이 가장 큰 이유로 나타났다. 이처럼 미래사회를 위협하는 저출산·고령화 현상의 심화는 국가적 위기로, 이에 대한 적극적인 대응방안이 마련되어야 할 것이다.

이인수 외(2004)는 저출산·고령화 사회로 인한 위기요인은 경제성장의 둔화라고 하였고, 이로 인해 파생되는 가족기능의 약화, 다양한 복지요구의 증가, 연금 불안정 및 재정수지 악화, 세대 간의 갈등 발생, 노동력 감소 및 노동생산성 저하 등이라고 하였다. 노동생산성의 저하, 저축 감소, 소비 및 투자위축, 재정 악화 등은 경제성장을 둔화시키고, 이는 가족기능 약화 및 다양한 복지요구의 증가로 국가와 사회의 공동부담으로 전환되었기 때문이다. 즉, 노인의료비, 연금 등과 같은 공적 부담의 증가를 들 수 있을 것이다.

정부에서도 저출산·고령사회의 문제를 해결하고자 2004년「저출산·고령화 기본법」23조에 의해 '저출산고령사회 위원회'를 설립하였다. 이후 5년마다 단계적이고 전략적으로 5개년 기본계획을 수립 및 추진하고 있으나, 실효성의 확보와 다양한 계층을 포괄하는 선택과 집중에 따른 정책에는 여전히 한계가 있는 것이 사실이다.

6) 합계추산율 : 출산 가능한 만 15~49세의 여성이 평생 낳을 것으로 예상되는 평균 출생아 수의 총합.

특히, 노인부양 부담과 보건의료 및 복지 부담과 같은 여러 가지 문제들을 해결할 수 있도록 저출산·고령화 대응정책의 모색과 함께 계층 간 이해와 지지 및 사회적 공감대가 필요하다.

노인은 일반적으로 점차 나이가 들어감에 따라 신체적으로 쇠약해지고, 일상생활에서의 많은 변화로 흔히 말하는 노인의 4중고(질병, 빈곤, 소외감 및 역할상실)의 어려움을 겪게 된다. 즉, 노화에 따른 신체적, 심리적, 사회적 기능의 약화로 발생되는 질환 등으로 인하여 불건강한 상태가 되고, 은퇴와 함께 수입의 감소로 인한 경제적 어려움을 겪는 '빈곤'과, 최근 사회적으로 많은 이슈화가 되고 있는 '고독사'와 같이 복지사각지대에 놓여 죽음조차도 홀로 쓸쓸히 맞이하는 경우를 들 수 있다. 또한 '소외'와 함께 스스로 무엇을 해야 할지 모르는 '무위', 즉 '역할 상실'을 겪고 있다. 이에 대한 대안은 바로 '활동적 노화(Active Aging)'[7], '건강한 노화(Healthy Aging)' 및 '성공적인 노화(Successful Aging)'[8]와 같이 스스로 노후를 준비할 것과 나아가 노인부양의 문제는 개인이나 가족의 책임으로만 돌리기보다 사회적 문제로 인식하고 국가차원의 노인복지정책을 펼쳐 나가야 함이 바람직할 것이다.

노인인구의 변화는 긍정적인 측면과 함께 부정적인 측면이 있다. 먼저 긍정적인 측면으로는, 앞서 언급된 바와 같이 1960년대 성공적 노화(successful aging),

7) 활동적 고령화(active aging)는 2000년대 초반 유럽연합(EU: European Union), 경제개발협력기구(OECD), 세계보건기구(WHO: World Health Organization) 등에서 정책적으로 인권, 고령자의 구체적인 요구, 문화, 사회적 건강과 행복 등에 관심을 두는 '활동적 고령화'를 제시한 것이다. "사람이 나이가 듦에 따라서 삶의 질을 높이기 위하여 건강, 참여 및 안전을 위한 자원을 활용하는 과정"을 말하며, 이는 2002년 마드리드에서 개최된 고령화에 관한 제2차 세계대회에서 처음으로 발의되었다.

8) 성공적 노화(successful aging)란 전통적으로 생물학적 측면에서 주로 건강과 수명문제에 기초하여 정의하였으며, 일상생활 활동이나 신체적 수행정도를 중요시하였다(Strawbridge et al., 1996). 그러나 스차이(Schaie, 1990)와 반두라(Bandura, 1986) 등은 심리적 측면을 중요시하고 인지적 기능의 최적화와 지각된 통제력, 지각된 자기효능감, 생활만족도 등으로 성공적 노화를 이해하였으며, 전 생애 발달심리학자인 발테스와 칼스텐슨(Baltes & Carstensen, 2005)은 성공적 노화를 긍정적 결과의 최대화와 부정적 결과의 최소화나 회피로 정의하였다.

1980년대 생산적 노화(productive aging)[9] 그리고 2000년대 활동적 고령화(active aging)를 논할 수 있을 것이다(심의보 외, 2012).

부정적 측면으로는 노인의 빈곤, 질병, 고독, 역할상실 등으로 노인 자신뿐만 아니라 미래세대에 영향을 끼친다는 점이다. 즉, 노인의 빈곤은 사회경제적으로 부정적 파급효과를 끼친다는 사실이다. 고령화사회가 초래하는 가장 큰 결과는 노인부양지수로 생산연령(15~64세)이 65세 이상 노인을 부양해야 하는 부담의 증가이다. 생산가능 인구, 즉 노동인구의 감소로 국가재정의 원천인 세금이 줄어들고 경기부양의 효과도 낮아진다. 뿐만 아니라 생산가능인구의 감소와 함께 노인부양비용의 부담이 가중되고 사회보장비용의 증가로 복지재정의 건전성이 와해되는 재정적자가 확대되기 때문이라고 할 수 있다. 결과적으로 가족의 부양 부담 및 노인부양비의 증가, 의료비의 증가, 노동력 부족 등과 같은 문제가 나타나기 때문이다.

우리나라 인구고령화의 특징은, 고령화의 빠른 속도와 함께 도시보다 농촌지역이 더욱 빠르게 고령화가 진행되는 것과 성별에 따른 고령인구의 차이가 있다. 즉, 남성노인보다 상대적으로 평균수명이 긴 여성노인이 더 많아 고령인구 성비에도 차이가 있다. 노인인구 중 후기 고령인구의 증가와 더불어 노인성 질병이 증가함으로써 변화된 현재 가족구조와 함께 노인부양은 점차 어려운 상황에 처하고 있다.

그 밖에도 중앙치매센터의 '대한민국 치매현황 2018 보고서'에 따르면, 65세 이상 치매환자는 70만 5,473명으로 추정되며 치매 유병률은 10%로, 65세 이상 노

9) 생산적 노화(productive aging)는 1982년 잘츠부르크 세미나에서 시대를 극복하는 지혜로 노인 생산성 문제를 언급한 버틀러(Butler)에 의해 처음으로 제기되었다(Butler & Gleason, 1985). 이들이 제안하는 것은 노인들이 수동적이고 의존적이기 때문에 사회가 이들을 부양해야 하고 이로 인해 사회는 많은 부담을 지게 된다는 시각을 변화시켜야 한다는 것이었다. 최근 노인들을 단지 부양의 대상이 아니라 적극적인 생산의 주체로 보고, 노인부양에 드는 비용 증가에 대응적 방안으로 발생하기도 하였지만, 건강하고 고학력을 가진 노인들이 증가하면서 이들의 잠재력을 활용해야 한다는 관점에서 나타났다. 이는 사회적 일자리 창출을 통해 노인에게 다양한 일자리를 제공하고자 하는 흐름의 연장선상에 있다.

인 10명 중 1명이 치매환자라고 한다. 향후 치매환자의 수는 지속적으로 증가하여 2024년에는 100만 명, 2039년에는 200만 명, 2050년에는 300만 명이 넘을 것으로 예상하고 있다.

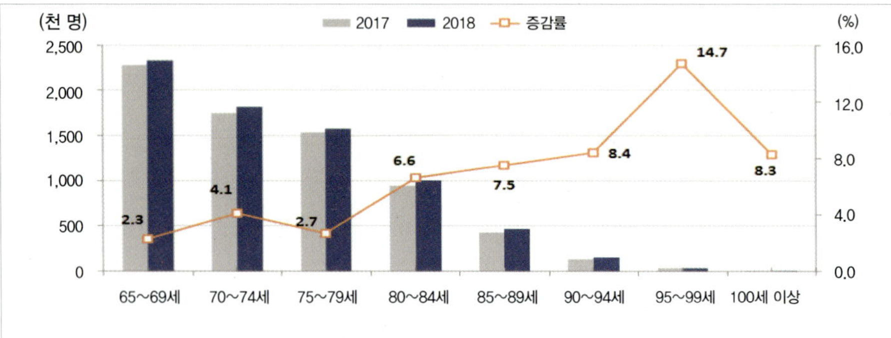

[그림 1-2] 고령자 연령별 인구 및 증감률

출처 : 통계청, KOSIS, http://kosis.kr

인구고령화 문제가 사회적 위험으로 간주되어 사회복지 차원에서 보다 적극적인 개입의 필요성이 인식됨으로써 특히 노인돌봄과 관련하여 독일의 수발보험(1995년) 및 일본의 개호보험(2000년)에 이어 우리나라에서도 여러 차례의 시범사업과 시행착오를 거쳐 2007년 4월 「노인장기요양보험법」을 제정하였다.

노인장기요양보험제도의 도입 취지는 일상생활을 혼자서 수행하기 어려운 노인들에게 신체활동 또는 가사활동지원 등의 장기 요양 급여를 제공하여 노후의 건강 증진 및 생활안정을 도모하고 그 가족의 부담을 덜어주어 국민의 삶의 질 향상을 도모하기 위하여 65세 이상 노인 또는 치매, 중풍, 파킨슨병 등 노인성 질병으로 6개월 이상(만성질환)의 기간 동안 혼자서 일상생활을 수행하기 어려운 사람을 대상으로 케어를 하는 것이다. 이를 위해 노인의료복지시설과 재가노인복지시설이 있다.

구체적으로 노인의료복지시설은 노인요양시설 · 노인요양공동생활가정이 있으며 재가노인복지시설에는 방문요양서비스, 주 · 야간보호서비스, 단기보호서비스, 방문목욕서비스, 재가노인지원서비스, 방문간호 등과 같은 서비스를 제공하고 있다.

노인과 관련된 정책은 치매검진사업, 치매치료관리비 지원사업, 노인실명예방관리사업, 노인맞춤 돌봄서비스, 노인주거복지시설 등을 들 수가 있다.

먼저, 치매검진사업은 치매의 위험이 높은 만 60세 이상 어르신을 대상으로 치매 조기검진을 실시하여 치매환자를 조기에 발견 · 관리함으로써 치매환자 및 그 가족들의 삶의 질을 제고하기 위함이라고 할 수 있으며, 치매치료관리비 지원사업은 치매를 조기에 치료함으로써 효과적으로 치매 증상을 호전시키거나 중증화를 방지하여 궁극적으로 노후 삶의 질을 제고하는 것이다.

노인실명예방관리사업은 고령사회에 적응할 수 있도록 노인에 적합한 각종 건강증진 및 관리 프로그램의 개발 보급을 통해 건강 향상 및 의료비 절감에 기여한다. 특히 노화성 안질환은 자각증상이 없어 정기적 검진을 통한 개안 수술만이 유일한 치료방법으로 방치하면 실명에 이르게 된다. 이러한 안질환의 조기발견 및 검진 후 수술 지원 등이 필요하므로, 노인실명예방관리사업은 노인 안 검진 및 개안수술, 저시력 노인을 위한 재활사업 등을 목적으로 하고 있다.

노인맞춤돌봄서비스는 혼자서 일상생활을 영위하는 데 어려움이 있는 노인에게 적절한 예방적 돌봄서비스를 제공하여 장기요양 진입 예방 및 노후 삶의 질을 제고하기 위함이다. 특히, 노인장기요양보험, 가사 · 간병 방문지원사업, 보훈재가복지서비스, 장애인 활동지원사업, 기타 재가서비스 등과 같은 유사중복사업에 해당되지 않는 경우의 서비스로써 안전지원 · 사회참여 · 생활교육 · 일상생활지원 및 민간자원연계 등의 서비스를 전담 사회복지사 및 생활지원사가 맞춤형으로 제공하는 노인맞춤돌봄서비스를 이용할 수 있다. 또한 노인돌봄 종합서비스는 혼자 힘으로 일상생활을 영위하기 어려운 노인에게 가사 · 활동지원 또는 주간보호서비스를 제공하여 안정된 노후생활 보장 및 가족의 사회 · 경제적 활동기반을 조성하기 위함이다.

그 밖에 노인지원사업으로는 노인들의 경제적 어려움을 일부 해결하기 위한 노인일자리사업이 있으며 그 밖에도 사회활동 지원사업과 노인자원봉사 활성화, 장사제도 등이 있다.

고령사회의 환경변화 중의 가족기능의 약화 및 노인부양부담의 증가에 대한 인구학적인 면을 살펴보면, 2018년 유소년 인구(0~14세)는 13.0%, 생산연령인구(15~64세)는 72.2%, 65세 이상의 고령인구는 14.8%로 유소년부양비는 감소하는 반면, 노년부양비[10]는 증가하였다. 노령화 지수[11]란 유소년인구(14세 이하) 100명에 대한 고령인구(65세 이상)의 비율을 나타내는 것으로 노령화지수가 30이 넘으면 노령화사회로 분류하고 있으며 노령화지수가 높아질수록 해당 사회는 나이가 많다.

2018년 노령화지수는 114.1로 2017년의 107.3에 비해 6.8 증가하였으며, 향후에도 점차 증가하는 추세에 있다.

〈표 1-3〉 연도별 유소년인구, 생산연령인구 및 고령인구 추이(1995~2018)

(단위: 천 명, 100명당, %)

구 분	1995년	2000년	2005년	2010년	2015년	2016년	2017년	2018년
계	44,554	45,985	47,041	47,991	49,706	49,856	49,943	49,978
유소년인구(0~14세)	23.0	21.0	19.1	16.2	13.9	13.6	13.3	13.0
생산연령인구(15~64세)	71.1	71.7	71.6	72.5	72.9	72.8	72.5	72.2
고령인구(65세 이상)	5.9	7.3	9.3	11.3	13.2	13.6	14.2	14.8
유소년부양비	32.3	29.2	26.7	22.4	19.1	18.6	18.3	17.9
노년부양비	8.3	10.2	13.0	15.6	18.1	18.7	19.7	20.5
노령화지수	25.8	35.0	48.6	69.7	95.1	100.1	107.3	114.1

출처 : 통계청, KOSIS, http://kosis.kr

10) 노년부양비 : 생산가능인구(15~64세) 100명이 부양해야 할 65세 이상의 인구의 수를 의미.

11) 노령화지수 : 15세 미만의 유소년인구 100명에 대한 고령인구(65세 이상 인구)의 비율.

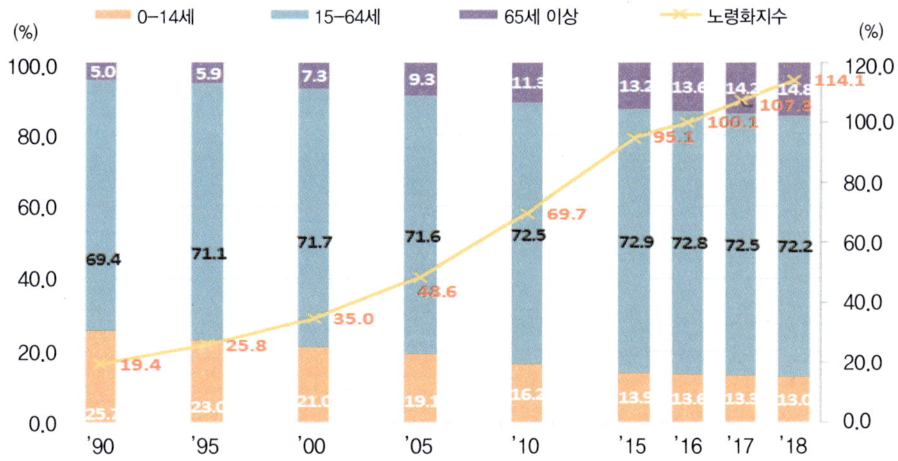

[그림 1-3] 연령 인구구조 및 노령화지수

출처 : 통계청, KOSIS, http://kosis.kr

한국보건사회연구원에 의한 우리나라 노인의료비 지출 현황을 살펴보면, 2000년 이후 의료비는 매년 11.2% 이상 증가했고, 이 중 노인의료비의 증가는 절대액뿐만 아니라 물가상승률을 고려한 불변가격의 변화, 경제성장률을 고려한 GDP 대비 비중과 비교하면 매우 급증하고 있음을 알 수 있다. 실제 고령화에 따른 노인성 질환자 수가 빠른 속도로 늘고 있는 가운데 지난 2002년 5,813억 원이었던 노인성 질환 관련 진료비는 2009년 2조4,387억 원으로 4배 이상 급증한 것으로 나타났다.

또한 2002년 이후 2009년까지 전 국민 중 노인성 질환자는 2002년 49만 9,000명에서 2010년 102만 7,000명으로 205.7%가 증가했으며, 연령이 증가할수록 고액 환자의 수도 증가하는 것으로 나타났다.

2018년 65세 이상 요양급여비용은 31조 1,462억 원으로 전체 요양급여비용 중 40%를 차지하며 전년 대비 12.80% 증가되었다. 이에 대한 적극적이며 효율적인 대책 마련이 필요하며, 특히 노인의료비를 효율적으로 관리하기 위해 의료이용 행태변화 측면, 제도적 측면, 건강보험과 노인장기요양보험의 효율적 연계 관리를 위한 정책이 요구된다.

(단위: 억 원, %)

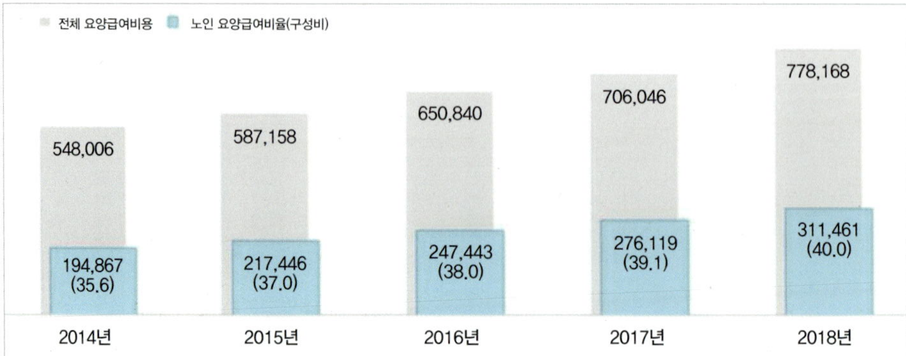

[그림 1-4] 연도별 노인 요양급여비용 및 구성비 현황

출처 : 국민건강보험공단, https://www.nhis.or.kr

고령인구의 거처 유형으로는 단독주택 거주가 44.4%로 가장 많았으며, 아파트 41.2%, 연립 · 다세대주택 거주는 10.6%, 주택 이외의 거처는 2.1%, 비거주용 건물 내의 주택은 1.7% 순이었다. 단독주택은 점차 줄어드는 추세에 있으나, 아파트 및 주택 이외의 거처인 노인보건복지시설 등에 거주하는 경우가 점차 증가되고 있다.

〈표 1-4〉 고령인구의 거처 유형(일반가구)

(단위: 천 명, %)

거처 유형	2017년(A)		2018년(B)		증감(B-A)	
		구성비		구성비		증감률
계	6,882	100.0	7,130	100.0	248	3.6
단독주택	3,158	45.9	3,169	44.4	11	0.3
아 파 트	2,747	39.9	2,934	41.2	187	6.8
연립/다세대	718	10.4	755	10.6	37	5.1
비거주용 건물 내 주택	120	1.7	123	1.7	3	2.3
주택 이외 거처	139	2.0	150	2.1	11	7.6

출처 : 통계청, KOSIS, http://kosis.kr

현대사회에 이르러 가족구조와 가족관계, 가족기능, 가족생활주기에도 큰 변화가 일어났으며, 전반적으로 혼인한 자녀와 함께 동거하는 경우는 줄어든 반면, 혼자 살거나 노부부만 사는 세대가 늘어나는 추세이다.

고령인구의 가족 유형으로는 부부 및 자녀가 함께 사는 가구 20.9%, 부 또는 모가 자녀와 함께 사는 가구는 19.5%로 점차 감소하는 반면, 부부가구 및 고령자 혼자 사는 1인 가구는 증가하고 있으며 그 밖에 집단가구도 증가하고 있다.

〈표 1-5〉 고령인구의 가족 유형

(단위: 천 명, %)

구 분	2017년(A)		2018년(B)		증감(B-A)	
		구성비		구성비		증감률
65세 이상	7,115	100.0	7,394	100.0	279	3.9
일반가구	6,882	96.7	7,130	96.4	248	3.6
부부+자녀	1,533	21.5	1,548	20.9	15	1.0
부부	2,295	32.3	2,447	33.1	151	6.6
부(모)+자녀	1,440	20.2	1,438	19.5	-2	-0.1
1인 가구	1,371	19.3	1,445	19.5	74	5.4
집단가구 등	233	3.3	264	3.6	31	13.2

* 참고: 집단가구 등에는 남남끼리 함께 사는 6인 이상의 가구와 기숙사나 노인요양시설 등에 살고 있는 65세 이상 고령자가 있음(재소자 등도 포함)

출처 : 통계청, KOSIS, http://kosis.kr

가족기능 및 관계의 변화를 살펴보면, 먼저, 부부관계에 있어서는 퇴직으로 남편 또는 부인의 역할이 사회에서 가정으로 돌아옴에 따라 노인부부 간의 관계 변화가 필요하다. 예컨대, 동반자로서 가사 일을 분담하고 공통의 화제를 나누거나 취미생활 등을 함께 즐기고 나눌 수 있도록 노력하는 역할 변화의 적응이 필요하며, 성적 적응, 배우자 사별에 대한 적응도 미리 준비하여야 한다.

부모-자녀 관계에 있어서는 자녀양육 및 출가 후 '진수기'에 흔히 '빈둥지증후군'을 겪는 경우가 있다. 부모-자녀 관계에서는 부모는 자녀들의 의사를 존중하고, 결혼한 자녀세대는 노부모의 집에서 가까운 곳에 살며 자주 왕래하면서 부모

님을 돌보고 상호간의 사생활을 지킬 수 있는 '수정확대가족'과 같은 부양형태를 선호하는 경향이 있다. 고부관계에 있어서도 고부간의 역할 재정립 및 가치관을 공유하고 소통하여 노인 스스로가 활기찬 삶을 위해 노력하여야 한다.

조부모- 손자녀의 관계에서는 손자녀의 긍정적인 자아 형성에 기여할 수 있도록 하고, 노인형제자매 간에는 심리적 안정감을 공유하고 상호 지지하는 것이 매우 중요하다.

2. 노인의 정의 및 특성

1) 노인의 개념 및 정의

노인에 대한 개념 및 정의는 매우 다양하다. 노인의 사전적 의미는 나이가 들어 늙은 사람을 의미하나, 연령, 법률, 제도에 따라 노인의 개념은 조금씩 달라진다.

노화에 따른 복합성과 개인에 따른 차이가 있으며 신체적, 심리사회적 요인에 따른 다양한 변화들이 관련되어 있다. 예컨대, 신체적 기능의 퇴화, 심리적 사회적 기능의 약화로 자립적 생활능력 및 환경적응력이 약화된 사람이라고 할 수 있다. 그 밖에도 개인의 자각에 의한 노인, 주요한 사회적 지위 또는 역할이 상실된 경우와 사회변화에 따른 지역적, 시대적 영향을 받기도 한다.

호칭을 살펴보면 영어권에서는 노인을 흔히 '늙은 사람(Old person)', '나이 든 사람(Aged)', '연장자(Elderly)', '선배 시민(Senior Citizen)', '황금 연령층(Gold age)'으로 부르고 있으며, 중국에서는 60대를 장년(長年), 70대를 우러러 존경한다는 뜻으로 존년(尊年)으로 호칭하고 있다. 프랑스는 보다 적극적인 노후생활을 영위한다는 의미에서 '제3세대'라고 하고, 일본에서는 머리색의 변화를 상징하는 '실버세대(Silver)'라고 부르고 있다.

우리나라에서는 나이 든 사람에 대한 일반적인 호칭으로 '노인'으로 부르고, 노인의 부정적 의미를 줄이기 위해 '노년'을 중립적 의미로 사용하며, 사회복지 실천현장에서는 '어르신'으로 부르고, 그 외 '고령자', '원로' 등으로 부르고 있다.

노인학자들이 규명한 노인의 정의로는 첫째, 개인의 자각 측면에서 볼 때 노인 스스로가 주관적인 판단으로 자신을 노인으로 지각한다는 것과, 둘째, 사회적 역할 변화 측면에서 퇴직 등의 이유로 사회적인 역할이 변화하여 노인으로 인정하는 경우라고 하였다.

이를 종합하면 노인(老人)이란 "노화의 과정 또는 그 결과로서 신체적, 생리적, 정신적 기능과 특성이 퇴화되고 심리적, 사회적 기능이 약화되어 자립적 생활능력과 환경에 대한 적응능력이 약화되고 있는 사람"이라고 할 수 있다.

보편적으로 노인은 역연령 상(달력에 의한 나이) 65세 이상의 사람을 노인으로 규정하고 있다. 또한 65세 이상 74세 이하를 전기 고령자, 75세 이상을 후기 고령자로 세분하기도 한다(김혜경, 2005).

그 밖에도 노년기란 인생의 마지막으로 중요한 시기이며 인간발달의 마지막 단계로 여러 가지 퇴화와 함께 종말을 경험하게 되는 과정이며, 인간의 노화는 자연적이며 필연적인 시기를 말한다. 또한 성인기 이후 쇠퇴하기 시작하는 때를 이르며, 초로기(初老期) · 노화기(老化期) · 노쇠기(老衰期)로 나누기도 한다.

우리나라 노인인구의 특성으로는 앞서 살펴본 바와 같이 급속한 노령화 속도, 여성노인인구의 비중 증가, 질병 · 장애노인의 증가를 들 수 있다.

노인의 대부분은 신체적 · 정신적 약화로 질병에 대한 저항력 및 항상성이 약화되고 각종 퇴행성 질환과 함께 장애를 동반하기가 쉽다. 즉, 노인은 점차 신체적 · 정신적으로 일상생활 동작에 제한을 받게 되고 소외될 수밖에 없는 환경에 처해지게 된다.

선진 외국의 경우는 '고령화사회'에서 '고령사회'로 변화하는 소요기간이 길었기 때문에 노인문제 해결을 위한 자원조달과 서비스 개발을 할 수 있는 시간적 여유로 점진적이고 체계적인 방법으로 대비책을 마련하고 받아들일 수 있었다고 할 수 있다. 그러나 우리나라는 짧은 시간 내에 급격한 사회 변화로 미처 대책을 마련할 충분한 시간이 없었기에 다양한 노인문제들이 나타났고 심각한 지경에 이르렀다. 또한 모든 노인에게 해당되는 대응책 마련이 필요하나, 남성노인보다는 여성노인 인구의 비중이 훨씬 높기 때문에 여성노인의 문제점에 초점을 두어 대응책을 간구해야 함을 간과해서는 안 될 것이다.

2) 노인의 특성

(1) 신체적 특성

인간은 연령이 증가함에 따른 신체적 쇠퇴현상을 겪게 되는데, 개인에 따라 속도는 조금씩 다르다.

대부분의 노인은 생물학적으로 세포의 노화, 면역력의 저하, 잔존기능의 저하, 회복력의 저하, 비가역적 노화 진행 등을 서서히 또는 급격하게 겪게 된다. 예컨대, 뇌와 신경계의 변화는 기억력 저하 및 일상생활에서의 반응이 느려지기도 하며 인지 저하와 함께 치매와 같은 질환을 앓을 수도 있다. 그리고 세포의 노화로 뼈와 근육 및 건의 위축이 진행되어 골다공증이 생기며 몸무게가 줄어들게 되거나 등이 앞으로 또는 뒤로 굽고, 추간판의 두께가 얇아짐에 따라 키도 줄어들게 된다. 또한 피하지방의 감소로 주름도 점차 많아지고 피부도 건조해지고 탄력성 감소와 흔히 검버섯이라고 하는 노인성 반점이 생기기도 한다.

모발은 점차 얇아지고 색소도 줄어 흰 머리카락이 많아지며 머리숱도 줄어들고, 치아 마모 및 손상, 치주염 등으로 치아가 소실되기도 한다. 또한 항상성 및 면역력의 저하로 질병 발생 시 회복이 느리고 악화되기가 쉽고 중증으로 진행되기도 한다. 그 밖에도 잔존기능이 저하되고 적응력이 떨어져 일상생활에도 불편함을 겪게 된다.

(2) 심리적 특성

신체적 기능의 퇴화와 함께 우울증 경향, 내향성, 조심성, 경직성의 증가 및 생에 대한 회고의 경향, 친근한 사물에 대한 애착심, 유산을 남기려는 경향, 의존성의 증가를 들 수 있다. 예컨대, 사회적으로 소외되거나 고독감으로 인하여 우울증 경향이 증가하게 되어 불면증, 식욕부진, 체중감소 등이 동반되기도 하며, 기억력의 감퇴 및 흥미와 의욕의 저하를 겪게 되고 심리적 의존성이 높아지기도 한다. 그리고 사회적으로 타인과의 교류도 감소하고 심적 에너지가 내면으로 향하여 내향성이 증가하며 수동성이 증가하게 되어 의존성이 높아지기도 한다. 또한 판단력에 있어서도 조심성이 증가하여 결정이나 실행을 쉽게 하지 못하는 경향이 있다. 새로운 환경변화를 싫어하고 자신이 가지고 있는 익숙한 습관이나 태도를 고수하는 경직적인 성향이 있는데, 이로 인해 과거의 사고방식이나 태도를 고집하는 경향이 있다.

(3) 사회적 특성

심의보 등(2012)은 산업화라는 사회구조적 변화과정에서 현대사회의 노인들은 존재감도 모호하고 사회적 불평등의 대상으로 변화되었으며 의존적 존재로 인식되고 있다고 하였다. 즉, 산업화, 도시화로 현대화의 흐름에 따라 가족의 형태, 가족 내의 지위와 역할 변화 등이 나타났는데, 노인의 경우 경제활동의 중단 및 퇴직 등으로 소득 감소와 함께 노동현장에서의 교류 감소 및 다른 세대와의 교류가 감소되면서 상실감 및 소외감을 느끼게 된다. 예컨대, 은퇴로 인한 사회적 역할상실로 인하여 심리적으로 위축되기도 하며 노후에 경제적인 어려움에 처할 경우 사회적 관계는 더욱 위축될 뿐만 아니라 고독감과 우울감에 빠지거나 심각한 경우 극단적인 상황, 즉 자살에 영향을 미치기도 한다. 이에는 역할상실, 경제적 빈곤, 유대감의 상실, 사회적 관계의 위축 등이 있다.

3. 노인의 주요문제와 욕구

1) 노인의 주요문제

사회문제는 어떤 사회적 현상이 사회적 가치 또는 규범에서 벗어나 상당수의 사람들이 영향을 받으므로 집단적 행동을 통해 해결해야 하는 문제를 말한다.

노인의 주요문제는 흔히 노인의 4중고(重苦)로 빈곤, 질병, 고독, 역할상실(무위)을 들 수 있다. 이는 오늘날 가족의 형태 및 기능의 변화와 생활방식 및 가치관의 변화로 노인부양에 대한 접근방법도 달라졌기 때문에 생겨나는 문제들이다.

예전 유교주의에 따른 부모 봉양과는 다르게 경제적, 신체적, 심리적 돌봄의 부양부담을 크게 느끼고 있다. 즉, 산업화 이전사회에서 노인은 경험과 지식의 소유자로서 존경받는 존재로서 인식되었고 가부장적 가족구조 내의 노인들은 가정에서 보호받고 존경받는 위치를 유지할 수 있었으나, 오늘날 급격한 도시화 · 산업화로 인구이동이 발생하고 핵가족현상이 일반화되면서 노인부양을 당연시하던 대가족제도의 풍습에 많은 변화가 생긴 것이다.

가족의 형태 및 기능의 변화와 함께 생활방식, 가치관 등의 변화로 세대 간의 소통이 원활하지 못한 경우 소외와 고독감에 빠지기 쉽고 이와 관련된 노인문제는 매우 다양하게 나타나고 있다. 또한 이에 대한 대책이 미약한 상태에서 고령사회를 맞게 된 것도 노인문제의 큰 원인이라고 할 수 있다. 특히, 산업화는 능력에 따라 대우받고 경쟁하는 체재로 변화되어, 노인의 존재는 사회 주변부로 밀려나게 되었다.

코우길과 홈즈(Cowgill & Holmes, 1972)의 현대화 이론에서도 보건의료기술의 발전, 생산기술의 발전, 대중교육의 확대 및 도시화로 여가시간의 연장, 역할상실, 수입의 감소, 경제적 의존, 건강의 어려움과 심리사회적 소외로 인한 노인의 현대사회 적응에 어려움으로 나타나는 노인문제들을 설명할 수 있다. 최성재(1996)도 노인문제의 인과관계를 [그림 1-5]와 같이 설명하고 있다.

개인 스스로 또는 그 가족이 해결할 수 없는 노인문제의 경우 개인과 가족의 책임만을 물을 것이 아니라 사회적 문제로 인식하고 고령사회의 사회안전망 마련이 필요하다. 예컨대, 외국의 경우는 퇴직으로 인한 수입의 감소로 경제적 어려움이 증가하고, 퇴직 이후 노인에게 알맞은 직업이 없거나 고용의 불안정, 소일거리가 없고 대화할 사람이 없거나 가족이 있어도 상호 대화 부족으로 외로움 및 소외감 증가, 1인가구의 비중 증가, 사회적 경로의식의 약화 등으로 고독사의 발생률이 점차 높아짐에 따라 이를 위한 공동체 간의 소통공간과 고독사 예방을 위한 상담전화 설치를 시행하고 있다. 일본의 고독사제로운동(2005), 미국의 자연발생적 은퇴공동체인(NORC:Naturally Occrring Commmunity, 2001) 등이 그것이다.

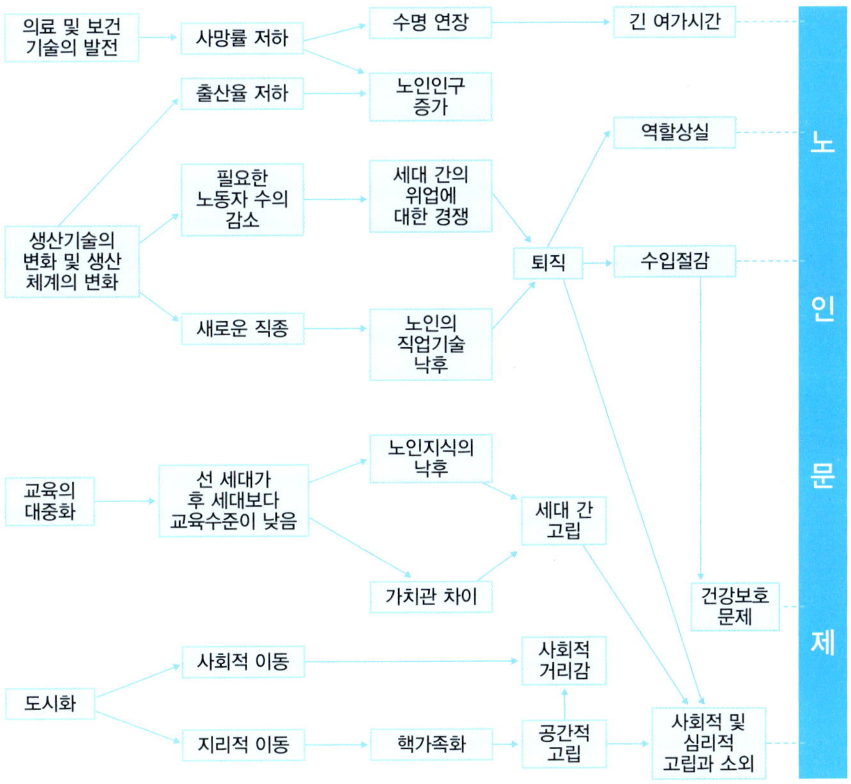

[그림 1-5] 노인문제

출처 : 최성재 (1996) 재인용.

우리나라에서도 사회적 돌봄으로 2008년 7월 1일부터 노인장기요양보험제도를 시작하였고 현재 실행 중에 있다(보건복지부, 2020). 그리고 국민연금 및 기초연금을 강화하여 노후소득을 보전할 수 있도록 함으로써 세대 간 위험의 분산 및 소득 재분배 정책을 시행하는 등 다양한 노인복지사업을 실시하고 있다.

후기 고령노인들의 급증으로 일상생활동작능력(Activities of Daily Living: ADL)과 수단적 생활동작능력(Instrumental Activities of Daily Living: IADL)이 저하되어 자립적인 생활(Independent living:IL)을 지속할 수 없는 의존성 노인이 증가되고, 이들의 생계보호와 장기요양 등의 사회문제가 발생하게 되며 점차 재가 및 시설보호 노인이 급증하게 된다. 가족적 요인으로는 산업화, 도시화, 핵가족화로 인한 가족의 부양기능 약화 및 부양부담의 과중으로 노인학대 문제 등이 나타나기도 한다. 사회적 요인으로는 산업화로 인한 젊은 노동력의 이농향도형[12] 인구이동의 결과로 도시인구가 급증하고 농촌에는 주로 노인들이 남아 있는 경향이 생겨났다. 문화적 요인으로는 효문화 실천의 풍속이나 남들의 이목을 살피는 것이 아니라 실용적이고 합리적인 방법으로의 변화를 추구하고 있다. 부부와 자녀를 중심으로 한 핵가족 단위의 생활체계와 개인주의의 영향으로 노인부양 문제를 더 이상 가족들에게만 한정하지 않는 경향이 나타나고 있다.

노인부양 해결방안으로는 첫째, 1차적으로 노인 스스로가 노년의 삶을 책임질 수 있도록 노후대책을 준비해야 한다. 둘째, 사회와 가족의 협력으로 공적, 사적 부양을 할 수 있도록 하기 위해 우선적으로 자녀세대와 부모세대의 상호존중 및 적극적인 의사소통을 통해 세대 간의 갈등을 조절하고 사회통합을 이루어 나가야 한다. 셋째, 노인복지를 위한 현행 정책 이외에도 노인정책을 보완하고 강화해야 할 것이다.

12) 농촌으로부터 도시 지역으로 이동하거나 농업에서 다른 직종으로 변경하는 사회현상.

2) 노인의 욕구

일반적으로 욕구(need)는 개인이 도달하고자 하는 상태와 현재 상태 사이의 괴리상태를 나타낸다. 사회생활에서 생존, 자립, 안녕상태(well-being)를 유지하는데 필요한 기회 및 조건과 대상이 결핍되거나 부족한 상태를 가리키는 것으로, 인간의 만족스러운 삶을 저해하는 요인을 제거하고자 하는 것이라고 할 수 있다. 인간의 기본적인 욕구에는 생존의 욕구, 지속의 욕구, 안전의 욕구, 자기표현의 욕구, 의미의 욕구 등이 있다. 매슬로우는 생리적 욕구, 안전의 욕구, 소속과 사회적 욕구, 존경의 욕구, 자아실현의 욕구 순으로 욕구 5단계설(Maslow's hierarchy of needs)을 주장하였다.

〈인간의 기본적인 욕구〉

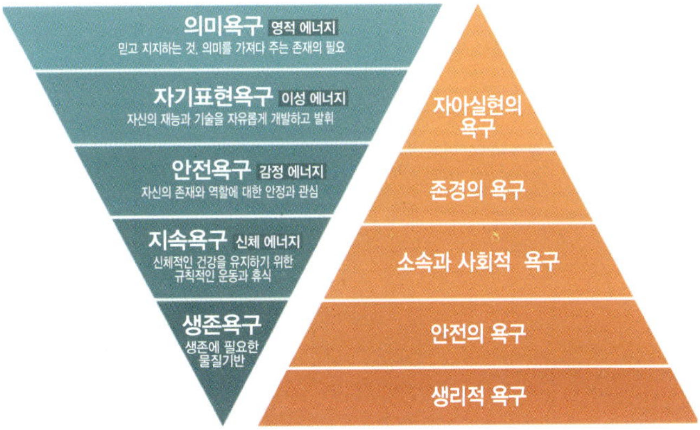

〈매슬로우의 욕구 5단계〉

[그림 1-6] 인간의 기본적인 욕구와 매슬로우의 욕구 5단계

출처 : 교육정책뉴스(http://www.edupolnews.com).

대부분의 노인은 가족적 안정의 욕구, 경제적 욕구, 교육적 욕구, 문화적 욕구, 사회적 욕구, 생존적 욕구, 성적 욕구, 심리적 욕구, 영양보장의 욕구, 오락적 욕구, 운동적 욕구, 위생적 욕구, 의료적 욕구, 종교적 욕구, 종말적 욕구 등이 있다고 한다.

개인적으로 이러한 욕구를 적절히 충족시키지 못하면 역기능, 혼란상태 또는 문제를 경험하게 된다. 이러한 욕구를 충족시키지 못한 사회구성원의 수가 다수에 이르며 이러한 상태의 개선과 회복이 필요하다고 사회적으로 인정될 때 그 욕구는 사회적 욕구로 전환되고 사회적 개입의 대상이 된다. 특히, 사회복지는 인간이 살아가면서 갖게 되는 다양한 욕구와 사회문제 및 위험을 해결하기 위한 전문적인 지식 및 기술과 태도로 접근해야 하며, 노인복지는 노인이 인간다운 생활을 유지하면서 노인이 속한 가족과 사회에 적응하고 통합될 수 있도록 필요한 자원과 서비스를 제공하는 데 관련된 공적·사적 차원의 조직적 제반활동이 함께 이루어져야 할 것이다

참·고·할·만·한·정·보

영화, 신문, 사이트

- 영화: 〈그대를 사랑합니다.〉
- 고령화–우리사회의 다양한 문제(2019.5.11.)
  http://www.naewaynews.com/news/articleView.html?idxno=87041

생·각·해·보·기

- 고령화사회, 고령사회, 초고령사회란 무엇인지 생각해 봅시다.
- 노인의 4고(苦)에는 어떤 것이 있는지 생각해 봅시다.
- 노인문제의 원인이 무엇인지 생각해 봅시다.

CHAPTER 02

노화와 노화이론

학습목표

1. 노화의 정의를 이해하고 설명할 수 있다.
2. 노화의 특징을 이해하고 설명할 수 있다.
3. 노화의 주요 이론을 이해하고 설명할 수 있다.
4. 성공적 노화에 관하여 이해하고 적용방안을 설명할 수 있다.

1. 노화의 정의

노화(aging)란 시간이 지남에 따라 나타나는 인간의 생물학적 · 심리적 · 사회적 변화로서 성장이나 성숙에 반대되는 퇴행적 변화를 말한다. 노화과정은 정상적인 신체의 변화로 인해 나타나는 정상적 노화와 각종 질병과 같은 위험에 의해 나타나는 병리적 노화가 있다(원석조, 2018). 이러한 노화과정에서 발생하는 다양한 생활문제와 욕구의 불만족상태를 해결함으로써 인간다운 삶을 영위하게 하려는 노력에서부터 노화에 대한 관심이 증가하고 있다.

노화는 본질적으로 인간발달 과정의 한 부분으로서 일반적으로 세 가지 측면, 즉 생물학적 노화, 심리적 노화, 사회적 노화로 분류할 수 있다(Birren, 1959). 생물학적 노화는 신체의 기관과 체계의 구조 및 기능이 시간의 경과에 따라서 변화하는 것을 말한다. 점진적인 활력의 상실과 저항력의 약화, 그리고 유기체의 기관, 조직체, 세포, 근육, 골격의 약화현상 등을 포함한다. 심리적 노화는 축적된 경험에 의한 행동, 감각, 지각기능, 자아에 대한 인식 등이 시간의 경과에 따라 변화하는 것을 의미한다. 사회적 노화는 생활주기 속에서 일어나는 사회규범, 역할기대, 사회적 지위 등의 변화를 의미한다. 생물학적 노화, 심리적 노화 및 사회적 노화는 노화의 제반 측면이면서 상호 영향을 미치는 유기적인 관계를 가진다.

또한 노화는 1차적 노화(primary aging)와 2차적 노화(second aging)로 분류할 수 있다. 1차적 노화는 인간이면 누구나 경험하게 되는 점진적이고 보편적인 노화를 의미한다. 2차적 노화는 운동, 식습관, 생활습관, 스트레스, 질병, 음주와 흡연 등이 1차적 노화의 속도에 영향을 미쳐 개인적 노화과정에 변화를 주는 것을 의미한다(임병우 외, 2015).

인간의 노화는 긍정적인 측면과 부정적인 측면이 동시에 존재한다. 노화과정을 거치면서 풍부한 경험과 지혜, 인내력, 통찰력 등을 얻는다는 것이 긍정적인 측면이며, 반면에 부정적인 측면은 신체기능이 감소하고 노동능력이 저하될 수 있다는 점이다.

모든 인간은 성장, 성숙 그리고 노화라는 세 가지 단계를 거쳐 발달하게 된다. 이러한 발달 중에서 상승적 발달을 의미하는 성장(growth) 및 성숙(maturation)과 달리 퇴행적 발달을 뜻하는 노화(aging)는 시간이 흐름에 따라 유기체의 세포, 조직, 기관, 또는 유기체 전체에서 일어나는 점진적인 변화(Beaver, 1983)라고 정의할 수 있다. 즉, 노화는 인간이 출생하여 죽음에 이르는 과정의 전반적인 변화로서 인간의 정상적인 성장과 발달과정 전체의 한 부분이며, 적어도 생물학적 노화, 심리적 노화, 사회적 노화의 과정을 포함하는 복합적인 현상으로 이해되어야 한다. 이러한 세 가지 차원의 노화는 ① 누구에게나 일어나는 보편적인(normal) 현상이고, ② 한 번 시작하면 원래 상태로 되돌릴 수 없는 비가역적이며(irreversible), ③ 장기간에 걸쳐 서서히 진행되는 특징이 있다.

이러한 노화과정은 개인에 따라서 뿐만 아니라 개인 내적으로도 각각 다르게 일어나기 때문에 개인 간 및 개인 내에서의 다양한 차이가 존재한다.

2. 노화의 특징

노화의 일반적 특성은 생활과정(life course perspective), 다양성(heterogeneity), 탄력성(plasticity), 맥락(contextuality), 사회변화(social change) 측면에서 고찰할 수 있으며, 다음의 특징을 가진다(UN, 2002).

첫째, 노화는 삶의 과정의 한 부분이다. 인간은 아동, 청년, 성년 등 삶의 단계를 밟아 나아간다. 노화는 이런 삶의 단계의 하나이다. 치매와 같이 불행한 일도 삶의 과정의 하나일 뿐이다.

둘째, 노화과정은 다양하다. 노화과정의 개인차는 크다. 건강, 신체적 능력, 인지기능, 사회통합에서 차이가 난다. 생활양식 또는 누적된 불평등이 원인이다.

셋째, 노화과정은 탄력적이다. 삶의 역사가 노화과정에 영향을 미치는 것은 확실하다. 하지만 노화과정에 충분히 효과적으로 개입하면 노화를 역전시키거나 개선할 수 있다. 단, 초고령 노인은 효과가 제한적이다.

넷째, 노화과정은 맥락이 있다. 노화는 환경적 · 문화적 · 사회적 맥락에 기원을 둔 요인의 영향을 받는다. 따라서 개인적 행동(건강을 위한 활동, 사회적 활동)뿐만 아니라 개인의 맥락(교육, 노동시장, 주택, 보건의료 정책을 통해 교육, 소득, 건강에 영향을 미치는 것)에서도 개입(성공적 노화를 위한 개입)이 가능하다.

다섯째, 노화과정은 사회변화의 영향을 받는다. 노화과정은 일련의 시간적 과정이다. 사회조건은 시간이 경과함에 따라 변한다. 20세기 노화는 21세기 노화와 많은 측면에서 달랐다. 평균수명이 변했고, 보건의료시스템과 사회적 네트워크와 같은 생활환경도 변했다(원석조, 2018).

사람은 다른 유기체와 마찬가지로 태어나서 성장하고, 나이가 들어감에 따라 노화와 함께 병들고, 결국 죽음에 이르는 생로병사(生老病死)의 생애주기를 갖고 있다. 즉, 노화는 모든 생명체에서 일어나는 자연적인 발달과정이며, 되돌릴 수 없는 진행과정이다. 이러한 자연적인 발달과정에서 질병, 만성질환, 치매 등과 같은 생물학적 및 병리적인 현상으로 인해 환경변화에 적응능력의 하락과 일상생활수행능력 상실을 경험한다.

따라서, 인간의 노화과정은 개인적으로 편차가 클 뿐만 아니라 시대적 및 사회적 상황 그리고 문화적 배경에 따라 다양한 시각이 존재하고 있다. 노년학자들은 제2회 국제노년학회(The 2nd International Association of Gerontology, 1951)에서 다음과 같이 다섯 가지 노화의 특성을 제시한다(최성재 · 장인협, 2002, 2009; 현외성, 2010).

① 환경의 변화에 적절히 적응할 수 있는 조직기능이 감퇴되고 있는 사람
② 생체의 자체통합능력이 감퇴되고 있는 사람
③ 인체의 기관, 조직, 기능에 쇠퇴현상이 일어나는 시기에 있는 사람
④ 생체의 적응능력을 점차로 잃어가는 사람
⑤ 조직의 예비능력이 감퇴하여 환경변화에 적응이 제대로 되지 않는 사람

1) 생물학적 노화

노화과정은 필연적으로 생물학적 혹은 신체적 퇴화를 통하여 유기체가 파괴 혹은 소멸되는 현상이며 이러한 과정을 생물학적 노화라 한다. 인간은 고대로부터 장수에 대한 끝없는 갈망과 더불어 노화의 생물학적 혹은 신체적 변화를 억제하고 지연하고자 노력하여 왔으며, 이러한 생물학적 노화에 관한 관심은 가장 오래된 것이라고 할 수 있다.

(1) 특징

생물학적 노화는 신체적 변화와 신체적 능력의 쇠퇴, 유기체의 기관이나 조직, 세포, 근육 등의 변화를 의미한다. 생물학적 노화는 가장 대표적인 노화의 개념으로서 인간의 생명이 시작되는 태아기부터 사망에 이르는 전 생애 동안 신체적, 생리적으로 변화가 축적되어 나타나는 과정을 의미하며 관찰이 가능하다(Hampton, 1991). 생물학적 노화의 특징을 스트렐러(Strehler)는 다음과 같이 제시하고 있다(Atchley, 2000).

첫째는 보편성이다. 생물학적 노화는 모든 사람에게 보편적으로 일어난다. 단, 그 시기나 진행속도에서는 어느 정도의 차이가 있을 수 있으나 결국은 모든 사람에게 일반적으로 일어나는 변화이다. 둘째는 내재성이다. 생물학적 노화의 주 원인은 환경적, 물리적인 외적 요인보다는 신체의 내적 요인에 의해 일어난다. 셋째는 유해성이다. 늙는다는 것은 신체적 기능이나 조직에 해로운 영향을 끼쳐 생명의 종식에 기여한다. 넷째는 진행성이다. 노화는 출생 이후에 장기간에 걸쳐 서서히 점진적으로 일어난다. 생물학적 노화는 이 네 가지 특징을 갖고 변화하는 과정으로서 개인적 차이뿐만 아니라 개인의 신체기관이나 기능 간에도 차이가 있다.

이상과 같은 생물학적 노화는 생물학적 변화만을 초래하는 데 국한되지 않고, 노년기의 심리적 기능과 사회적 기능에도 중요한 영향을 미치게 된다. 생물학적 노화를 자연스러운 과정으로 수용하고 이에 적응해 나갈 경우 심리사회적 기능을 유지 또는 발전시킬 수 있는 반면, 생물학적 노화에 지나치게 집착하거나 몰두하게 될 경우에는 심리사회적 기능에 손상이 오며, 전반적인 생활만족도 또한 낮아질 수 있다.

(2) 신체구조변화

① 신체구성성분

신체는 크게 지방(fat), 조직(tissue), 뼈(bone), 수분(fluid) 등으로 구성되어 있으며, 이 구성성분은 연령이 증가함에 따라 성분비율이 변화하는데, 지방은 크게 증가하고 조직은 감소하며 뼈는 양은 줄지 않으나 기능적으로 매우 약화되고 수분은 상당히 많이 감소한다.

② 골격(bone)

골격은 생활과정 속에서 뼛속의 칼슘이 고갈됨으로써 매우 가벼워지고 밀도도 낮아진다. 이로 인해서 연령이 증가하면 골절상을 많이 입게 되고 관절접합부의 윤활유가 감소되어 관절의 통증과 움직임의 저하현상이 나타난다.

③ 피부(skin)

피부는 연령이 증가할수록 수분과 피하지방의 감소로 인해 거칠고 건조하고 탄력성도 저하되며 주름살이 생긴다. 혈액순환의 저하로 온도조절기능이 약화되어 추위와 더위에 민감해진다. 또 멜라닌 색소의 부분적 축적으로 노인의 상징인 얼룩반점이 생긴다.

④ 근육(muscle)

뼈나 장기를 보호하고 있는 근육은 수축력이 약해져서 소멸되고 대체물질로 축적이 가능한 곳, 특히 장기의 벽에 체지방이 증가한다. 근육의 강도는 50세가 되면 25세 때의 약 절반 정도로 감소한다.

⑤ 신장(height)

신장(키)은 연령이 증가하면서 줄게 되는데, 30~90세에 2~5cm 정도 줄어든다. 이 현상은 척추의 추간판(spinal disc)의 간격이 좁아짐으로써 나타난다.

⑥ 체중(body weight)

체중은 40~50대에는 증가하지만 대체적으로 60세 이후에는 감소한다. 이는 성인병의 원인이 되기 때문에 특히 관리가 요구된다.

⑦ 모발(hair)

모발은 중년기부터 색의 변화가 시작되나 유전적 소인이 크게 좌우한다. 또 연령이 증가하면 남녀 모두 모낭이 약화되어 탈모현상이 나타난다.

⑧ 치아(teeth)

치아는 연령이 증가함에 따라 감소하는데, 45세를 경계로 현저히 나타난다. 일반적으로 치아의 남은 수는 60대에 14개, 70대에 11개, 80대에 6개 정도로 알려져 있다.

⑨ 장기의 무게

장기의 무게는 출생 후 계속 증가하다가 노화현상이 나타나는 40대부터 감소한다. 모든 장기는 노화와 함께 감소하나 심장의 무게는 동맥경화나 심근경색증, 당뇨병, 고혈압 등으로 증가하는 특징이 있다(최성재 · 장인협, 2002).

(3) 신체기능변화

신체기능은 각 장기나 신체조직이 유기체의 생존을 위하여 정해진 역할로서 매우 중요하다. 대표적인 신체기능을 소개하면 다음과 같다.

① 소화기능

소화기관은 구강에서부터 항문까지를 포함한다. 그러므로 노년기의 소화기능은 치아의 결손, 침분비의 감소, 위벽의 탄력성 저하, 위산분비의 감소, 근육의 약화, 장운동의 저하 등으로 인하여 감소되며 변비를 초래하기도 한다.

② 기초대사기능

기초대사율은 휴식상태에서의 산소소모량을 말하는데, 이것은 연령이 증가함에 따라 감소한다. 그러나 혈액 속의 당분분포율을 나타내는 탄수화물 대사율은 연령 증가와 함께 증가한다. 따라서 노년기 이후에는 당뇨병의 발생률이 높아진다.

③ 세포 및 장기의 기능

세포는 연령이 증가함에 따라 사멸하거나 분열이 정지되는 현상이 나타나서 그 수가 감소한다. 따라서 장기를 구성하고 있는 세포의 노화현상은 장기의 기능저하를 초래한다.

④ 호흡기능

일반적으로 호흡기능은 20대 이후부터 감소하기 시작하는데, 공기를 최대한 들이마실 수 있는 전폐용량과 들이마신 공기를 교환하여 밖으로 방출하는 폐활량은 20세 이후부터 연령 증가에 따라 감소한다. 그러므로 노년기의 호흡기능은 감퇴하며 호흡기 질환의 발병률이 높다(최성재 · 장인협, 2002).

⑤ 혈액순환기능

혈액순환은 50대부터 둔화되는 현상을 보이는데, 심장에서 1회에 방출하는 혈액의 양인 심박출량이 상당히 감소하며 혈액이 전신을 순환하는 데 소요되는 시간 역시 증가한다. 혈관의 상태는 연령이 증가함에 따라 그 벽이 두꺼워지고 딱딱하게 굳어져서 순환을 방해하는 동맥경화현상이 나타난다.

⑥ 수면

수면은 연령 증가와 함께 감소하는 것이 일반적이며, 20~55세에는 약간씩 감소하나 55세 이후에는 급격하게 감소하여 60세 이상 노인의 하루 수면시간은 5~6시간 정도이다. 수면은 건강의 중요한 지표가 되는데 노인은 수면장애를 호소하는 경우가 많다.

⑦ 배설기능

배설은 크게 배뇨와 배변으로 구분할 수 있는데 이는 노년기의 중요한 건강지표가 된다. 연령이 증가하면 방광벽이 비후해져 소변의 보유량이 1/2로 감소하면서 요의를 자주 느껴 빈뇨현상이 나타난다. 특히 남성노인은 전립선의 비대증상으로 소변을 충분히 배설하지 못하여 빈뇨를 호소하며, 여성노인의 경우는 임신과 출산으로 요실금 증상을 호소하는 등 배설기능 저하로 인한 문제가 많이 발생한다.

⑧ 생식기능

연령이 증가하면 생식기능은 당연히 감소한다. 생식기능이 상실되는 것을 갱년기 현상(climacterium)이라고 하는데, 여성은 보통 46~50세에 나타나며(menopause), 남자는 50~60대에 일어난다(andropause).

2) 심리적 노화

심리적 노화는 감각기능, 인지기능, 정서 및 정신기능, 성격 등의 심리내적 측면과 심리외적 측면의 상호작용에서의 퇴행, 유지 및 성숙을 동시에 내포하는 심리적 조절과정이다.

심리적 노화 역시 다른 노화의 영역과 상호연관성을 지닌다. 먼저 생물학적 노화와의 관련성을 살펴보면, 생물학적 노화와 관련된 심리적 기능일수록 연령이 증가함에 따라 퇴행적 발달이 현저하며, 경험과 밀접하게 관련된 심리적 기능이나 발달은 그대로 유지되거나 오히려 증가하는 특성을 지닌다. 그리고 심리적 노화가 일어나는 시점이나 노화의 비율은 개인에 따라 차이가 있다.

(1) 특징

심리적 노화는 감각, 인지, 정서, 정신, 성격 등의 내용을 포함하는 것으로서, 연령이 증가함에 따른 이러한 인간내면의 변화를 말한다. 심리적 노화는 개인의 생물학적 노화는 물론 그를 둘러싸고 있는 사회환경, 특히 사회적 노화와 밀접하게 연관되어 있다. 또한 심리적 노화의 제반 양상은 서로 영향을 끼치고 있기도 하여 감각기능의 노화 정도는 결국 정서와 성격 등에 지대한 파급효과를 가져오게 된다.

① 우울증 성향의 증가

노년기에는 다양한 요인이 노인의 우울 성향을 증폭시킨다. 예를 들면, 신체적 질병, 배우자나 친구의 죽음, 경제적 어려움, 사회와 가족으로부터의 소외 및 고립, 일상생활 수행능력의 저하, 과거에 대한 회한 등이 노년기 우울증의 요인이라고 볼 수 있다. 노년기의 우울증은 불면증, 체중감소, 무감동, 증오심, 강박관념, 식욕부진 등의 증상을 유발한다. 그러나 이러한 특성은 개인적 적응능력에 따라 다르게 나타날 수 있다.

② 내향성의 증가

노년기가 되면 관심이나 주의를 외부의 사물이나 행동보다는 자기 자신에게 돌리는 경향 때문에 자신의 사고나 감정에 의해서 판단하려는 경향이 있다. 뿐만 아니라 사고나 감정을 표출하기보다는 억누르는 경향이 증가하는데 이는 사회심리적 요인이 크게 좌우한다.

③ 성역할 지각의 변화

노년기에는 성인기까지의 성역할이 변화된다. 여성노인의 변화는 며느리의 등장과 함께 나타나고 남성노인은 퇴직이나 배우자의 변화와 함께 나타난다. 행동특징으로는 남성노인이 과거의 권위적 · 지배적 특성에서 의존적 · 관계지향적 · 친화적 성향이 증가하는 반면, 여성노인은 과거의 순종적 · 희생적 특성에서 공격적 · 자기중심적 · 권위적 성향이 증가함으로써 역할의 반전현상이 나타난다.

④ 경직성의 증가

사람은 연령이 증가함에 따라 자신의 사고나 습관이나 행동을 고수하려는 성향이 있다. 특히 노년기가 되면 모든 면에 자신감이 없기 때문에 자존감을 유지하기 위해서 사고나 습관, 행동을 지속하려는 것이다. 이러한 특성은 노년기의 학습능력이나 문제해결을 저해하는 요인이 될 수도 있다(Botwinick, 1978).

⑤ 조심성의 증가

노년기가 되면 신체적 · 사회적 · 심리적 여건으로 자신감이 부족함을 보완하기 위해서 모든 일상생활에 있어서 조심성이 증가한다. 이 특성은 반복적 질문이나 강박적 행동 및 사고의 집착 등으로 나타난다.

⑥ 생에 대한 회상의 경향

노년기가 되면 생의 시간이 얼마 남지 않음과 죽음이 가까이 다가옴을 지각하면서 과거를 회상하는 경향이 증가한다(Butler, 1975). 가까운 과거부터 시작하여 먼 과거로 거슬러 올라가면서 해결되지 않은 갈등문제를 새롭게 해결하려고 시도하거나 과거를 후회하고 반성함으로써 자아통합을 이루려고 시도한다(이미란, 2012).

⑦ 친근한 사물에 대한 애착

노인이 되면 오랫동안 사용해 온 물건에 대한 애착심이 증가한다. 애착을 갖는 물건으로는 자신이 구입한 집이나 가재도구, 오래된 사진, 추억이 담긴 골동품,

일용품 등이다. 이 물건들을 통해서 과거를 회상할 수 있고 변하지 않는 모습 속에서 마음의 안락과 만족을 느끼기 때문이다.

⑧ 유산을 남기려는 경향

노년기가 되면 죽기 전에 무엇인가 남기고 죽으려는 특성을 나타낸다. 남기고 싶어 하는 것은 자녀, 예술작품이나 문학작품, 장인기술이나 지식, 교훈, 재산, 돈, 아름다운 기억 등이다. 현재 한국 노인의 대부분은 이러한 성향이 강하게 나타나고 있다.

⑨ 의존성 증가

노년기에는 모든 여건이 열악하여 독립적 기능을 할 수 없기 때문에 의존성이 증가하는 특성을 보인다. 노인의 의존성은 병리적 현상이 아니라 정상적 노화현상이며, 경제적 의존성과 신체적 의존성, 정신적 의존성, 사회적 의존성 및 심리적 의존성 등으로 나타난다.

3) 사회적 노화

사회적 노화는 개인이 사회생활을 하는 동안 가족, 집단, 지역사회 등의 관계망 속에서 연령이 증가함에 따라 변화하는 생활과 관련된다. 즉, 사회적 노화란 노화과정에 겪게 되는 사회적 관계의 내용인 지위와 역할 등 사회적 관계의 제반 측면의 변화를 말한다.

(1) 특징

인간은 살아서 움직이는 생물학적 존재이며 느끼고 판단하고 생각하는 심리학적 존재일 뿐만 아니라 다른 사람과의 상호작용을 통해서 살아가는 사회학적 존재이다. 사람은 가족과 이웃, 지역사회 및 국가의 집단 속에서 성장함에 따라 지위를 획득하고 역할을 수행하는 사회적 관계를 유지하고 있다. 그러므로 노화현상도 노인의 사회적 관계나 활동을 떠나서는 설명될 수 없다(현외성, 2012).

① 지위와 역할의 변화

노년기에 가장 뚜렷한 변화는 지위와 역할의 변화이다. 지위와 역할의 변화는 상실과 취득, 중요성의 변화, 역할의 종류와 규모 및 수행방법의 변화로 구분할 수 있다. 직업적인 면에서 직업인의 역할을 상실하고 퇴직인으로서의 역할을 취득한다. 가족적인 면에서는 가장의 역할을 상실하고 배우자의 사망으로 인해 남편이나 아내의 역할이 상실되는 반면에 의존자나 조부모의 역할을 획득한다.

② 자녀의 진수

'진수'는 사람을 독립시켜 떠나보내는 것을 뜻하며, 모든 자녀가 진학이나 취업, 결혼 등을 이유로 부모의 곁을 떠나는 상태를 '빈 둥우리(empty)'라고 한다. 자녀가 진수한 후에는 부모나 부부의 역할이나 부모-자녀 관계에 변화가 나타나는데, 부모와 자녀 간의 애정적 밀착 정도, 부모 자신의 자아성취적 활동에 대한 관심의 정도, 삶의 목표 등에 따라 부모의 노년기는 긍정적 또는 부정적으로 변화할 수 있다.

③ 퇴직

퇴직은 직업적 역할의 상실이라는 면에서 부정적 자아상을 형성하는 문제점을 유발한다. 퇴직은 모든 사람에게 같은 의미로 이해되는 것이 아니라 자발적이었는지, 강제적이었는지, 정년퇴직이었는지에 따라 또 개인의 인생관이나 생활목표에 따라 다른 의미를 갖는다. 퇴직은 지금까지 해 오던 일에서 물러서는 것(retire from)으로 끝나는 것이 아니라 지금까지 하고 싶었던 것을 하기 위해서 하던 일에서 물러서는 것(retire to)으로 그 의미를 수용해야 할 것이다.

④ 경제적 의존성

노인의 경제적 의존성은 퇴직 이후에 나타나는 양상이다. 일반적으로 퇴직 후에는 수입이 절반 이하로 감소하기 때문에 노년기의 경제적 의존성은 대부분 불가피한 상황이다. 현재 한국 노인의 노후생활보장은 OECD 국가 중 아주 낮은 순위로 어려운 상황이다.

⑤ 신체적 의존성

연령이 증가함에 따라 신체적 · 정신적 건강은 약화되는 것이 일반적 현상이다. 그러므로 노년기에는 개인생활은 물론 사회생활에도 타인의 도움을 받아야 가능하며 신체적 의존성이 높아질수록 사회적 역할수행도 어렵게 되어 역할수행을 중단해야 하는 상태에 이른다. 신체적 의존성은 가족의 보호를 필요로 하며 자녀의 부양부담을 가중시키는 가족문제를 유발한다(이미란, 2018a).

⑥ 생활환경의 변화

퇴직을 기점으로 직장생활을 하던 사람이 낮 시간을 보내는 장소가 직장에서 가정으로 바뀐다. 가정에 머무는 시간이 길어짐에 따라 가정에서의 새로운 역할수행 과정에서 역할갈등을 경험하게 된다. 또 퇴직이나 자녀의 진수 후에 경제적 · 신체적 · 문화적 · 사회적 여건에 적응하기 위해서 주거환경에 변화를 주는 현상이 나타난다.

3. 노화의 주요 이론

1) 생물학적 노화이론

생물학적으로 노화의 원인에 대한 이론은 수많은 연구결과가 다양하게 제시되고 있다(현외성, 2012; 조추용 외, 2015).

(1) 예정계획이론

유전인자(DNA) 속에 노화의 속성이 미리 프로그램되어 있다가 유기체가 적절한 시간이 경과함에 따라 그 노화의 속성이 나타남으로써 노화현상이 생긴다는 것이다.

(2) 사용마모이론

기계를 오래 사용하면 그 부품이 마모되어 그 기능이 약화되고 정지되는 것과 같이 신체기관도 오래 활동한 결과로 점진적으로 퇴화한다는 것이다.

(3) 노폐물축적이론

세포 속에 해로운 물질과 제거될 수 없는 폐기물이 생성되어 축적되는데 이러한 축적된 폐기물질이 세포의 정상기능을 방해함으로써 노화현상이 생긴다는 것이다.

(4) 신체적 변이이론

세포가 방사선이나 기타 원인에 의하여 상해를 받게 되면 세포의 원래의 성질이 변한다. 이렇게 변이된 세포가 축적되어 노화가 일어난다는 것이다.

(5) 활성산소이론(free radical theory)

인간의 신진대사과정에서 불가항력적으로 생성된 물질이 활성산소이며, 살아 움직이는 동안에는 지속적으로 만들어진다. 이 활성산소가 세포에 축적되면 세포를 파괴함으로써 노화를 초래한다는 이론이다(Harman, 1981). 운동선수들과 같이 운동이나 활동량이 많은 사람들은 활성산소가 많이 생성되기 때문에 빨리 늙고 조기에 사망하는 현상으로 설명할 수 있다.

(6) 스트레스 이론(stress theory)

인체는 스트레스를 받으면 성장호르몬의 분비가 방해를 받게 되어 세포의 분열과 성장을 저해할 뿐만 아니라 노폐물의 배설기능도 저하시켜 신체의 기능을 감퇴시킴으로써 노화과정을 촉진시킨다는 것이다. 예를 들면, 업무나 생활상의 스트레스를 받으면 혈관이 좁아짐으로써 혈액순환의 장애로 심근경색증이나 뇌출혈 등의 상황을 초래하거나 흰머리나 주름이 더 많이 생기는 현상으로 설명할 수 있다.

이상과 같이 노화에 대해 다양한 이론을 주장하고 있으나 아직까지 노화에 대한 단일화된 정설은 없다. 따라서 노화는 여러 가지의 관련 요인들이 복합적으로 상호작용하여 초래된다고 볼 수 있다.

2) 심리적 노화이론

심리적 노화이론이란 사람의 연령 증가로 인하여 어떤 심리적 특성을 가지며, 개인과 사회 제반활동에 어떠한 심리적 적응을 하게 되는지에 대한 내용과 관련된 이론을 말한다. 결국 심리적 노화이론이란 노화현상의 심리적 측면에 대한 제반 묘사, 설명 및 해석 그리고 예측을 말한다.

(1) 에릭슨의 심리사회발달이론

에릭슨(Erikson, 1963)은 성격의 발달단계를 영아기부터 노년기까지 8단계로 구분하고, 각 단계별로 긍정적 특성을 발전시키지 못했을 때 부정적 특성이 성격으로 발달하게 된다고 하였다.

이 이론은 마지막 단계인 제8단계에 발달시켜야 할 긍정적 성격특성을 자아통합으로 정의하고, 노년기에 긍정적 자아통합이 발달하지 못하면 절망의 태도가 형성된다는 것이다. 자아통합은 자신의 과거나 현재의 인생을 자기가 바라던 대로 살았다고 받아들이고 만족스럽게 여기고 의미 있게 생각하며 앞으로 다가올 죽음을 인정하고 기다리는 태도를 갖는 것이라고 정의하였다. 반면에 부정적 자아통합은 자신의 과거나 현재의 인생을 후회하고 불만스럽게 생각하며 죽음 앞에서 남은 시간이 너무 짧음을 불안해하고 초조해하며 절망적 태도를 갖는 것이라고 하였다.

노인은 다가오는 죽음에 직면하여 자신의 살아온 삶을 정리하고 긍정적으로 인식하여 자신의 과거, 현재 그리고 미래의 삶에 대한 통합성과 일관성을 느낌으로써 자아통합의 노년기를 보내야 할 시기이다(이미란, 2012). 그러나 전 단계에서 해결하지 못한 과업이나 위기가 남아 있게 되면 이러한 통합과정이 실패하면서 노년기는 자신의 삶에 대한 후회와 절망, 무상함으로 인한 비탄으로 절망하게 된다.

(2) 해빙허스트의 발달과업이론

해빙허스트(Havighurst, 1972)는 생의 발달단계를 6단계로 구분하고 각 단계에 주어진 과업을 완수하면 행복해지고 다음 단계의 발달과업도 잘 수행할 수 있는 반면에 발달과업을 수행하지 못하면 불행한 노후를 보내야 한다고 보았다. 해빙허스트가 제시한 노년기의 발달 과업은 다음과 같다(현외성, 2012).

① 쇠약해진 신체적 여건에 대한 적응
② 퇴직과 경제적 수입감소에 대한 적응
③ 배우자의 죽음에 대한 적응
④ 동년배집단과의 유대관계 강화
⑤ 사회적 역할수행에 대한 적응
⑥ 노후생활에 적합한 물리적 환경의 조성 및 적응

(3) 밀러의 정체감위기이론

밀러(Miller, 1965)에 의해 제창된 이 이론은 자아정체감의 주 원천은 직업적 역할수행이며, 모든 사람은 지속적으로 직업적 역할수행을 할 때 만족한다는 가정으로 설명하는 이론이다. 따라서 노년기에는 모든 노인이 직업적 역할을 지속적으로 수행할 수 없기 때문에 자아정체감의 위기상황에 처하게 됨으로써 심리적 노화를 경험한다는 것이다. 따라서 노년기에 정체감을 유지하기 위해서는 ① 다른 활동을 통하여 대체적 만족감을 추구하거나, ② 사회적 인정을 받을 수 있는 완전한 여가활동 개발 및 참여가 중요하다고 본다.

(4) 애췰리의 정체감유지이론

애췰리(Atchley, 1971)의 이론은 밀러의 정체감위기이론과 상반되는 이론으로서, 자신의 정체감은 전적으로 한 가지 역할을 통하여 만들어지는 것이 아니라 여러 역할을 통해 이루어진다는 전제를 가지고 있다. 사람은 직업적인 일에만 몰두하지 않고 다른 여러 가지 역할이나 활동을 수행하고 있다는 것이다. 따라서 직업적 역할만이 정체감 유지를 위한 활동이 아니므로 퇴직 후에도 여러 역할을 통하여 정체감을 유지할 수 있다고 주장한다.

3) 사회적 노화이론

사회적 노화이론은 노화과정에 있는 사람이 사회관계를 어떻게 맺고 사회적으로 적응하며, 활동은 어떠한가 등에 대한 이론이다. 결국 사회적 노화이론은 노화의 사회적 측면에 대한 이론으로서, 노인 개인의 역할과 적응, 노인계층과 사회적 관계, 노년기의 활동 등에 대한 이론적 설명으로 볼 수 있다(현외성, 2012).

(1) 연령계층화 이론

라일리와 포너(Riley & Foner, 1968)에 의해 제창된 이 이론은 연령계층(age strata)과 사회구조, 연령계층 간의 관계 및 특성을 다루고 있다. 사회는 기본적으로 연령층으로 구성되어 있고 서열화 되어 있어 연령등급에 따라 구분된다는 것이다. 서로 비슷한 역사적 경험을 하면서 성장해 온 사람들은 비슷한 태도와 가치를 가지며, 다른 역사적 경험을 하며 성장해 온 다른 연령집단과는 구별된다. 또한 각각 다른 연령집단에 속해 있는 사람들은 사회적 역할수행의 능력이나 의지, 기대되는 사회적 역할뿐만 아니라 사회에서 부여하는 권리와 특권도 다르다. 따라서 노인집단은 어떤 주어진 시기에 있어서 다른 연령집단과 여러 가지 면에서 구분되며, 또한 노인은 개인적으로도 다른 젊은이와 구별된다. 그러므로 노인은 다른 젊은 연령층과의 관계에서 그들의 지위와 역할을 찾아야 하고, 그 속에서 노인에게 활용 가능한 여러 지위와 역할기회 등을 선택하여 이용해야 한다는 것이다.

(2) 하위문화이론

로즈(Rose, 1965)에 의해 제창된 하위문화이론(subculture theory)은 노인 간의 빈번한 상호작용으로 인하여 노인에게 특유한 하위문화가 생겨난다는 이론이다. 같은 부류의 사람들은 다른 부류에 속해 있는 사람보다 자주 상호작용을 하게 되며, 상호작용이 빈번한 같은 부류의 사람 사이에는 그들 나름대로의 특이한 문화를 형성하게 된다. 이러한 노인들끼리의 상호작용은 노인에게만 특유한 하위노인문화를 발전시키게 된다는 것이다.

(3) 현대화 이론

카우질과 홈즈(Cowgill & Holmes, 1972)에 의해 제창된 이 이론은 현대화라는 사회적 변화가 노인의 지위를 하락시키고 있다는 이론이다. 따라서 현대화의 정도가 높을수록 노인의 지위는 더욱 낮아진다는 것이다. 특히 현대화의 핵심요인인 보건기술발전, 생산기술발전, 도시화, 교육대중화가 인과적으로 영향을 미쳐 노인의 지위를 약화시키고 있다는 것이다.

(4) 분리이론

커밍과 헨리(Cumming & Henry, 1961)에 의해 제창된 분리이론은 노인은 젊은이에 비하여 건강이 약화되고 죽음에 임할 확률이 높으므로 개인의 입장에서의 최고의 만족과 사회체계의 입장에서의 중단 없는 계속을 위하여 노인과 사회는 상호 간에 분리되기를 원하며 이러한 분리는 정상적이고 피할 수 없다는 것이다. 이러한 분리의 결정은 개인에 의해서 먼저 취해질 수도 있고, 또한 사회에 의해서 먼저 시작될 수도 있다.

(5) 활동이론

해빙허스트와 그의 동료(Havighurst et al., 1972)에 의해 주창된 활동이론은 사회적 활동의 참여정도와 노인의 생활만족도는 상관관계가 있다는 것이다. 즉, 노인의 사회적 활동의 참여정도가 높을수록 노인의 심리적 만족감 또는 생활만족도는 높다는 것이다(이미란, 2019a). 이러한 활동이론에 의하면 활동에 많이 참여하고 친밀한 활동을 할수록 노인의 생활만족도가 높이 유지되므로 고령기에도 많은 사회적 관계의 활동에 참여하는 것이 필요하며, 특히 퇴직으로 인해 상실된 역할 활동을 대치할 만한 다른 활동에의 참여가 필요하다는 것이다.

(6) 교환이론

호만스(Homans, 1961)에 의해 주창된 교환이론으로서 사상적 기원은 고전경제학, 기능주의적 인류학 및 행동주의 심리학으로 볼 수 있다. 교환이론에서는 사회적 행동을 "적어도 두 사람 사이의 활동의 교환"으로 보고, 대인관계는 "사람들 사이에 보상을 반복적으로 교환하는 것"(Homans, 1974)으로 본다. 이러한 사회적 행동 또는 대인관계가 이루어지는 기본조건은 주는 것(투자)보다도 받는 것(보상)의 가치가 크게 되는 것인데 그러한 조건이 구비되었을 때 사회적 교환행동이 계속된다는 것이다. 교환이론은 노화 및 노인에 관련된 모든 문제를 설명할 수는 없지만 퇴직제도, 경제적 문제, 역할상실, 사회적 고립 및 소외, 친구문제 등을 설득력 있게 잘 설명할 수 있다.

4. 활동적 노화(Active Aging)와 건강한 노화(Healthy Aging) 및 성공적인 노화

1) 성공적 노화의 개념과 구성요인

성공적 노화에 대한 개념은 1986년 미국 노년사회학회가 처음 제시하였으며, 그 이후 1990년대부터 생물학, 사회과학, 의학 등의 다양한 학문분야에서 성공적 노화에 관한 연구가 이루어졌다.

미국 여성심리학자 리프(Ryff, 1989)는 성공적 노화의 구성으로 자율성, 자기수용, 타인과의 상호작용, 환경의 정복능력, 삶의 목표의식, 개인적 성장의 6가지 차원을 제시하고 있다. 사회적 지배규범으로부터 자유로워지고 자신의 개인적인 기준을 갖는 자율성, 자기에 대한 긍정적 태도를 지니고 다양한 측면을 인정하는 자기수용, 다른 사람들과 신뢰할 만한 관계를 가지고 타인과 정서와 친밀감을 주고받는 타인과의 상호작용, 환경에 대한 일련의 활동을 통제하고 효율적으로 이용할 수 있는 환경의 정복능력, 삶의 의미를 느끼고, 인정하며, 방향감을 가지는 삶의 목표의식, 자아가 계속 발달한다는 느낌을 가지는 개인적 성장이 그것이다(고재욱 외, 2018).

성공적 노화는 로위와 칸(Rowe & Kahn, 1998)에 의하면 노화수준 구분에서 최적의 노화에 해당하는 것으로서, 생물학적 · 심리적 · 사회적 기능 수준이 높고 삶의 만족과 환경에 대한 적응 수준이 높은 상태라는 데 노년학자들은 전반적으로 일치된 견해를 보이고 있다. 이러한 점에서 볼 때 성공적 노화는 훌륭한 노화(good aging)와 같은 의미로도 사용된다. 그리고 WHO(2002)에서 제시한 활동적 노화(active aging), 다이크왈드(Dychtwald, 1999)가 제시한 건강한 노화(healthy aging), 그리고 버(Burr et al, 2002) 등이 제시한 생산적 노화(productive aging)의 개념은 성공적 노화와 유사한 개념으로 사용되고 있다.

선행연구에서 나타난 성공적 노화의 구성요인을 노화의 세 가지 영역으로 구분하여 정리하여 보면, 생물학적 영역에서의 성공적 노화는 ① 질병이나 장애 존재 여부에 상관없이 생활을 최소한도로 방해하고, ② 일상활동을 자립적으로 할 수 있는 신체적 기능수준을 유지하고, ③ 신체적 활력(vitality)을 보유하는 상태로 노화하는 것을 말한다. 이는 기존의 성공적 노화와 관련된 개념 중 건강한 노화(healthy aging)에 가장 근접한 성공적 노화의 영역이다.

심리적 영역에서의 성공적 노화는 ① 삶의 목표의식이 뚜렷하고, ② 건강한 인지기능을 유지하며, ③ 자신을 수용하고 통제하며 자신의 능력에 대해 신뢰하고 스스로의 성장을 도모하면서, ④ 환경적 요구에 잘 대처하고 적응하면서 주관적으로 만족스러운 삶을 영위하는 상태를 의미한다. 이러한 심리적 노화영역에서의 성공적 노화는 기존의 성공적 노화와 관련된 용어는 없지만 적응적 노화(adaptive aging)라고 부를 수 있다.

사회적 영역에서의 성공적 노화는 ① 가족, 친구, 이웃 또는 이전의 동료와의 사회접촉을 통하여 사회관계망을 유지 · 강화해 나가고, ② 경제적으로 안정된 생활을 할 수 있는 정도의 노후소득준비를 충분히 하고, ③ 은퇴 이후에도 경제활동 또는 사회발전에 기여할 수 있는 생산적 활동에 활발하게 참여하는 상태를 의미한다. 이러한 사회적 영역의 성공적 노화는 기존의 성공적 노화와 관련된 용어 중에서 활동적 노화(active aging)와 생산적 노화(productive aging)에 근접한 개념이다. 이상의 노화영역별 성공적 노화의 구성요인에 기초해 성공적 노화를 정리하면 [그림 2-1]과 같다.

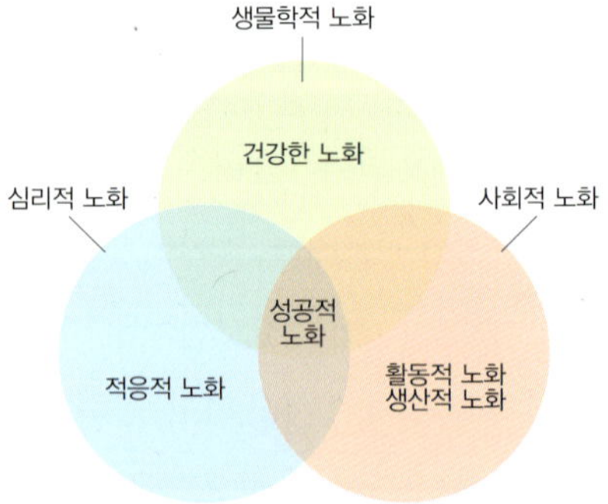

[그림 2-1] 노화영역별 성공적 노화

출처 : 권중돈, 2019.

또한 활동적 노화란 단순히 신체적으로 활동적이거나 노동시장에 참여하는 것만이 아니라, 노인 개개인의 욕구와 능력에 따라 다양한 사회생활에 능동적으로 참여하는 것으로서 '적극적인 노화'를 의미한다. 한국보다 먼저 고령화문제를 겪은 선진국은 1990년대 중반 '나이가 들어가면서 삶의 질을 향상시키기 위해 건강 · 참여 · 경제적 활동기회를 최적화하는 과정'이라고 활동적 노화를 정의했다. WHO에서 제시한 활동적 노화에는 참여(participation), 안전(security), 건강(health)을 포함해야 한다고 주창하였으며, 칸(Kahn)이 제시한 생산적 노화의 의미에서는 유상노동(paid work), 무상노동(unpaid work), 자원봉사활동, 상호부조, 건강행동을 포함해야 한다고 주장하였다(조추용 외, 2015).

2) 적극적 노화

WHO는 생애에 걸친 신체적 · 사회적 · 영적 활동의 유지를 통해 노화 없는 노화의 과정(process of growing older without growing old)을 만드는 것이 적극적 노화라고 했다. 적극적 노화에 관한 정책적 틀을 담은 보고서에서 WHO(2002)는 적극적 노화를 "노년기 삶의 질을 향상시키기 위해 건강, 참여, 안전의 기회를 최적화하는 과정"으로 정의하였다.

WHO는 또 노인이 삶의 과정을 통해 신체적 · 사회적 · 정신적 안녕의 잠재능력을 인식하고 사회에 참여하는 것이 적극적 노화이고, 적극적이란 단어는 사회적 · 경제적 · 문화적 · 정신적 · 시민적 일(affairs)에 계속 참여하는 것을 의미한다고 했다. 그러므로 일을 그만두거나 아프거나 장애가 있는 노인이라도 가족, 친구, 공동체, 국가에 적극적으로 기여하는 사람이 될 수 있다. 적극적 노화의 목적은 건강한 수명을 연장하고 삶의 질을 높이는 데 있다. WHO의 정의에 의하면 건강은 신체적 · 정신적 · 사회적 안녕을 의미한다. 건강한 노인이 자율성과 독립성을 유지하는 것이 적극적 노화 정책의 핵심적 목표이다.

WHO의 적극적 노화는 건강한 노화, 생산적 노화, 성공적 노화를 포함한다는 점에서 다차원적이고, 다양한 노화과정과 다양한 노인집단을 고려하면서 삶의 질, 정신적 · 신체적 안녕, 사회참여를 포함한다는 점에서 포괄적인 접근이며, 삶의 질을 중시한다는 점에서 역동적이다(원석조, 2018).

WHO의 적극적 노화 정의는 독립성과 사회참여를 강조함으로써 수동적이고 의존적인 노인이라는 고정관념에 도전하고 대안을 제시하였으며, 또 노인의 사회참여를 강조함으로써 직장에서의 연령차별에 대항하고, 연령의 다양성을 인정하며, 고용과 훈련에서의 유연성을 확대하는 데 기여했다.

3) 적극적 노화와 성공적 노화

바람직한 노화(ageing well)를 기술하는 개념은 많다. 성공적 노화와 적극적 노화뿐만 아니라 건강한 노화(healthy ageing), 적정 노화(optimal ageing), 생산적 노화(productive ageing)도 있다(Foster and Walker, 2014).

이런 개념 중 국제사회에서 가장 많이 언급되는 것이 적극적 노화와 성공적 노화이다. 성공적 노화와 적극적 노화 개념은 1960년대 초 미국 노년 학계에서 처음 나왔다.

성공적 노화와 적극적 노화 개념은 노인의 사회참여 역량을 인정하고 중시함으로써 유리이론을 전면 부정했다. 적극적 노화와 성공적 노화 개념은 상당히 유사하다. 무엇보다 건강을 중시한다는 점에서 그렇다. 건강상태 유지의 유용성은 명백하다. 노인이 건강하면 질병 치료비와 사회적 케어 비용을 절감할 수 있고, 고용을 더 유지할 수도 있다. 노인고용은 공적연금 재정에 기여한다. 건강하면 지역사회 활동과 정치적 활동도 더 많이 한다.

적극적 노화와 성공적 노화 모델 모두 적극적 관점에서 출발한다는 점도 같다. 바람직하게 잘 늙는다는 것은 장애와 질병을 피하고, 정신적 · 신체적 능력을 유지하는 것이다. 그렇게 함으로써 생산적인 삶을 유지하고 사회에 참여할 수 있다. 성공적 노화의 핵심은 노년기에도 활동을 지속하고 중년기에 형성된 가치관을 견지하는 데 있다(원석조, 2018).

따라서, 한국사회에서 아직은 미흡한 적극적 노화와 성공적인 노화에 대한 다양한 접근과 융복합적인 정책개발 및 제도가 추진되어야 할 것이며, 이를 위하여 초고령사회를 대비한 사회적인 분위기를 다각도로 활성화시켜 나가야 할 것이다.

그러므로 은퇴 이전부터 성공적인 노화를 준비해 나가는 사회시스템의 구축과 인프라 확충이 필요하다. 이를 위하여, 선진 노인복지제도의 프로그램들을 검토하여 연령 극복을 통한 건강한 노화의 적응적 자세와 사회적 준비가 요구된다.

참·고·할·만·한·정·보

- 성공적인 노화 심리학 「나이 듦의 이로움」
  나이 듦의 가치와 이로움에 대한 따뜻한 통찰–앨런 카스텔 저, 최원일 역, 2020. 5. 씨아이알(CIR) 출판
  : 노화에 관한 최신의 과학과 연구들을 소개하며 객관적인 노화 관련 정보 제시, 건강하고 성공적인 노년기를 살아가고 있는 훌륭한 노인들과의 인터뷰를 통해 노화에 관한 부정적이고 왜곡된 고정관념을 뒤집으며 '나이 듦의 이로움'을 밝히고 있다.

생·각·해·보·기

- 노화의 특성을 적용하여 대학생들의 노화에 대한 인식에 대하여 토론하여 봅시다.
- 길어진 노년기에 가장 장기간 나타날 수 있는 노화의 문제점과 해결방안에 대한 적용이론을 노화 이론들 중에서 찾아 분석하여 봅시다.
- 한국 초고령사회에서 적극적 노화와 성공적 노화의 방법에 대해 토론해 봅시다.
- 노년기의 발달과업을 성공적으로 이루어 나가기 위하여 개인적, 사회적, 국가적으로 해야 할 일은 무엇인지 토론해 봅시다.

CHAPTER 03

노인복지의 개관

학습목표

1. 노인복지의 개념과 기능, 원칙을 이해하고 설명할 수 있다.
2. 노인복지의 역사(발달과정) 특징을 이해하고 설명할 수 있다.
3. 노인복지정책 및 실천체계에 대해 이해하고 설명할 수 있다.

1. 노인복지의 개념과 기능

1) 노인복지의 개념

노인복지는 노인의 생활안정과 복리(well-being)를 증진시키기 위한 사회적 노력으로 사회복지의 한 분야이다(권중돈, 2019). 최성재 · 장인협(2010)은 노인복지란 노인이 인간다운 생활을 영위하면서 가족 및 지역사회에 적응하고 통합되도록 필요한 자원을 제공하는 공적 및 사적 차원의 조직적인 제반활동이라 정의하였다. 또한 노인복지를 노인의 심신 건강 유지와 생활 안정을 위하여 필요한 노인생활의 전면 보장 및 복지서비스라 하였는데, 일반적으로 노인복지라고 하면 넓은 뜻으로는 노인 생활의 전면 보장을 말하기도 하고, 좁은 뜻으로는 최소한의 생활유지를 의미하는 복지서비스를 말하는 경우도 있다(양옥남 외, 2009).

기존의 노인복지에 대한 여러 정의를 종합해 보면 노인복지가 추구하는 목적은 인간다운 생활, 사회 적응과 통합, 노인의 욕구 충족과 문제의 예방 · 해결 등이며, 노인복지를 실시하는 주체는 공공부문과 민간부문이라는 점에 대부분이 동의하고 있다(정상양 외, 2012; 최성재 · 장인협, 2010; 현외성 외, 2000).

따라서 노인복지는 '모든 노인이 최저수준 이상의 생활을 유지하고 사회욕구 충족과 생활상의 문제를 예방해결하며, 노후생활에 대한 적응과 사회통합을 이루는 데 필요한 급여와 서비스를 제공하는 공공 · 민간부문의 조직적이고 전문적인 제반활동'이라 할 수 있다(권중돈, 2019).

2) 노인복지의 기능

이상과 같이 노인복지의 개념을 종합적으로 분석해 보면, 노인복지의 기능은 노인문제를 예방하는 기능과 사후 치료 및 서비스를 제공하는 기능으로 구분할 수 있다. 즉, 역기능적인 행동을 보이는 노인을 돕는 사후 치료 및 서비스 제공 기능과 이러한 증상이 나타나지 않도록 대처하는 사전 예방적 기능으로 구분된다.

노인복지의 기능을 예방적 기능, 보호적 기능, 조정적 기능, 개발적 기능으로 분류하는 경우 보호적 기능, 조정적 기능, 개발적 기능은 사후 치료 및 서비스 제공 기능으로 분류할 수 있다. 즉, 노인복지란 현재 표출된 욕구와 문제를 해결하고 잠재된 욕구와 문제를 예방하는 기능을 수행한다. 노인문제에 대한 사회적 대책으로서 노인복지는 노인생활의 일부만을 보장하기 위한 것이 아니라 노인생활 전체를 제도적으로 보장하기 위한 종합적인 대책이라고 할 수 있다(정상양 외, 2012).

이에 국가와 지방자치단체는 노인의 보건 및 복지증진의 책임이 있으며, 이를 위한 시책을 강구하여 추진하여야 하고, 「노인복지법」에 명시된 기본이념이 구현되도록 노력하여야 한다. 「노인복지법」 제2조에 규정된 기본이념은 다음과 같이 제시하고 있다.

첫째, 노인은 후손의 양육과 국가 및 사회의 발전에 기여하여 온 자로서 존경받으며 건전하고 안정된 생활을 보장받는다.

둘째, 노인은 그 능력에 따라 적당한 일에 종사하고 사회적 활동에 참여할 기회를 보장받는다.

셋째, 노인은 노령에 따르는 심신의 변화를 자각하여 항상 심신의 건강을 유지하고 그 지식과 경험을 활용하여 사회의 발전에 기여하도록 노력하여야 한다.

2. 노인복지의 역사

우리나라 노인복지의 근원을 삼국시대에서 조선시대까지 왕조시대 민생구휼에서도 찾아볼 수 있으나, 여기에서는 근 · 현대적 노인복지의 발달과정을 중점적으로 다루고자 한다. 따라서 노인복지의 발달과정을 일제강점기에서 1950년대까지, 1960~1970년대, 그리고 1980~1990년대, 2000년대와 2010년대로 구분하여 그 발달과정에서 의미와 특징을 살펴보면 다음과 같다(권중돈, 2019; 보건복지부, 2020; 정상양 외, 2012).

1) 일제강점기에서 1950년대 노인복지

일제강점기부터 한국전쟁 전후까지의 노인복지사업은 요보호노인을 위한 구호사업이 대부분을 차지하였다. 특히 일제강점기에는 식민통치에 대한 반발을 무마하기 위한 자선적 단순 구호사업이 주류를 이룬다. 1916년 은사진휼자금(恩賜賑恤資金)에 의거해 빈민 구제를 규정하였고, 1921년에는 총독부 내무국 내의 사회과에서 노인보호업무를 관장하도록 하였다.

1921년 서울 동자동에 최초의 현대적 의미의 양로시설인 천주교양로원이 설립되었고, 그 이후 서울의 청운양로원, 경북 칠곡의 혜생양로원, 전북 김제의 애린양로원, 부산의 신망애양로원, 경기 의정부의 경기자혜원 등 모두 6개의 양로시설이 설립 · 운영되었으며, 1933년 당시 이들 시설에서 58명의 노인이 보호를 받았다. 1944년에는 조선구호령의 공포로 65세 이상 극빈 및 무의탁노인에게 생활부조, 의료부조 서비스를 제공하기도 하였으나 우리 국민에 대한 회유책의 성격으로 명목적 · 형식적인 제도에 불과하였다.

광복 이후 1950년대까지는 전쟁복구사업과 전쟁고아, 피난민 등에 대한 응급구호사업에 주력할 수밖에 없었으므로 노인복지는 상대적으로 위축되었다. 그러나 1948년 정부수립과 함께 제정된 헌법에는 노인의 생존권보장이 명시되었으며, 1949년 12개소이던 양로시설이 1959년에는 41개소로 증가하였다.

[그림 3-1] 1927년 설립된 청운양로원 (1960년대 모습)

출처 : 청운양로원 홈페이지 http://www.chungwoon.or.kr/

[그림 3-2] 1925년 설립된 애린양로원 (과거와 현재 모습)

출처 : 애린원 홈페이지 http://www.aerinwon.org/

2) 1960~1970년대 노인복지

1960년대는 제1차 경제개발 5개년 계획이 수립되면서 본격적으로 경제개발정책을 추진하기 시작한 시기이다. 이 시기에는 노인복지와 관련된 사회복지법률의 제정이 이루어졌는데, 제3공화국 헌법에서는 "모든 국민의 인간다운 생활을 할 권리"를 명시하였으며, 1960년 「공무원연금법」, 1961년 「생활보호법」, 1962년 「재해구호법」, 1963년 「군인연금법」, 「산업재해보상보험법」, 「사회보장에 관한 법률」이 제정됨으로써 미비하기는 하지만 사회보장의 기틀을 마련했다고 할 수 있다. 그러나 노인복지제도의 기반은 매우 취약했으며, 「생활보호법」에 의거하여 무의무탁(無依無託) 노인을 위한 단순 구빈 차원의 보호사업을 전개하였다. 1968년 사회보장심의위원회의 '사회개발 기본 구상'과 1969년의 '사회개발 장기전망'에서 「노인복지법」 제정, 연금제도 마련, 진료시설 확충, 노인복지센터 건립, 노인 취로기회의 제공, 퇴직연한의 연장, 경로일의 제정 등을 제시하였다. 그러나 이들 제안은 경제발전 논리와 노인복지 재정투자를 소비적 투자로 간주하는 정치사회적 분위기 때문에 모두 외면당하고 말았다. 한편 1963년 친목단체로 시작한 경로당이 1969년 대한노인회 지부로 전환하는 등 노인단체가 등장하기 시작하였다.

1970년대에 들어서면서 노인문제가 사회문제로 대두되었으나, 노인복지의 제도적 기반이 구축되지는 못하였다. 1970년대 초반 일간신문에서 노인이 가족에게서 부양을 받지 못하는 등의 문제를 경험한다는 기사를 게재하면서 노인문제가 사회적으로 관심을 끌기 시작하였다. 그러나 여전히 국가에서는 노인문제에 대해 관심을 보이지 않았으며, 노인을 위한 서비스나 급여는 「생활보호법」에 의한 생계보호 정도에 국한되어 있었다. 1973년부터는 '어머니의 날'을 '어버이의 날'로 명칭을 변경하여 경로효친사상을 앙양함으로써 가족에 의한 노인 부양을 유도하려 하였다. 1976~1978년부터 「노인복지법」 제정을 위한 국회청원이 이어졌으며, 1980년에 보건사회부(현 보건복지부)의 「노인복지법」 초안이 마련되어 「노인복지법」 제정의 기틀을 마련하였다.

3) 1980년대 노인복지

1980년대는 국가에 의한 노인부양의식이 증가함에 따라 노인복지제도의 기반이 확충된 시기라고 할 수 있다. 군사정권으로서 정권의 정당성에 문제가 야기된 제5공화국은 출범 당시 '복지사회 건설'을 국정지표 중의 하나로 내걸었다. 1981년 6월에 「노인복지법」이 제정되고, 이듬해에 시행령과 시행규칙이 제정되었으며, 1981년 11월에는 보건사회부 가정복지과에 노인복지계가 신설되어 노인복지가 제도화되었다. 하지만 제정된 「노인복지법」은 국가의 노인복지 책임을 최소화하려는 의도를 담고 있었으며, 의무적 복지 규정이 아니라 거의 선언적, 임의적인 것으로 실현 가능성이 매우 낮았다. 이러한 「노인복지법」은 1989년 12월 전문개정을 통하여 다양한 노인복지 시책이 추진될 수 있는 근거를 마련하였으나, 여전히 임의 조항이 많고 노인복지사업에 대한 구체적인 방안이 제시되지 않은데다 「생활보호법」, 「의료보호법」 등과 중복되는 조항을 다수 포함하고 있었다.

「노인복지법」의 제정 및 개정 노력과 함께 가족이나 사회의 경로효친사상을 유지하기 위한 노력은 꾸준히 전개되었다. 1980년 5월에는 70세 이상 노인을 대상으로 철도, 목욕, 이발 등 8개 업종에 대한 경로우대제를 도입하였고, 1982년에는 경로헌장을 제정하였으며, 지역별로 경로주간에 다양한 경로잔치를 베풀었다. 그러나 1989년 민영 경로우대제도는 업체의 일방적 철회로 폐지되었다. 1980년대에 처음 실시된 노인복지사업으로는 노인능력은행(1981), 무료노인건강진단제도(1983), 노인공동작업장(1986) 등이 있다.

4) 1990년대 노인복지

1990년대는 1980년대에 확립된 노인복지제도가 확대된 시기라고 할 수 있다. 먼저 법제도의 변화를 살펴보면, 1993년 유료 노인복지사업에 민간기업과 개인의 참여를 허용함으로써 고령친화산업 발전의 기틀을 마련하였으며, 재가노인복지사업의 확대를 위한 기반을 구축하였다. 그리고 1997년에 「노인복지법」 전문개정을 통하여 노인복지 책임주체를 다양화하고, 노인복지과(1990)와 노인보건과

(1999)를 신설하여 노인복지 전달체계를 확대개편하였으며, 소득보장, 건강보장, 주거보장, 사회서비스와 같은 노인복지의 기본체계를 완비하였다.

1990년대에 새롭게 시작된 노인복지사업을 살펴보면 노인승차권제도(1990; 1996년에 교통수당으로 전환), 노령수당 지급(1991; 1998년 경로연금제로 전환), 경로식당(1991), 주간보호 및 단기보호사업(1991), 노인의 집(1995), 치매요양시설(1995), 가정봉사원 양성사업(1996), 노인의 날 제정(1997), 치매상담신고센터(1998), 경로당활성화사업(1999) 등 노인복지사업이 매우 다양화되었다.

특히 1990년대 후반부의 노인복지제도는 노인복지-보건의료의 통합 연계 추신, 지역 · 재가 복지서비스의 강화, 노인복지서비스 공급주체의 다양화, 사진 예방기능의 강화 등을 주요 정책방향으로 설정하였으나 노인복지 급여나 서비스는 이러한 정책방향과는 다소간 거리가 있었다. 1990년대에는 노인복지 증진을 위한 장 · 단기 발전계획이 수립되기 시작하였는데, 1996년에는 삶의 질 세계화를 위한 노인복지종합대책, 1999년에는 노인복지장기발전계획이 수립되어 정권이 바뀔 때마다 새로운 계획을 추진함으로써 노인복지정책의 개선이 이루어지기도 하였지만, 질적 개선보다는 양적 확대에 치중하는 경향이 강하였다.

5) 2000년대 노인복지

2000년대는 노인복지제도의 변혁과 발전이 동시에 이루어진 시기라 할 수 있다. 먼저 2000년대에 새롭게 「저출산 · 고령사회기본법」(2005. 5.), 「고령친화산업진흥법」(2006. 12.), 「농어업인 삶의 질 향상 및 농어촌지역 개발촉진에 관한 특별법」(2004. 3.), 「노인장기요양보험법」(2007. 4.), 「효행 장려 및 지원에 관한 법률」(2007. 8.)이 제정되어 노인복지 장기발전계획이 수립되고 새로운 노인복지 급여와 서비스가 확대되었다.

2000년대에 새롭게 실시된 노인복지사업을 살펴보면 거동불편 저소득 재가노인 식사배달사업(2000), 시니어클럽 운영(2001), 노인보호전문기관 운영(2004), 노인일자리 전담기관 설치 · 운영(2005), 소규모 요양시설 및 가정형 노인공동시설 지원(2006), 노인복지시설 인권보호 및 안전관리지침 제정(2006), 노인돌보미 바우처 사업 및 독거노인생활관리사 파견사업(2007, 2009년 노인돌봄서비스로 통합), 치매극복의 날 제정(2007), 노인자원봉사대축제(2007), 실종노인보호사업(2007), 기초노령연금제도(2008, 2014년 기초연금제도로 전환), 노인장기요양보험제도(2008) 등이 있다. 뿐만 아니라 지방정부 차원에서도 독자적인 노인복지 급여와 서비스를 개발하여 시행하고 있다.

특히 2000년 이후 시행된 신규 급여와 사업 중에서 노인복지제도에 가장 획기적인 변화를 가져온 것은 기초연금제도와 노인장기요양보험제도의 도입이다. 기초연금제도는 국가의 노후소득보장체계의 사각지대에 놓여 있던 노인에게 적은 액수이기는 하지만 본격적인 소득보장을 위한 공공부조식 연금급여를 지급한다는 점에서 큰 의의를 지닌다고 볼 수 있다. 노인장기요양보험제도는 가족의 노인 부양기능을 보완 또는 대체하고 장기요양 욕구를 지닌 의존성 노인을 국가와 사회가 보호할 수 있는 체계를 구축하였다는 점에서 큰 의미를 지닌다.

6) 2010년대 노인복지

2010년대는 노인복지제도의 변혁과 발전이 더욱 확대되고, 새로운 노인문제와 노인복지실천에 대한 관심이 증가한 시기이다. 2010년대에 새롭게 제정된 노인복지 관련 법률을 살펴보면, 「대한노인회 지원에 관한 법률」(2011. 3.), 「치매관리법」(2011. 8.), 「기초연금법」(2014. 5.) 등이 새롭게 제정되었으며, 기존의 각종 노인복지 관련 법률의 개정을 통하여 노인복지 급여와 서비스의 확대에 필요한 법적 기반이 확충되었다. 그리고 제3차 저출산고령사회 기본계획(2015년), 제3차 치매관리종합계획(2015)과 치매 국가책임제 추진계획(2017년), 제2차 장기요양 기본계획(2018년), 제2차 노인 일자리 및 사회활동 종합계획(2018년), 제4기 지역사회보장계획(2018) 등의 다양한 노인복지분야의 중장기 발전계획이 발표됨에 따라 기존의 노인복지사업이 확대, 심화되었다.

한편 노인복지재정은 2000년에 3조 4,991억 원이던 것에서 2020년 중앙정부 예산이 16조 5,887억 원 규모로 대폭 확충되었으며, 중앙 및 지방정부의 노인복지 전달체계 역시 확대 개편되어 변혁과 발전을 거듭하고 있는 노인복지제도를 뒷받침하고 있다. 뿐만 아니라 지방정부에서도 조례 제정 등을 통하여 지역 특성에 맞는 독자적인 노인복지정책을 개발하여 추진할 수 있는 여건이 조성되어 있다.

특히 2010년대에는 치매 국가책임제의 시행으로 치매 관련 시설이 대폭 확충되고 치매노인과 가족을 위한 급여와 서비스가 확대되었으며, 성년후견제도(2013) 및 노인인권교육 시행 그리고 노인학대 예방 대책 등의 강화로 노인인권 보호를 위한 노력이 경주되고 있다. 또한 독거노인을 위한 노인돌봄서비스와 자살 및 고독사 위험집단에 대한 개입이 강화되고, 노인장기요양보험제도와 기초연금제도의 급여가 확대되었으며, 노인일자리 및 사회활동 참여를 조장하여 생산적이고 활기찬 노화를 촉진하고, 시설보다는 가정과 지역사회에서 생활하면서 필요한 도움을 받을 수 있는 지역사회 돌봄체계를 구축하기 위한 정책을 확대 강화해 나가고 있다. 이와 같이 급격한 변화와 발전을 거듭하고 있음에도 불구하고, 노인복지제도에 소요되는 재정, 인력, 시설 등을 더욱 확충하고 급여와 서비스의 양과 질을 제고할 수 있는 방안을 모색해야 하는 것이 노인복지제도의 주요 과제로 남아 있다.

3. 노인복지의 원칙과 주요내용

노인복지의 원칙은 국제연합(UN)이 1991년 유엔총회에서 채택한 노인을 위한 유엔원칙(United Nations Principles for Older Persons)에 가장 잘 반영되어 있다. 이 원칙에 따르면 국가는 노인복지사업을 추진함에 있어서 독립, 참여, 보호, 자아실현, 존엄이라는 원칙을 반영하여야 한다. 이를 세부적으로 살펴보면 다음과 같다.

1) 독립(Independence)

① 소득, 가족과 지역사회의 지원 및 자조(自助)를 통하여 적절한 식량, 물, 주거, 의복 및 건강보호에 접근할 수 있어야 한다.
② 일을 할 수 있는 기회를 제공받거나 다른 소득을 얻을 수 있는 기회에 접근할 수 있어야 한다.
③ 직장에서 언제 어떻게 그만둘 것인지에 대한 결정에 참여할 수 있어야 한다.
④ 적절한 교육과 훈련 프로그램에 접근할 수 있어야 한다.
⑤ 개인의 선호와 변화하는 능력에 맞추어 안전하고 적응할 수 있는 환경에서 살 수 있어야 한다.
⑥ 가능한 한 오랫동안 가정에서 살 수 있어야 한다.

2) 참여(Participation)

① 사회에 통합되어야 하며, 노인의 복지에 직접 영향을 미치는 정책의 형성과 이행에 적극적으로 참여하고, 노인의 지식과 기술을 젊은 세대와 함께 공유하여야 한다.
② 지역사회 봉사를 위한 기회를 찾고 개발하여야 하며, 노인의 흥미와 능력에 알맞은 자원봉사자로서 봉사할 수 있어야 한다.
③ 노인을 위한 사회운동과 단체를 조직할 수 있어야 한다.

3) 보호(Care)

① 각 사회의 문화가치체계에 따라 가족과 지역사회의 보살핌과 보호를 받아야 한다.
② 신체적 · 정서적 안녕의 최적 수준을 유지하거나 되찾도록 도와주고, 질병을 예방하거나 그 시작을 지연하는 건강보호에 접근할 수 있어야 한다.
③ 노인의 자율과 보호를 고양하는 사회적 · 법률적 서비스에 접근할 수 있어

야 한다.

④ 인간적이고 안전한 보호, 재활, 사회적 · 정신적 격려를 제공하는 적정수준의 시설보호를 이용할 수 있어야 한다.

⑤ 노인이 보호시설이나 치료시설에 거주할 때도 존엄, 신념, 욕구와 사생활을 존중 받으며, 자신의 건강보호와 삶의 질을 결정하는 권리의 존중을 포함하는 인간의 권리와 기본적인 자유를 향유할 수 있어야 한다.

4) 자아실현(self-fulfillment)

① 노인의 삼재력을 완전히 개발하기 위한 기회를 추구하여야 한다.

② 사회의 교육적 · 문화적 · 정신적 자원, 여가에 관한 자원에 접근할 수 있어야 한다.

5) 존엄(Dignity)

① 존엄과 안전 속에서 살 수 있어야 하며, 착취와 신체적 · 정신적 학대에서 자유로워야 한다.

② 나이, 성, 인종이나 민족적인 배경, 장애나 다른 지위에 상관없이 공정하게 대우받아야 하며, 노인의 경제적인 기여와 관계없이 평가되어야 한다.

국제연합(UN)에서는 이러한 원칙을 재확인하고 전 세계적으로 진행되고 있는 인구고령화에 더욱 효과적으로 대처하기 위하여 2002년 4월에 스페인의 마드리드에서 제2차 세계고령화회의를 개최하고 '마드리드 고령화국제행동계획(Madrid International Plan of Action on Ageing)'을 채택하여 더욱 구체적인 과제와 세부목표 및 행동지침을 제시하였다. 이 국제행동계획에서는 '노인과 발전, 노년기까지의 건강과 안녕 증진, 역량을 강화하고 지원하는 환경의 확보'라는 세 가지 방향을 설정하고, 그 아래 18개 분야의 과제를 선정하여 분야별 세부목표와 행동지침을 제시하였으며, 세계 전 국가에 이를 권고하고 있다(보건복지부, 2002).

4. 노인복지정책 및 실천체계

1) 노인복지정책

노인복지정책은 1981년 노인복지법 제정 이후 활발하게 논의되고, 확대되고 있다. 여기에서는 다양한 노인복지정책 중에서도 가장 기본이 되는 「노인복지법」, 「저출산 · 고령사회기본법」, 「고용상 연령차별금지 및 고령자고용촉진에 관한 법률」, 「노인장기요양보험법」 등을 중심으로 살펴보고자 한다.

(1) 노인복지법

「노인복지법」은 노인복지정책이나 사업의 내용과 형태를 규정하는 노인복지의 기본법으로서 현재 노인세대뿐만 아니라 국민 모두가 행복한 노후생활을 영위할 수 있도록 유도하고 지원하는 법률이다.

「노인복지법」에는 노인실태조사, 노인의 날, 인권교육, 노인사회참여 지원, 노인복지시설의 종류, 요양보호사의 직무 · 자격증의 교부 등이 명시되어 있다.

〈표 3-1〉 「노인복지법」 개정의 주요 내용

구 분	개정 주요 내용
1989. 12. 30. 전문개정	– 노인복지대책위원회 설치, 노령수당, 노인복지시설의 범위 확대(실비 양로시설, 유료 노인요양시설 및 노인복지주택 추가), 재가노인을 위한 가정봉사사업 등의 실시·지원, 노인여가시설을 경로당·노인교실·노인휴양소로 분류, 제조 담배 소매인 및 홍삼류 판매인의 지정 등
1993. 12. 27. 일부개정	– 민간기업체나 개인의 유료 노인복지시설 설치·운영 허용, 재가복지사업의 종류를 가정봉사원파견사업, 주간보호사업, 단기보호사업으로 구분
1997. 08. 22. 전문개정	– 노인의 날(10월 2일)과 경로의 달(10월) 제정 – 노령수당을 경로연금으로 변경 – 노인의 취업과 사회참여 지원을 위하여 노인 지역봉사기관, 노인취업알선기관 지원 근거 마련 – 노인복지시설의 종류에 치매·중풍 등 중증질환 노인의 보호를 위한 노인전문요양시설, 유료 노인전문요양시설 및 노인전문병원을 추가 – 단독주택 또는 공동주택에도 재가노인복지시설 설치 허용

구 분	개정 주요 내용
2004. 01. 29. 일부개정	– 노인학대의 방지와 학대받는 노인의 보호를 위한 긴급전화 및 노인보호 전문기관의 설치, 노인학대에 대한 신고의무와 조치사항 규정
2005. 07. 13. 일부개정	– 노인의 능력과 적성에 맞는 일자리의 개발·보급과 교육훈련을 전담하는 노인일자리 전담기관의 설치·운영
2007. 01. 03. 일부개정	– 노인실태조사(3년 주기) 실시, 치매극복의 날(9월 21일) 지정, 치매상담센터 설치 등의 조항 신설
2007. 04. 25. 일부개정	– 「기초노령연금법」(2007. 04. 25.) 제정으로 경로연금 조항 삭제
2007. 08. 03. 일부개정	– 「노인장기요양보험법」(2007. 04. 02.) 제정으로 노인복지시설의 무료·실비·유료 구분 삭제, 노인주거복지시설·노인의료복지시설·재가노인복지시설의 명칭 변경, 요양보호사 자격제도 신설, 실종노인에 대한 신고 의무 조항의 신설, 노인복지관 명칭 변경
2010. 01. 25. 일부개정	– 요양보호사 자격시험 제도 도입, 요양보호사 결격사유 및 자격취소 조항 신설, 요양보호사교육기관 설립을 신고제에서 지정제로 변경
2010. 04. 07. 일부개정	– 노인일자리전담기관을 노인인력개발기관, 노인일자리지원기관 및 노인취업알선기관으로 상세 분류
2011. 06. 07. 일부개정	– 노인학대 신고의무자 범위 확대 및 신변보호 조치 강화, 노인학대 현장조사 거부·방해에 대한 과태료 부과, 중앙 및 지역 노인보호전문기관 설치 구분, 노인의료복지시설 중 노인전문병원을 요양병원으로 전환하고 복지시설에서 삭제, 노인휴양소를 노인여가복지시설에서 삭제, 실종노인 신고·수색 등에 관한 조치 강화, 경로당 지역 및 기능별 표준모델 및 프로그램 개발 보급
2012. 02. 01. 일부개정	– 경로당 활성화를 위하여 국가 또는 지자체의 경로당 양곡구입비 보조 및 공과금 감면
2015. 01. 28. 일부개정	– 노인복지주택의 분양형 폐지, 노인학대 현장 출동 시 사법기관 동행조사, 건강진단 및 보건교육 강화
2015. 12. 29. 일부개정	– 6월 15일을 노인학대 예방의 날로 지정, 노인학대 신고의무자 범위 확대, 노인보호전문기관 종사자 인권보호 조치 강화
2016. 12. 02. 일부개정	– 노인에 대한 금지행위 조항에 정서적 학대 추가 및 노인보호전문기관 종사자 업무방해 행위에 대한 형량 조정 – 실종노인 미신고 보호자에 대한 형량과 벌금 조정
2017. 03. 14. 일부개정	– 학대피해노인 전용쉼터를 노인복지시설로 규정하고, 설치운영 사항 규정 – 학대행위자에 대한 상담, 교육 및 심리치료의 강화
2017. 10. 24. 일부개정	– 노인학대 예방과 노인 인권 증진을 위한 인권교육 실시 – 독거노인종합지원센터의 설치 운영 – 노인성 질환의 예방, 조기발견, 치료 등의 지원

구 분	개정 주요 내용
2018. 03. 13. 일부개정	– 공공시설에 청소, 주차관리 등의 사업 위탁 시 노인을 20% 이상 채용한 사업체 우선적 반영 – 노인학대 신고의무자 직종 확대 및 노인학대에 대한 사후서비스 강화 – 노인복지시설 설치, 변경, 폐지 등의 신고 수리 절차 및 요양보호사 결격사유 조문 정비
2018. 12. 11. 일부개정	– 국가와 지방자치단체로 하여금 노인의 안전사고 예방시책을 수립 · 시행 – 경로당에 정부관리양곡 외에 일반양곡도 지원 – 관할행정기관의 장의 노인학대 관련 범죄자 확인 · 점검 주기를 연 1회 이상으로 하고 그 결과를 관계 중앙행정기관의 장에게 제출
2020. 04. 07. 일부개정	– 요양보호사 자격증을 대여, 알선하는 등의 행위를 금지하고, 이를 위반한 경우 1년 이하의 징역 또는 1천만 원 이하의 벌금 – 직무상 알게 된 비밀을 누설한 자에 대한 벌칙을 '1년 이하의 징역 또는 1천만 원 이하의 벌금'에서 '3년 이하의 징역 또는 3천만 원 이하의 벌금'으로 상향

출처 : 법제처 국가법령정보센터(http://www.law.go.kr/).

(2) 저출산 · 고령사회기본법

2005년에 제정된 「저출산 · 고령사회기본법」은 저출산 및 인구의 고령화로 인하여 초래하는 사회적 변화에 대응하기 위하여 저출산 · 고령사회정책의 기본방향과 그 수립 및 추진체계에 관한 사항을 규정함으로써 국가의 경쟁력을 높이고, 국민의 삶의 질 향상과 국가의 지속적인 발전에 이바지하는 데 그 목적을 두고 있다.

국가는 종합적인 저출산 · 고령사회정책을 수립 · 시행하고, 지방자치단체는 국가의 저출산 · 고령사회정책에 맞추어 지역의 사회 · 경제적 실정에 부합하는 정책을 수립 · 시행하여야 하며, 국민은 가정 및 지역사회의 일원으로 상호연대를 강화하고 각자의 노후생활을 건강하고 충실하게 영위할 수 있도록 노력하여야 하는 책무를 명시하고 있다.

특히 정부는 저출산 · 고령사회 중장기 정책목표 및 방향을 설정하고, 이에 따른 저출산 · 고령사회 기본계획을 5년마다 수립 · 추진하여야 한다. 제1차(2006~2010) 저출산 · 고령사회 기본계획 이후 현재는 제3차(2016~2020) 저출산 · 고령사회 기본계획을 추진하고 있다.

2019년 2월 문재인 정부에서는 지난 박근혜 정부에서 발표한 제3차 저출산 · 고령사회 기본계획의 정책목표와 세부 정책과제를 수정하여 발표하였다. 수정 계획에서는 '함께 만들어가는 행복한 노후'라는 정책목표를 성취하기 위하여 ① 다층적 노후소득 보장체계 내실화, ② 신중년 새로운 인생출발 지원, ③ 고령자의 다양한 사회참여 기회 확대, ④ 지역사회 중심의 건강 · 돌봄 환경 조성, ⑤ 성숙한 노년기를 위한 기반 마련 등에 중점을 두며 추진과제를 제시하고 있다(저출산고령사회위원회 · 보건복지부, 2019).

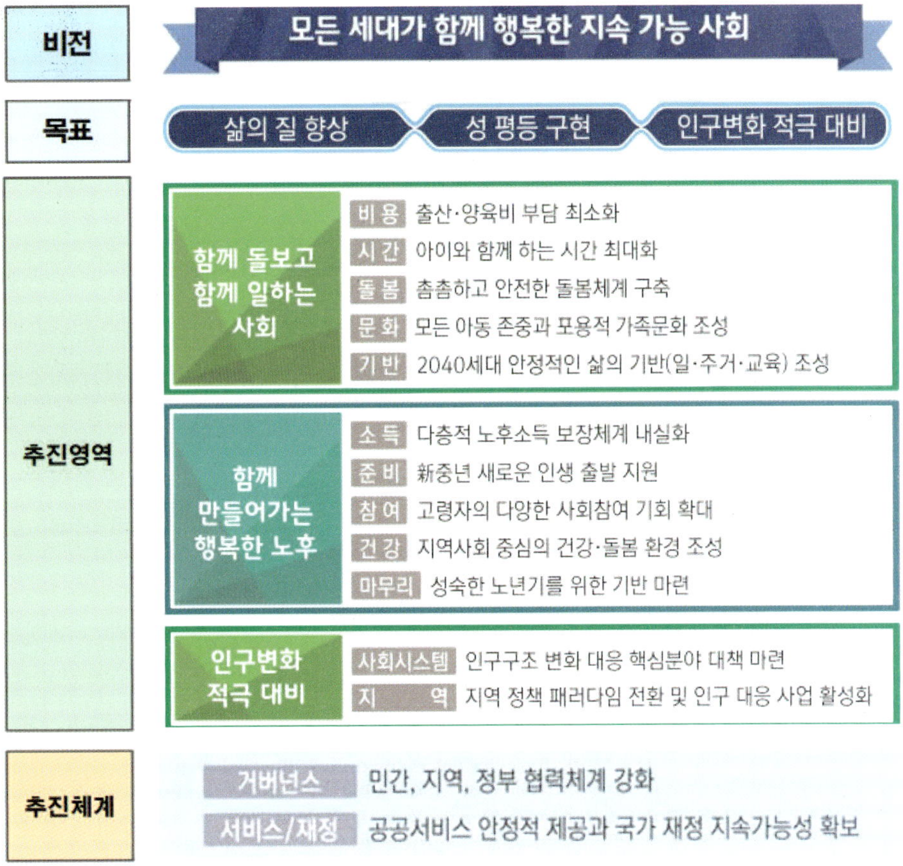

[그림 3-3] 저출산 · 고령사회 기본계획 비전, 목표 및 추진과제

출처 : 저출산고령사회위원회·보건복지부(2019) 제3차(2016~2020) 저출산 · 고령사회 기본계획(수정).

(3) 고용상 연령차별금지 및 고령자고용촉진에 관한 법률

「고용상 연령차별금지 및 고령자고용촉진에 관한 법률」은 인구의 고령화 비율이 증가하고 있으나 고령자의 취업이 부진한 반면 산업인력은 지속적으로 부족해지는 현상의 심각성을 고려하여 1991년 「고령자고용촉진법」이 제정된 후 2008년 현재의 법제명으로 변경(2009년 시행)되었다.

이 법은 합리적인 이유 없이 연령을 이유로 하는 고용차별을 금지하고, 고령자가 그 능력에 맞는 직업을 가질 수 있도록 지원하고 촉진함으로써, 고령자의 고용안정과 국민경제의 발전에 이바지하는 것을 목적으로 한다.

특히 법 제2조제1호에 따른 고령자는 55세 이상인 사람이며, 법 제2조제2호에 따른 준고령자는 50세 이상 55세 미만인 사람으로 시행령에 정의하고 있다.

(4) 노인장기요양보험법

「노인장기요양보험법」은 2007년 4월 제정되어 2008년 7월부터 노인장기요양보험제도를 시행하고 있다. 이 법은 고령이나 노인성 질병 등의 사유로 일상생활을 혼자서 수행하기 어려운 노인등에게 제공하는 신체활동 또는 가사활동 지원 등의 장기요양급여에 관한 사항을 규정하여 노후의 건강증진 및 생활안정을 도모하고 그 가족의 부담을 덜어줌으로써 국민의 삶의 질을 향상하도록 함을 목적으로 한다.

이 법에서 "노인등"이란 65세 이상의 노인 또는 65세 미만의 자로서 치매 · 뇌혈관성질환 등 대통령령으로 정하는 노인성 질병을 가진 자를 말하며, "장기요양급여"란 6개월 이상 동안 혼자서 일상생활을 수행하기 어렵다고 인정되는 자에게 신체활동 · 가사활동의 지원 또는 간병 등의 서비스나 이에 갈음하여 지급하는 현금 등을 말한다. 또한 "장기요양기관"이란 장기요양급여를 제공하는 기관을 말하며, "장기요양요원"이란 장기요양기관에 소속되어 노인등의 신체활동 또는 가사활동 지원 등의 업무를 수행하는 자를 규정하고 있다.

노인장기요양보험에 관한 상세한 사항은 '제7장 노년기 돌봄니즈와 장기요양'에서 다루고자 한다.

2) 노인복지의 실천체계

노인복지 전달체계는 노인복지 급여 및 서비스가 전달되는 것과 관련된 조직적인 체계로서 중앙정부와 지방정부, 노인복지기관 · 시설을 포함하는 모든 공공 및 민간조직의 서비스 전달을 위한 망(網)이라 할 수 있다(Friedlander & Apte, 1980). 공공 및 민간조직에 의한 노인복지 전달체계 중에서도 노인복지에 대한 국가의 책임성이 강조되는 상황에서 공공 노인복지 전달체계의 중요성은 더욱 높아지고 있다.

현행 공공 노인복지 전달체계는 행정조직체계에 의한 전달체계를 말하는데, 다시 중앙행정체계와 지방행정체계로 나뉜다. 중앙정부의 노인복지업무 주무부처는 보건복지부이며, 노인복지업무를 관장하는 부서는 인구정책실이다. 현재 인구정책실 노인정책관 산하의 노인정책과, 노인지원과, 요양보험제도과, 요양보험운영과, 치매정책과가 노인복지업무의 담당부서이다.

지방정부의 노인복지 전달체계는 중앙 보건복지부의 지도 · 감독을 받아서 시행되고 있는데, 노인복지 관련 업무가 지방자치단체별로 전달체계가 다르고 각 업무마다 담당부서가 다르다. 지방정부의 경우에도 광역지방자치단체와 기초지방자치단체에 따라 노인복지업무의 담당부서 명칭은 각기 다르다. 광역지방자치단체에서 노인복지업무를 담당하는 조직은 보건, 여성, 가족 업무를 담당하는 부서와 같은 국(局) 내에 설치되어 있으며 노인복지과, 어르신복지과, 노인장애인복지과, 저출산고령화정책(대책)과 등의 다양한 명칭을 지닌 부서에서 담당하고 있는 것으로 나타났다. 17개 광역지방자치단체 중에서 노인복지과를 단독으로 설치 · 운영하는 곳은 10개 시 · 도에 이르고 있어 노인복지과를 독립부서로 신설하는 시 · 도가 늘어나는 추세이다.

기초지방자치단체의 경우에도 보건, 환경, 여성 업무를 담당하는 생활지원국 내에 설치된 사회복지 담당과에서 노인복지업무를 담당하거나, 국(局) 없이 바로 사회복지 담당과에서 노인복지업무를 담당하고 있는 지방자치단체가 있다. 최일선의 공공 노인복지 전달체계인 읍 · 면 · 동 행정복지센터에서는 사회복지전담공무원이 노인복지업무를 담당하고 있으나, 주로 기초생활보장의 생계급여 업무에 주력하고 있어 노인에 대한 직접 서비스를 제공하는 데는 많은 한계를 보이고 있다(권중돈, 2019).

민간 노인복지의 실천체계는 주로 노인복지시설의 설치 · 운영으로 나누어 볼 수 있다. 「노인복지법」 제31조에 명시된 노인복지시설의 종류는 노인주거복지시설, 노인의료복지시설, 노인여가복지시설, 재가노인복지시설, 노인보호전문기관, 노인일자리지원기관, 학대피해노인 전용쉼터 등이 있으며, 이러한 노인복지시설을 다시 자세히 살펴보면 다음과 같다.

(1) 노인주거복지시설

① 양로시설 : 노인을 입소시켜 급식과 그 밖에 일상생활에 필요한 편의를 제공함을 목적으로 하는 시설

② 노인공동생활가정 : 노인들에게 가정과 같은 주거여건과 급식, 그 밖에 일상생활에 필요한 편의를 제공함을 목적으로 하는 시설

③ 노인복지주택 : 노인에게 주거시설을 임대하여 주거의 편의 · 생활지도 · 상담 및 안전관리 등 일상생활에 필요한 편의를 제공함을 목적으로 하는 시설

(2) 노인의료복지시설

① 노인요양시설 : 치매 · 중풍 등 노인성질환 등으로 심신에 상당한 장애가 발생하여 도움을 필요로 하는 노인을 입소시켜 급식 · 요양과 그 밖에 일상생활에 필요한 편의를 제공함을 목적으로 하는 시설

② 노인요양공동생활가정 : 치매 · 중풍 등 노인성질환 등으로 심신에 상당한 장애가 발생하여 도움을 필요로 하는 노인에게 가정과 같은 주거여건과 급식 · 요양, 그 밖에 일상생활에 필요한 편의를 제공함을 목적으로 하는 시설

(3) 노인여가복지시설

① 노인복지관 : 노인의 교양 · 취미생활 및 사회참여활동 등에 대한 각종 정보와 서비스를 제공하고, 건강증진 및 질병예방과 소득보장 · 재가복지, 그 밖에 노인의 복지증진에 필요한 서비스를 제공함을 목적으로 하는 시설

② 경로당 : 지역노인들이 자율적으로 친목도모 · 취미활동 · 공동작업장 운영 및 각종 정보교환과 기타 여가활동을 할 수 있도록 하는 장소를 제공함을 목적으로 하는 시설

③ 노인교실 : 노인들에 대하여 사회활동 참여욕구를 충족시키기 위하여 건전한 취미생활 · 노인건강유지 · 소득보장 기타 일상생활과 관련한 학습프로그램을 제공함을 목적으로 하는 시설

(4) 재가노인복지시설

① 방문요양서비스 : 가정에서 일상생활을 영위하고 있는 노인으로서 신체적 · 정신적 장애로 어려움을 겪고 있는 노인에게 필요한 각종 편의를 제공하여 지역사회 안에서 건전하고 안정된 노후를 영위하도록 하는 서비스

② 주 · 야간보호서비스 : 부득이한 사유로 가족의 보호를 받을 수 없는 심신이 허약한 노인과 장애노인을 주간 또는 야간 동안 보호시설에 입소시켜 필요한 각종 편의를 제공하여 이들의 생활안정과 심신기능의 유지 · 향상을 도모하고, 그 가족의 신체적 · 정신적 부담을 덜어주기 위한 서비스

③ 단기보호서비스 : 부득이한 사유로 가족의 보호를 받을 수 없어 일시적으로 보호가 필요한 심신이 허약한 노인과 장애노인을 보호시설에 단기간 입소시켜 보호함으로써 노인 및 노인가정의 복지증진을 도모하기 위한 서비스

④ 방문목욕서비스 : 목욕장비를 갖추고 재가노인을 방문하여 목욕을 제공하는 서비스

⑤ 그 밖의 서비스 : 그 밖에 재가노인에게 제공하는 서비스로서 보건복지부령이 정하는 서비스

(5) 노인보호전문기관

① 중앙노인보호전문기관 : 국가는 지역 간의 연계체계를 구축하고 노인학대를 예방하기 위하여 다음 각 호의 업무를 담당하는 중앙노인보호전문기관을 설치 · 운영하여야 한다.

- 노인인권보호 관련 정책제안
- 노인인권보호를 위한 연구 및 프로그램의 개발
- 노인학대 예방의 홍보, 교육자료의 제작 및 보급
- 노인보호전문사업 관련 실적 취합, 관리 및 대외자료 제공
- 지역노인보호전문기관의 관리 및 업무지원
- 지역노인보호전문기관 상담원의 심화교육
- 관련 기관 협력체계의 구축 및 교류
- 노인학대 분쟁사례 조정을 위한 중앙노인학대사례판정위원회 운영
- 그 밖에 노인의 보호를 위하여 대통령령으로 정하는 사항

② 지역노인보호전문기관 : 학대받는 노인의 발견 · 보호 · 치료 등을 신속히 처리하고 노인학대를 예방하기 위하여 다음 각 호의 업무를 담당하는 지역노인보호전문기관을 특별시 · 광역시 · 도 · 특별자치도에 둔다.

- 노인학대 신고전화의 운영 및 사례접수
- 노인학대 의심사례에 대한 현장조사
- 피해노인 및 노인학대자에 대한 상담
- 피해노인가족 관련자와 관련 기관에 대한 상담
- 상담 및 서비스 제공에 따른 기록과 보관
- 일반인을 대상으로 한 노인학대 예방교육
- 노인학대행위자를 대상으로 한 재발방지교육
- 노인학대사례 판정을 위한 지역노인학대사례판정위원회 운영 및 자체사례회의 운영
- 그 밖에 노인의 보호를 위하여 보건복지부령으로 정하는 사항

(6) **노인일자리지원기관** : 지역사회 등에서 노인일자리의 개발 · 지원, 창업 · 육성 및 노인에 의한 재화의 생산 · 판매 등을 직접 담당하는 기관

(7) **학대피해노인 전용쉼터** : 국가와 지방자치단체는 노인학대로 인하여 피해를 입은 노인을 일정기간 보호하고 심신 치유 프로그램을 제공하기 위하여 학대피해노인 전용쉼터를 설치 · 운영할 수 있다.

- 학대피해노인의 보호와 숙식제공 등의 쉼터생활 지원
- 학대피해노인의 심리적 안정을 위한 전문심리상담 등 치유프로그램 제공
- 학대피해노인에게 학대로 인한 신체적, 정신적 치료를 위한 기본적인 의료비 지원
- 학대 재발 방지와 원가정 회복을 위하여 노인학대행위자 등에게 전문상담서비스 제공
- 그 밖에 쉼터에 입소하거나 쉼터를 이용하는 학대피해노인을 위하여 보건복지부령으로 정하는 사항

〈표 3-2〉 연도별 노인복지시설 현황

(단위: 개소, 명)

종류	시설	2019		2018		2017		2016	
		시설수	입소정원	시설수	입소정원	시설수	입소정원	시설수	입소정원
합계		79,382	266,325	77,395	231,857	76,371	219,476	75,708	212,601
노인주거복지시설	소계	382	21,674	390	19,897	404	19,652	425	19,993
	양로시설	232	13,036	238	12,510	252	12,562	265	13,283
	노인공동생활가정	115	954	117	998	119	1,092	128	1,062
	노인복지주택	35	7,684	35	6,389	33	5,998	32	5,648
노인의료복지시설	소계	5,529	190,820	5,287	177,318	5,242	170,926	5,163	167,899
	노인요양시설	3,595	174,015	3,390	160,594	3,261	153,785	3,136	150,025
	노인요양공동생활가정	1,934	16,805	1,897	16,724	1,981	17,141	2,027	17,874

종류	시설	2019		2018		2017		2016	
		시설 수	입소 정원	시설 수	입소 정원	시설 수	입소 정원	시설 수	입소 정원
노인여가 복지시설	소계	68,413	0	68,013	0	67,324	0	66,787	0
	노인복지관	391	0	385	0	364	0	350	0
	경로당	66,737	0	66,286	0	65,604	0	65,044	0
	노인교실	1,285	0	1,342	0	1,356	0	1,393	0
재가노인 복지시설	소계	4,821	53,831	3,494	34,642	3,216	28,898	3,168	24,709
	방문요양서비스	1,513	0	1,051	0	1,001	0	1,009	0
	주·야간보호서비스	1,816	53,087	1,312	33,815	1,174	27,934	1,086	23,767
재가노인 복지시설	단기보호서비스	78	744	73	827	80	964	95	942
	방문목욕서비스	942	0	650	0	609	0	588	0
	방문간호서비스	60	0	21	0	10	0	0	0
	복지용구지원 서비스	0	0	0	0	0	0	0	0
	재가노인지원 서비스	412	0	387	0	342	0	390	0
노인보호 전문기관	노인보호전문기관	34	0	33	0	32	0	29	0
노인 일자리 지원기관	노인일자리지원 기관	184	0	160	0	153	0	136	0
학대피해 노인 전용쉼터	학대피해노인 전용쉼터	19	0	18	0	0	0	0	0

출처 : 보건복지부(2020). 2020 노인복지시설 현황.

생·각·해·보·기

- 노인복지의 개념과 기능, 원칙을 설명하여 봅시다.
- 노인복지의 역사(발달과정)에서 주요내용을 설명해 봅시다.
- 노인복지정책 및 실천체계에 대해 설명해 봅시다.

C·H·A·P·T·E·R 04

노년기 소득실태와 소득보장

학습목표

1. 노인의 소득실태를 살펴보고 설명할 수 있다.
2. 노인의 빈곤을 이해하고 설명할 수 있다.
3. 노인의 소득보장정책에 대해 살펴보고 설명할 수 있다.

현대사회를 살아가는 대부분의 노인들은 자신의 노후준비를 미처 하지도 못한 상태에서 노년기를 맞이하는 경우가 많다. 그 원인으로는 젊은 날 자녀양육 및 교육으로 인한 과다지출, 평균수명의 연장과 함께 고령기의 연장, 노동생산성 저하, 노동현장으로의 진입의 어려움, 정년퇴직 후의 무소득 상태의 노후기간의 연장, 경로효친 사상 및 가족 부양기능의 약화, 연금제도의 미성숙, 국가 재정부담의 증가 등을 들 수가 있다. 정부에서도 노인소득의 문제를 의식하고 노후소득보장 강화를 위한 다양한 정책을 시행해 왔으나 우리나라 노인 빈곤율은 2019년 현재 OECD(경제협력개발기구, Organization for Economic Cooperation and Development) 국가 중 1위이다. 다른 한편으로 정부는 노인이 가지고 있는 자산까지 고려할 경우 노인빈곤율은 30% 정도에 그친다고 하였다.

국토교통부의 주거실태조사(2017)에 따르면 기본적으로 우리나라 노인빈곤율이 높은 것은 국민연금 등 노후보장제도의 역사가 짧고 사각지대가 넓기 때문이라고 하였다. 그러나 국내 학계는 물론 OECD 등에서도 우리나라 노인가구의 경우 단순히 공적연금이나 근로소득 등 소득만을 따진 노인빈곤율은 높게 나타나지만, 일반적으로 노년층으로 갈수록 자산이 많은 것을 고려한다면 노인들 생활수준이 그리 낮지만은 않다고 한다.

보건사회연구원(2017)에서 발표한 '다양한 노인빈곤지표 산정에 관한 연구 보고서'는 자산 등을 고려했을 때 우리나라 어르신의 21%만이 결핍을 겪고 있으며 나머지 25%는 소득에서만 결핍을 겪고 주거와 자산 차원에서는 그렇지 않다고 하였다. 대체로 우리나라 60세 이상 고령자들이 겪고 있는 어려운 점은 경제적인 어려움과 건강문제가 가장 크다(통계청, 2018). 또한 연령이 높을수록 건강문제의 비율이 더욱 높고, 도시지역의 고령자들은 경제적인 어려움, 농어촌지역은 건강문제에 더 큰 어려움을 느끼는 것으로 나타났다. 남녀별로는 경제적인 어려움과 건강문제 모두 여성노인이 남성노인보다 높았다.

본 장에서는 노인의 소득실태 현황을 살펴보고 노인의 빈곤 및 소득보장정책에 대해 자세히 살펴보고자 한다.

1. 노인의 소득실태

1) 가구소득

우리나라에서는 지난 2011년, 2014년, 그리고 2017년 등 매 3년마다 노인실태조사를 실시하고 있다. 2017년 노인실태조사 결과, 노인의 총 월 소득은 98만 원이나 총 월지출은 162만 원으로 단순비교 시 월 64만 원의 차이가 났다. 최저생활비로는 월 197만 원이 필요하며 적정 생활비는 283만 원이라고 한다.

생활비 마련방법으로, 2017년 가족의 수입, 자녀 및 친지용돈은 27.9%에서 24.7%로 −3.2% 감소하였으며, 공적 연금은 27.2%에서 30.3%로 3.1% 증가, 공적 수혜금(기초연금, 기초생활보장수급금 등)은 30.3%에서 31.4%로 0.9%가 증가하였다.

국민연금의 경우 월평균 수급액이 52만 원 정도에 그치므로 노후생활은 그리 넉넉하지 못한 것으로 나타났다. 특히, 노인들은 본인 또는 배우자와 자녀·친척 등과 같이 사적 이전으로부터 생활비를 마련하고 있고, 공적 연금과 같은 사회보장제도로부터 생활비를 마련하는 비율은 매우 낮은 것이 현실이다.

통계청(2018)에 의하면 60세 이상 고령자들은 주로 본인과 배우자의 부담으로 생활비를 마련하고 있다. 생활비의 마련 방법은 본인 및 배우자 부담이 63.6%로 가장 많고, 자녀 또는 친척 지원 28.8%, 정부 및 사회단체 7.6% 순으로 나타났다. 성별로 보면, 남자의 경우 본인 및 배우자 부담이 76.6%를 차지한 반면, 여자는 53.7%로 남자가 22.9% 높았다. 연령이 높아질수록 자녀 또는 친척 지원이나 정부 및 사회단체에 의지하는 비중이 높아지고 있다. 또한, 생활비를 본인이나 배우자가 부담하는 경우, 그 방법은 근로소득 및 사업소득 53.1%, 연금, 퇴직급여 24.9%, 재산소득 12.2% 순이었으며, 근로소득 및 사업소득에 의한 생활비 마련은 연령이 낮을수록, 연금, 퇴직급여는 연령이 높을수록 그 비중이 커지고 있다. 노인을 위한 빈곤대책으로 노후 최저소득의 확보뿐만이 아니라 노후생활 전반을 지원하는 노후보호체제를 구축하기 위하여 '노후생활보장제도'를 도입하는 방안이 필요하다.

〈표 4-1〉 노인(65세 이상)의 일반특성별 및 소득원천별 보유 유무(가구소득)

(단위: %, 명)

특성	근로 소득	사업 소득	재산 소득	사적 이전 소득	공적이전소득					사적연금 소득	기타 소득	(명)
					공적 연금	기초 연금	기초생활 보장급여	기타 공적급여	계			
2017년도 전체[1)2)]	40.7	25.4	34.7	94.7	49.4	70.4	7.0	24.6	93.9	2.0	6.6	(10,299)
성												
남자	41.6	29.7	39.0	93.9	57.8	63.5	5.2	26.7	93.5	2.1	6.1	(4,375)
여자	40.0	22.3	31.5	95.3	43.2	75.4	8.4	23.0	94.3	1.9	7.0	(5,924)
연령												
65~69세	50.1	31.2	36.9	91.6	67.3	57.8	5.7	23.7	93.1	1.9	7.6	(3,332)
70~74세	41.2	24.6	37.0	94.8	57.1	70.6	6.9	22.0	94.7	2.3	5.7	(2,560)
75~79세	35.4	25.3	35.2	97.2	39.9	77.6	7.5	22.4	94.0	2.0	6.8	(2,176)
80~84세	28.7	18.7	30.5	96.7	25.4	81.2	9.2	27.0	93.6	1.7	6.1	(1,356)
85세 이상	35.0	16.3	24.4	96.7	19.5	82.5	7.8	37.6	95.4	2.0	5.8	(875)
현 취업상태												
취업중	58.5	55.8	35.6	95.5	58.8	68.9	1.8	30.9	94.7	1.3	6.8	(3,120)
미취업	33.0	11.1	34.3	94.3	45.3	71.0	9.3	21.9	93.6	2.3	6.5	(7,179)
2014년도	39.4	25.1	38.2	93.9	–	–	–	–	92.7	4.8		(10,451)

주: 1) 전체응답자(대리응답자 포함) 10,299명을 대상으로 함.
2) 소득은 작년 한 해(2016. 1. 1.~2016. 12. 31.)가 기준으로 가구형태 등의 항목들과 시점의 차이가 있음.
출처 : 통계청, 2017년도 노인실태조사 보고서, 재구성.

성별로는 남성노인의 경우 근로소득 41.6%, 사업소득 29.7%, 재산소득 39.0%, 사적 연금소득 2.1%에서 보유율이 높고, 여성노인은 사적 이전소득 95.3%과 공적 이전소득 94.3%로 나타났다.

연령대별로 살펴보면, 65~69세 연령군은 근로소득(50.1%), 사업소득(31.2%)에서 다른 연령대에 비해 보유율이 높고, 연령대가 높을수록 근로소득, 사업소득, 재산소득의 보유율이 낮고, 사적 이전소득의 보유율이 높다.

취업여부를 살펴보면, 취업 노인은 근로소득(58.5%), 사업소득(55.8%)의 보유율이 미취업 노인보다 높게 나타났으나 재산소득, 사적 이전소득, 공적 이전소득, 사적 연금소득 그리고 기타소득의 보유율은 큰 차이가 나타나지 않는다.

보험소비자조사(2018)에서도 예상하는 노후 소득원으로 공적 연금과 은행예금, 부동산, 연금저축, 퇴직연금, 기타 순이었다. 은퇴소득은 기대보다 적고 실제 생활비는 높아 격차가 크다고 하였다. 이를 해결하기 위해서는 노인일자리사업의 임금 상향과 재정적 지원이 필요하며, 개인자산에 대한 교육과 노후를 위한 철저한 준비가 되어야 할 것이다.

2) 개인소득

통계청(2017)의 노인 자신의 소득원천별 소유율 분석에 의하면, 근로소득 17.1%, 사업소득 14.8%, 재산소득 23.5%, 사적 이전소득 93.4%, 공적 연금은 34.6%, 기초연금 68.6%, 기타 공적 급여 16.9%, 사적 연금소득 1.3%, 기타소득 4.2%이다. 즉, 노인 개인의 소득원 중 가장 보편적인 것은 사적 이전소득과 기초연금이다. 또한 노인 3명 중 1명은 공적 연금소득을 갖고 있음을 알 수 있다.

구성비를 통해 살펴보면, 공적 이전소득(공적 연금, 기초연금, 기타 공적 급여 포함) 36.9%, 사적 이전소득 22.0%, 사업소득 13.6%, 근로소득 13.3%, 재산소득 12.2%, 기타소득 1.2%, 그리고 사적 연금소득 0.8% 순이다

3) 가구지출

2016년 기준 월평균 소비지출은 162.2만 원으로, 성별로는 남자노인이 173.6만 원, 여자노인이 153.8만 원으로 남자노인이 여자노인보다 소비지출이 19.8만 원 더 많았다. 연령별로는 65~69세 연령군의 소비지출이 183.8만 원으로 가장 많고, 70~74세 연령군이 159.4만 원, 75~79세 연령군이 150.3만 원이지만, 80~84세 연령군에서는 134.8만 원, 85세 이상 연령군에서는 160.8만 원으로 ∪자형의 지출구조를 나타냈다.

가구형태별로는 노인독거가구인 경우 83.0만 원, 노인부부가구 151.4만 원, 그리고 자녀동거가구 소비지출이 257.0만 원으로 가장 높으며, 기타가구는 195.3만 원이다.

취업상태에 따른 소비지출은 취업 노인이 164.0만 원, 미취업 노인이 161.5만 원으로 취업노인이 2.5만 원 더 소비하고 있으나 그 차이가 크지 않다.

가구 소비지출 중 부담을 느끼는 생활비 항목을 살펴보면, 노인의 24.9%가 주택관리비, 냉난방비, 수도비 등을 포함하는 주거관련비의 지출을 부담스러워하는 것으로 나타났다. 월세 5.5%를 더하면 전체 응답자 중에 30.4%가 주거와 관련된 지출에 부담을 느끼는 것을 알 수 있다. 주택관리비 다음으로 보건의료비 23.1%, 식비 18.7%, 경조사비 4.4%의 순이었다.

4) 개인지출

본인을 위한 각각의 지출항목별 유무와 월 평균 지출액을 살펴보면, 보건의료비 93.6%(평균 월 8.7만 원), 간병수발비 5.2%(평균 월 0.9만 원), 문화여가비 73.7%(평균 월 6.8만 원), 경조사비 61.6%(평균 월 3.0만 원)으로 나타났다.

5) 국민기초생활보장급여

전체 조사대상자의 6.4%가 국민기초생활보장수급자로, 성별로는 남자노인 4.8%, 여자노인 7.5%로 여자노인이 높게 나타났으며, 의료급여만 적용되는 노인은 1.6%, 그 외 일반노인은 92.0%로 나타났다. 연령별로는 연령이 높을수록 증가하였고, 85세 이상에서 오히려 조금 감소하는 경향이 있다. 65~69세 연령군의 국민기초생활보장수급자 비율이 5.3%, 70~74세 연령군 6.6%, 75~79세 연령군 6.5%, 80~84세 연령군 7.9%, 85세 이상 연령군 6.8%이다. 가구형태별로는 노인독거가구가 15.1%로 가장 높고, 노인부부가구 3.6%, 자녀동거가구 2.4%, 그리고 기타가구가 11.0%이다.

2. 노인의 빈곤

우리나라 노인빈곤율은 청년보다 5.4배 높다고 하고(donga.com) 노인빈곤율의 증가는 노후소득보장제도의 강화에 앞서 노인의 노동기회 감소와 사적 부양체계의 해체, 특히 노인 부모와 성인 자녀의 공동거주 비율 감소와 가구 분리 이후의 사적 이전소득 부족의 측면에서 접근할 필요가 있다(Ku and Kim, 2018).

전반적으로 우리나라는 소득의 생애주기 간, 세대 간, 계층 간 재분배가 잘 이루어지지 못하고 있으며, OECD 국가들은 평균적으로 생애주기별 빈곤율이 평탄화 되어 있는 반면, 우리나라의 경우 노동시장에서 퇴거가 이루어지는 51세 이후 시기부터 빈곤율이 급격하게 증가하고 있다고 하였다. 이처럼 높은 노인 빈곤율과 낮은 공적 이전 원인은 연금이 성숙할 때까지 가족의 사적 이전소득에 의존해야 하는 적립방식 국민연금, 하향식 공적 연금 확대방식, 노동시장 이중 구조화 및 불안정성 문제, 낮은 여성 경제활동 참가율, 공적 연금과 기초연금의 낮은 급여 수준, 재정안정성 중심 보수적인 노후소득보장 정책결정구조, 사적 부양을 대체할 공적 부양책임에 대한 사회적 합의 부재 등을 꼽았다.

1) 노인빈곤 실태

노인빈곤의 개념 및 영향요인을 살펴보면, 유엔사회개발정상회의(1995)에서 논의된 "빈곤은 다면성을 지니며 소득의 결여, 지속가능한 삶을 보장할 수 있는 충족한 생산 자원의 부족, 기아와 영양결핍, 교육 및 기본서비스로의 낮은 접근성, 높은 질병률과 질병에 따른 사망률, 주택 부족, 불안전한 환경, 사회적 차별과 배제, 낮은 발언권 및 사회참여 등의 모습으로 표출된다."고 하였다(UN, 1995; 홍석표, 김지혜, 2013).

통계청의 가계동향 조사에 따르면 2006년에서 2013년 사이 15세에서 65세 미만 인구의 상대빈곤율(가처분중위소득 50% 기준)은 11.0%에서 9.6%로 감소한 반면 65세 이상 노인의 상대빈곤율은 2006년 42.8%에서 2013년 48.1%로 오히려 증가한 것으로 나타났다.

2011년 전후의 OECD 가입국 65세 이상 인구의 상대 빈곤율을 비교한 결과, 34개 국가 중 한국 노인의 빈곤율이 가장 높다고 하며, 노인 빈곤율의 심화와 더불어 노인 내부의 소득격차도 심화되고 있다. 특히, 한국사회에서 노후의 소득수준을 규정짓는 중요한 요인이 가족 부양이라고 하였다(박경숙 외, 2016).

〈표 4-2〉 OECD 주요국의 노인가구 빈곤율과 전체가구 빈곤율

(단위: %)

구 분	노인가구	전체가구	구 분	노인가구	전체가구
호주	25.7	12.8	이태리	9.3	13.7
오스트리아	8.8	9.0	일본	19.0	16.1
벨기에	7.7	9.1	**한국**	**45.7**	**13.8**
캐나다	9.0	12.6	멕시코	25.6	16.7
체코	3.7	5.9	네덜란드	3.7	7.9
덴마크	3.2	5.5	스페인	5.4	15.3
핀란드	5.2	6.3	영국	13.8	10.9
프랑스	3.6	8.2	미국	20.9	16.8
독일	9.5	9.5	**OECD 평균**	**12.5**	**11.5**

주: 노인가구는 66세 이상 가구주의 가구로 2014년 기준임. 단, 일본은 2012년, 한국, 영국, 미국은 2015년 기준임.
출처 : Pensions at a Glance 2017(OECD).

한국보건사회연구원(2019)에서는 현재 우리나라 노인 10명 중 4명 이상이 빈곤에 직면할 정도로 심각한 수준에 이르러 노후 빈곤문제에 대한 정부의 체계적 대응정책이 필요하다고 하였다.

심각한 노인빈곤의 가장 큰 원인으로 국민연금제도 미성숙에 따른 공적연금체계의 한계와 사회보험 방식에 기초한 국민연금이 노인층의 소득보장 측면에 한계가 있다는 인식하에 기존 기초노령연금을 확대 개편한 기초연금제도가 도입되어 시행 중에 있다. 또한 최근 노인 일자리지원사업과 근로장려세제 등 노후소득보장과 관련한 제도 범위도 확대되고 있으나, 노인빈곤 완화에 대한 가시적인 효과는 보이지 않고 있다. 그러므로 노인빈곤 문제에 대한 정부정책의 제도적 개선이

필요하다.

인구고령화는 불평등 및 빈곤지표에 부정적 영향을 미친다는 다수 연구의 결과가 있다. 근로소득이 없는 노인가구 비중의 증가가 소득불평등의 증가로 이어지는 구조화 현상이 있다. 가구구조의 변화 역시 소득불평등 악화의 한 요인으로 작용한다. 노인단독가구의 증가는 중산층에서 빈곤층으로 전락하는 인구의 증가와 같은 추세를 가지므로 근로소득이 없는 노인가구의 증가가 소득불평등의 주요 원인이라고도 할 수 있다.

한국복지패널조사(2005~2017)를 통해 노인 관련 공적이전제도별 빈곤감소 효과를 분석한 결과, 공적 연금과 기초연금의 빈곤감소 효과가 가장 크고 최근에는 더 큰 긍정적 효과가 있는 반면에 기초생활보장제도 효과는 정체하고 있으며, 최근 확대되고 있는 노인일자리지원 사업의 경우에도 일정 부분에 한하여 노인빈곤을 완화하는 기능을 제공한다고 하였다.

실효성 있는 노후소득보장체계의 확립은 국민연금과 기초연금 간 기능정비를 통한 연금제도 내실화를 중심으로 이루어지는 것이 바람직하나, 시간이 좀 더 필요할 것이다. 그러므로 단기적으로 기초생활보장제도나 노인일자리지원, 근로장려세제 등 조세를 재원으로 한 제도의 효과적인 활용방안이 필요하다.

경제협력개발기구(OECD) 국가들은 평균적으로 생애주기별 빈곤율이 평탄화되어 있는 반면, 우리나라의 경우 노동시장에서 퇴거가 이루어지는 51세 이후 시기부터 빈곤율이 급격하게 증가하고 있다고 한다. 전반적으로 우리나라는 소득의 생애주기 간, 세대 간, 계층 간 재분배가 잘 이루어지지 못하고 있다.

높은 노인빈곤율과 낮은 공적 이전 원인은 연금이 성숙할 때까지 가족의 사적 이전소득에 의존해야 하는 적립방식 국민연금, 하향식 공적 연금 확대방식, 노동시장 이중구조화 및 불안정성 문제, 낮은 여성 경제활동 참가율, 공적 연금과 기초연금의 낮은 급여 수준, 재정안정성 중심의 보수적인 노후소득보장 정책결정구조, 사적 부양을 대체할 공적 부양책임에 대한 사회적 합의 부재 등을 꼽았다.

OECD 회원국 중 최고 수준인 우리나라 노인빈곤율이 청 · 장년보다 5.4배나 높은 것으로 나타났다. 기초연금과 국민연금 등 공적 이전소득 수준 또한 OECD

평균에 미치지 못하는바 공적 부양책임을 둘러싼 사회적 논의가 필요하다.

한국보건사회연구원(2017)에 의하면 우리나라 노인가구의 상대적 빈곤율은 OECD 국가들의 경우와는 달리, 전체가구에 비해 월등히 높다. 상대적 빈곤율은 전체 인구 중에서 소득수준이 빈곤선 이하 인구가 차지하는 비율을 말한다.

일본, 영국, 미국 등의 국가는 노인가구의 빈곤율이 전체가구의 빈곤율보다 높지만 그 격차는 크지 않으며, 캐나다와 프랑스, 네덜란드, 스페인 등 다수의 유럽 국가에서는 전체가구의 빈곤율보다 노인가구의 빈곤율이 오히려 낮다. 그 이유는 OECD 선진국들의 경우 공적 이전소득의 적용비율이 높아 노인가구의 소득수준이 전체가구와 큰 차이가 없기 때문이다. 반면, 우리나라 노인가구의 상대적 빈곤율이 높은 이유는 공적 연금의 사각지대가 넓고 노후의 일자리도 열악하기 때문이다.

2) 노인빈곤의 원인

노인이 가난한 원인은 주된 소득의 상실 또는 감소가 일어나기 때문이다. 즉, 경제활동이 없어 수익이 없거나 노동시장에 진입하였다고 하더라도 저임금 일자리에 종사하는 경우가 많기 때문이다. 다른 OECD 국가의 노인들도 처한 상황은 마찬가지이겠지만 이는 공적 연금제도의 차이 때문이라고 할 수 있다.

노후소득보장의 주가 되는 국민연금의 경우 대부분의 유럽국가들의 부과방식(pay-as-yougo)과는 대조적으로 우리나라는 적립(reserved)방식으로 출발했고, 하향식 공적 연금 확대방식으로 정작 노후빈곤에 노출될 위험이 가장 큰 집단이 대상범주에 포함되지 못하고 사각지대에 놓여 있으며, 산업양극화와 노동시장 이중구조화 그리고 노동시장의 불안정성 문제에 놓여 있다.

3) 노인빈곤의 해결방안

우리나라에서는 전통적으로 가족이 노인부양의 일차적인 책임을 지고 있다. 그러나 최근 급격한 사회경제적 변화, 가족의 구조 및 가족관계의 변화, 자녀중심의 가족생활 등으로 인해 가족에 의한 노인부양에는 한계가 있다. 다른 한편으로는 오늘날 노인세대의 경우 젊은 날 부모부양과 자녀양육 및 교육에 많은 부분을 투자했지만 정작 자신의 노후준비는 제대로 하지 못한 베이비부머 세대들이 있다.

이와 함께 노인층의 사적 소득원 의존도도 빠르게 감소하고 있다.

노인세대에 대한 자녀들의 노인부양 의식의 약화와 함께 근로 등을 통한 고령층의 직접 소득원은 증가하는 추세이나 사적 소득원 감소를 보완하기에는 미흡하여 사회적 부양은 더욱 가중되고 있다. 이러한 사회적 부양은 과다한 사회적 비용의 필요에 따른 조세부담이 가중되면서 경제활동 인구의 부담률을 높일 뿐만 아니라 세대 간의 갈등을 더욱 심화시키는 경향이 있다. 노인빈곤문제는 현재 심각한 수준에 이르렀다. 그러므로 가족부양 부담의 완화와 가족통합을 유지할 수 있도록 노인들의 경제적 어려움을 해결할 수 있는 소득보장 정책이 어느 때보다 필요한 시점이다.

노인빈곤의 해결방안으로는 우선적으로 소득보장제도, 일자리 및 돌봄 강화, 주거안정화라고 할 수 있다.

최근 급속한 고령화가 진행되는 가운데, 노동생산성의 감소 및 건강악화로 인한 부담증가 등으로 노인빈곤율이 심화되므로 이를 개선하기 위한 근로소득을 활용한 공적 · 사적 연금 가입률을 제고해야 한다. 특히, 공적 연금의 획기적인 구조개편이 필요하며, 노후의 일자리 개선을 위한 정책과 개인연금을 통한 노후생활 대비를 할 수 있도록 노후계획을 마련하여야 할 것이다. 또한 건강관리를 철저히 함으로써 건강악화로 인한 병원비 지출을 막을 수 있도록 해야 할 것이다.

3. 노인 소득보장정책

우리나라는 1960년 공무원연금제도를 시작으로 1988년 국민연금제도 도입을 통해 기본적인 노후 소득보장 제도의 근간을 만들었고, 노인빈곤 문제에 대응하여 기초연금, 노인일자리 등 노후소득을 보장하기 위한 다양한 정책들을 도입 및 시행해 왔다. 통계청의 조사결과에 따르면 60세 이상 고령자들이 겪고 있는 어려운 점은 경제적인 어려움과 건강문제이며, 연령이 높아질수록 건강문제의 비율이 높아지고 있다. 노인을 위한 빈곤대책으로 노후 최저 소득의 확보뿐만이 아니라 노후생활 전반을 지원하는 노후보호체제를 구축하기 위하여 '노후생활보장제도'가 필요하다.

노후 소득보장은 노후에도 인간다운 삶을 영위할 권리를 국가가 보장한다는 기본철학 아래, 소득 불평등이 심화되어 공동체의 지속가능성이 위협받고 있는 현실에서 민주주의 복지국가에서 국가는 부와 소득의 불평등에 개입할 책임이 있음을 전제로 한다.

우리나라의 대표적인 노후소득보장제도인 국민연금은 1988년에 직장인 가입자를 대상으로 도입되었으며, 이후 농어촌, 도시지역까지 확대된 사회보험형 연금제도이다. 특수직역연금은 국민연금과 같은 공적 연금이나 공무원, 군인, 사립학교 교직원에게 적용된다. 2014년 기초노령연금을 대체한 기초연금은 보험 기여가 없더라도 65세 이상의 소득인정액 하위 70% 노인에게 지급되고 있다. 이 외에 가입이 더 자유로운 연금제도에는 퇴직급여를 미리 적립하여 퇴직 시 수급하는 퇴직연금제도, 주택과 농지를 담보로 받는 주택연금, 농지연금 등이 있다.

최근 한국보건사회연구원(2019)에서는 우리나라 공적 연금의 수준을 위해 국민연금과 기초연금을 국제 비교 · 분석한 결과, 연금제도 개선 노력에도 불구하고, 포괄성이 높지 않고 적절성은 매우 낮은 것으로 평가하였다.

노인 소득보장에 대해서는, 노년기에 신체적 노화와 함께 직업생활로부터의 은퇴 및 퇴직으로 인한 수입의 감소 또는 중단과 노동시장의 진입 경쟁에서 밀려

경제적 어려움에 내몰리는 경우 국가가 사회연대책임의 원칙에 따라 최저생활 유지를 위한 수입을 보장해주는 소득보장제도의 마련과 실행이 필요하다.

〈표 4-3〉 노인 소득보장제도

직접적인 소득보장제도		간접적인 소득보장제도	
구분	명칭	구분	명칭
사회보험	• 공무원연금(1960) • 군인연금(1963) • 사립학교교직원 연금(1975) → 국민연금(1988)으로 변경	고용증진	• 노인능력은행(1981) • 노인공동작업장(1986) • 노인취업알선센터(1992)
공공부조	• 「생활보호법」(1961)→「국민기초생활보장법」(1999 제정, 2000 시행)으로 변경 • 노령수당(1991)→경로연금(1997) →기초노령연금(2008)→기초연금(2014)으로 변경	세제감면	• 상속세 공제(1986) • 소득세 공제(1986)
수당	• 노부모봉양 수당(1986) : 공무원만 해당	할인혜택	• 공영시설 이용요금 할인(1980) • 버스승차권 지급(1990)→2008년 폐지
개인보장	• 퇴직금(1953)과 퇴직연금(2005) • 개인연금신탁 등	생업지원	• 매점 설치 우선지원(1989)

소득보장방법으로는 직접급여방법과 간접급여방법이 있다. 직접급여방법에는 데모그란트[13], 사회보장, 공공부조, 사적 연금 또는 퇴직금이 있으며 간접급여방법에는 세금감면, 할인혜택, 고용촉진 등을 들 수 있다.

현재 한국의 노인 관련 소득보장제도는 공적 연금과 기초연금 그리고 기초생활보장제도를 주축으로 하고 있으며, 최근 노인일자리사업과 근로장려세제가 크게 확장되면서 소득보장제도의 포괄 범위도 커지고 있다. 그리고 노인일자리사업과 근로장려세제에 대해서는 한계를 인정하고 주요 노후소득보장제도를 보완할 필

13) 데모그란트(Demogrant) : 욕구와는 상관없이 특정한 인구 집단(예를 들면, 아동, 모성, 노인, 장애인)에 속한 사람들에게 제공되는 급여, 이러한 형태의 급여는 미국에서는 매우 드물지만 많은 나라의 경우 보편적인 소득재분배의 한 형태로 사용되고 있다.

요가 있다.

연금제도는 위험 분담, 세대 내 그리고 세대 간 연대를 강화하여 사회통합에도 기여하며, 이를 통해 여러 세대를 거쳐 연금제도의 지속가능성을 견고히 하는 역할을 할 수 있다. 위험 분담이 공적 연금과 사적 연금을 아우르는 공통의 특성이라고 한다면 세대 내 그리고 세대 간 연대 강화는 대체로 공적 연금이 지향하는 목표라고 할 수 있다.

모든 공적 연금이 동일하게 세대 내 혹은 세대 간 연대 강화를 지향하는 것은 아니며, 개별 국가의 사회정책 지향에 따라 차이를 보인다. 여러 세대를 거쳐 연금제도의 장기적 지속가능성을 높이기 위해서는 사회적 연대 강화를 통해 연금제도의 사회통합 기능을 높여야 할 것이다. 특히, 공적 연금은 세대 내 연대를 강화하기 위해 연금제도를 통한 위험 분담과 함께 빈곤 방지와 소득불평등 완화에 기여한다.

1) 직접적인 소득보장제도

(1) 사회보험(공무원연금, 군인연금, 국민연금)

우리나라는 1960년 공무원연금제도를 시작으로 1988년 국민연금제도 도입을 통해 기본적인 노후 소득보장 제도의 근간을 만들었고, 유례없는 빠른 인구고령화와 노인빈곤 문제에 대응하여 기초연금, 노인일자리 등 노후소득을 보장하기 위한 다양한 정책들을 도입 및 시행하고 있다.

공무원 연금제도는 공무원의 퇴직 또는 사망과 공무로 인한 부상 · 질병 · 장애에 대하여 적절한 급여를 실시함으로써, 공무원 및 그 유족의 생활안정과 복리향상에 기여함을 그 목적으로 하고 있다. 공무원 연금의 종류로는 퇴직급여, 유족급여, 장해급여, 순직유족급여, 위험직무순직유족급여, 퇴직수당, 요양급여, 부조급여 등이 있다.

군인연금은 군인이 상당한 기간을 성실히 복무하고 퇴직하거나 심신의 장애로 인하여 퇴직하거나 사망한 경우 또는 공무(公務)상의 질병 · 부상으로 요양하는 경우에 본인이나 그 유족에게 적절한 급여를 지급함으로써 본인 및 그 유족의 생활안정과 복리향상에 이바지함을 목적으로 한다. 군인연금의 종류는 크게 퇴직급여, 유족급여(퇴직유족급여, 재해유족급여), 장해급여, 부조급여와 공무상요양비, 퇴직수당 등이 있다.

국민연금은 우리나라에서 시행되고 있는 공적 연금의 대표적인 노후소득보장제도로써, 1973년 12월 '국민복지연금법'을 제정하였으나 당시 오일쇼크로 인한 경제 불황으로 무기한 연기를 하게 되었고, 1988년 직장인 가입자를 대상으로 도입하여 국민연금제도를 시행하였다. 10인 이상의 사업장을 당연적용대상으로 시행하였으며, 이후 1992년부터 5인 이상 사업장을 대상으로 그 범위를 점차 확대하여 1995년 7월부터 농촌지역, 1999년 4월부터 도시 자영업자를 포함하여 전 국민을 대상으로 하는 연금제도로 발전하였다. 2003년 개정되어 2006년 근로자 1인 이상 사업장으로 확대되었고, 18세 이상 60세 미만의 소득이 있거나 가입을 희망하는 국민은 누구나 가입할 수 있다. 국민연금 가입자에게 지급되는 퇴직과 관련된 노령연금으로는 완전노령연금, 감액노령연금, 재직자노령연금, 조기노령연금, 특례노령연금, 분할연금 등이 있다.

(2) 공공부조

모든 국민이 인간다운 생활을 영위하기 위한 사회보장제도로 과거에는 '공적부조'라는 용어를 사용하였으나, 1995년 12월 30일 제정된 「사회보장기본법」에서 '공공부조'로 변경되었다.

공공부조는 질병, 장애, 노령, 실업, 사망 등의 사회적 위험 등으로 생활유지능력이 없거나 생활이 어려운 자에게 국가 및 지방자치단체의 비용부담으로 보호를 하며 최저수준의 생활보장과 자립촉진을 목적으로 하는 제도이다. 즉, 빈곤한 이들에게 국가나 지방자치단체가 그 비용을 부담하는 무상원조이며, 최저수준의 생활을 유지할 수 있도록 현금 또는 현물급여 등을 제공하여 자립, 자활을 돕거나 다른 방법을 통하여 원조를 제공하는 제도이다.

① 국민기초생활보장법

국민기초생활보장제도는 1961년 「생활보호법」으로 제정되어 저소득층의 사회안전망의 역할을 수행해 왔으나 1997년 말 외환위기로 인해 실업과 빈곤문제가 심각했던 상황에서, 빈곤층의 인간다운 삶을 보장하기 위해 1999년 9월 7일 제정되었고, 2000년 10월 1일 시행되었다.

국민기초생활보장제도는 세 가지의 특징을 갖고 있다. 첫째, 보험료 납부 등의 기여(contribution)를 전제하지 않고, 정부가 일반조세를 통해 그 비용을 부담하는 복지제도이다. 둘째, 자산조사(means-test)를 통해 지원대상을 엄격하게 선정하는 잔여적 복지제도이다. 셋째, 빈곤층의 모든 자구적 노력을 전제로 최종적으로 도움을 호소할 수 있는 복지제도이다. 이 점에서 국민기초생활보장제도는 빈곤층이 호소할 수 있는 최후의 사회안전망이라고 할 수 있다.

② 기초연금

일반조세를 재원으로 자산조사를 통하여 법적 요건을 충족시키는 저소득층에게 급여를 제공하는 제도로 우리나라에서는 노인빈곤문제 해결을 위해 기초노령연금이 있다. 2007년 기초노령연금제도를 도입하여 2008년부터 시행하였으나, 이를 폐지하고 기초노령연금을 대체하여 시행한 2014년 기초연금은 보험 기여가 없더라도 자산조사를 수반하는 무기여 연금으로 65세 이상의 소득인정액 하위 70% 노인에게 지급되고 있다. 조건은 65세 이상, 대한민국 국적을 가진 자, 선정기준 소득 이하의 기준자에 한한다.

기초연금은 노인에게 지급하여 안정적인 소득기반을 제공함으로써 노인의 생활안정을 지원하고 복지증진을 목적으로 시행되고 있다. 65세 이상인 자로 소득인정액이 선정기준 이하인 자에게 연금을 지급하는 것으로, 무기여 연금, 정액연금의 성격을 띠고 있다. 기초연금 지급 시 단독가구와 부부간의 생활비 차이를 감안하여 부부가 모두 연금을 받는 경우 각각 산정금액의 20%를 감액하고 기초연금 수급으로 발생되는 불공평성을 해결하기 위해서 소득인정액과 기초연금 산정액을 합한 금액이 산정기준 이상인 경우 기초연금액을 감액하는 소득역전방지

감액 등이 있다.

2020년 현재, 65세 이상 노인 중 월 소득이 1인가구는 38만 원, 부부가구는 60만 8,000원 이하라면 이달부터 기초연금을 월 최대 30만 원까지 받을 수 있으며 선정기준액은 소득 · 재산 수준과 생활실태, 물가상승률 등을 고려해 기초연금 대상을 정하는 기준이다. 소득과 재산을 평가한 소득인정액이 선정기준액 이하일 때 연금을 받을 수 있다. 월 30만 원까지 지급하는 저소득자 기준이 20%에서 40%로 확대됨에 따라 2020년 저소득자 선정기준액은 배우자가 없는 노인가구는 월 5만 원에서 38만 원, 배우자가 있는 가구는 월 8만 원에서 60만 8,000원으로 정하였다.

기초연금 수급 대상인 소득 하위 70% 이하 노인에게 지급할 기준연금액은 전년도 전국소비자물가변동률인 0.4%를 반영해 지난해 25만 3,750원에서 올해 25만 4,760원으로 1,010원 인상된다. 70% 이하를 구분하는 올해 선정기준액은 단독가구가 월 148만 원, 부부가구는 236만 8,000원이다.

〈표 4-4〉 기초연금

연도	'16년	'17년	'18년	'19년	'20년
단독가구	100만 원	119만 원	131만 원	137만 원	148만 원
부부가구	160만 원	190만 4,000원	209만 6,000원	219만 2,000원	236만 8,000원

출처 : 2020 보건복지부.

(3) 수당

일반적으로 사회보장의 전통적인 방법으로 사회보험 및 공적 부조로 구분하는데 사회수당은 중간적 성격의 현금급여를 말한다. 사회보험과 다른 점은 사회수당이 일정금액의 거출을 조건으로 하지 않고 공적 부조는 대상자를 반드시 빈곤자에 한정하여 자격제한이 있음에도 보족성의 원칙[14]에 의하지 않는다는 점이다.

14) 개인의 개별적 욕구의 충족이나 사회문제의 해결은 개인에게 가장 가까운 사회단위(가족, 교구, 지역사회, 자발적 조직의 순으로)에서 일차적으로 이루어져야 하고, 이러한 일차적인 단위들의 능력을 넘어설 때 조금 더 큰 사회단위(지방자치단체, 국가)가 문제를 해결하도록 개입되어야 한다는 것이다.

이전에는 노인교통수당이 있었으나 2009년 이후 전면 폐지되었으며, 현재 노령복지연금, 아동수당, 아동부양수당, 가족수당, 특별아동부양수당 등이 이에 해당된다. 가족수당의 하나로 효도수당이라고 할 수 있는 노부모봉양수당의 경우 지방자치단체에 따라 제공하는 해당조건 및 수당액은 다소의 차이가 있다.

〈표 4-5〉 지자체가 제공하는 어르신 혜택

해당 지자체	수당 명	금 액	조 건
경기 광명시	효행장려금	매년 50만 원	광명시에 4대 이상 가족이 2년 이상 거주하며 만 75세 이상 부모 등을 부양하는 경우
경기 의왕시	효행장려수당	매년 50만 원	의왕시에 4대 이상 가족이 1년 이상 거주하며 만 75세 이상 부모 등을 부양하는 경우
충북 충주시	효도수당	매월 10만 원	충주시에 4대 이상 가족이 만 70세 이상 부모 등을 부양, 만 100세 이상 부모 등을 부양하는 경우
서울 강동구	효행장려금	매년 20만 원	강동구에 1년 이상 거주하며 만 100세 이상 부모 등을 부양하는 경우
세종시	효행장려금	월 10만 원	3대 이상 가족이 세종시에 거주하는 경우 부양자 또는 피부양자에게 지급
	사회활동장려금	월 5만 원	만 85세 이상 세종시 거주자

출처 : 중앙일보, 우리동네 어르신 혜택(https://news.joins.com/digitalspecial/342).

(4) 개인보장

① 퇴직금과 퇴직연금

퇴직금은 근속연수 1년에 대하여 30일분 이상의 평균임금을 퇴직 시 일시금으로 지급하며 퇴직연금은 근로자들의 노후 소득보장과 생활안정을 위해 근로자 재직기간 중 사용자가 퇴직급여 지급 재원을 금융회사에 적립하고, 이 재원을 사용자(기업) 또는 근로자가 운용하여 근로자 퇴직 시 연금 또는 일시금으로 지급하는 제도로 안정적인 노후생활이 가능하도록 도와주는 복리후생제도이다.

② 개인연금신탁(주택연금, 농지연금)

주택과 농지를 담보로 받는 역모기지론으로 주택연금, 농지연금이 있다.

주택연금은 초기에는 주택소유자 또는 주택소유자의 배우자가 60세 이상인 경우였으나, 최근 만 55세 이상의 주택소유자 또는 주택소유자의 배우자가 소유주택에 근저당권을 설정하고 금융기관으로부터 평생 또는 일정한 기간 동안 안정적인 수입을 매월 연금방식으로 일정하게 노후생활자금을 지급받는 국가 보증의 금융상품(역모기지론)을 말한다(한국주택금융공사 홈페이지).

농지연금은 한국농어촌공사 및 농지관리기금법 제10조 및 제24조의 5항에 의거하여 고령농업인의 안정적인 노후생활을 보장하기 위해 소유 농지를 담보로 생활자금을 매월 연금처럼 지급받는 제도이다(농림축산식품부 홈페이지).

2) 간접적인 소득보장제도

(1) 고용증진

1981년부터 사단법인 대한노인회에 의하여 1998년 말 기준으로 보건복지부 지원 하에 대한노인회 시,도 연합회 및 시,군,구지회에 70개의 노인능력은행이 설치되어 있다. 그러나 소규모로 운영되고 전문성이 부족하므로 활성화되지 못하여 1997년부터 노인취업알선센터로 개편되었다. 노인취업알선센터는 노인일자리마련사업과 공동작업장 등을 운영하고 있다. 즉, 노인들의 취업기회를 확대하여 소득을 창출할 수 있도록 하기 위한 노인일자리사업, 취업지원센터, 노인공동작업장, 고령자인재은행, 시니어클럽, 고령자 기준고용률, 준고령자·고령자 우선고용직종, 고령자고용촉진장려금, 임금피크제보전수당 등이 있으며 노인일자리사업의 경우 공공분야의 공익형, 교육형, 복지형과 민간분야에는 시장형과 인력파견형이 있다.

고용노동부에서 지원하는 제도는 '60세 이상 고령자고용지원금[15]' 제도와 '고령자

15) 60세 이상 고령자고용지원금 제도 : 고용기간이 1년 이상인 60세 이상 고령자를 업종별 평균 고용률(1~23%)을 초과하여 고용하고 있는 사업주에 대하여 60세 이상 고용지원금을 지원함으로써 고령자의 고용안정을 도모하는 제도이다.

계속고용장려금[16]'제도가 있으므로 적극 활용할 필요가 있다(워크넷 홈페이지).

60세 이상 고령자고용지원금제도는 취업이 상대적으로 곤란한 고령자를 일정 비율 이상 고용하는 사업주를 지원함으로써 장년의 고용안정 및 고용유지를 도모하기 위해 만들어졌으며 2020년 12월 31일까지 실시하고 있다.

고령자계속고용장려금제도는 중소 · 중견기업의 근로자가 정년 이후에도 주된 일자리에서 계속 일할 수 있도록 기업의 정년 도달 근로자 고용연장제도 도입을 촉진하고자 시행하고 있다.

(2) 기타

1981년 「노인복지법」을 제정하였으며, 동법 제26조(경로우대), 동법 시행령 제19조(경로시설의 종류)에 의해 경로우대제를 1982년부터 실시하게 되었다.

경로우대는 65세 이상의 노인은 국가나 자치단체의 운송시설 · 기타 공공시설을 무료 또는 할인된 요금으로 이용할 수 있으며, 국가나 자치단체는 법률이 정하는 바에 따라 노인의 일상생활에 관련되는 사업을 경영하는 자에게 노인 할인우대를 하도록 권유할 수 있고, 그와 같은 할인우대를 행하는 사업자에게는 적절한 지원을 할 수 있도록 하는 제도이다.

경로우대제도의 긍정적 효과로서는 경제적 · 심리적 부담 경감, 신체적 · 정신적 건강 증진, 노인의 여가활동 활성화, 그리고 이를 통한 사회적 고립과 갈등의 예방, 궁극적으로는 노년의 자존감 향상을 꼽았다.

부정적 측면은 홍보가 부족하다는 점, 혜택을 이용하는 절차 등이 어렵고 불편하다는 점, 체계적인 지원과 관리가 미흡하다는 점 등으로 제도 운영과 관리 측면의 문제들이 주로 지적되었지만, 노인들의 이용행태에 따른 문제에 대한 지적

16) 고령자계속고용장려금 제도 : 2020년 1월 1일부터 고용보험법 시행령 제28조의4에 의거하여 「고용상 연령차별금지 및 고령자고용촉진에 관한 법률」제 19조에 따른 정년을 운영중인 사업주가 정년을 연장 또는 폐지하거나, 정년의 변경 없이 정년에 도달한 근로자를 계속해서 고용하거나 재고용하는 제도이다.

도 있다.

해외의 경우에는 교통 할인과 상점 할인이 연계되어 통합적으로 제공되는 경우가 많고, 운영 주체인 정부 또는 비영리기관이 주도하여 인터넷 홈페이지 운영과 전용카드 발급 등 지원책을 마련하여 이용자 편의성 측면을 크게 고려하고 있다.

그 밖에도 지하철과 도시철도 무료이용, 기차요금 할인(30% 할인, 주말 및 공휴일 제외), 항공여객선 10% 할인, 배 20% 할인, 기초연금을 받는 경우 통신비 할인, 임플란트 1인당 2개까지 70% 할인, 틀니는 7년에 한 번씩 가능하며, 만 66세 이상 생애전환기 건강검진, 노인외래진료비 할인 및 약제 할인, 은행저축 5천만 원까지 비과세혜택, 각종 세제혜택으로 상속세 공제, 소득세 공제, 양도세 면제와 공공기관이 분양하는 행복주택 주거지원 등이 있다.

참·고·할·만·한·정·보

영화, 신문, 사이트

- 영화: 〈그대를 사랑합니다〉
- "죽지 못해 살고 있다" 위기의 노인들(2017.5.30.)
  http://www.sisajournal.com/news/articleView.html?idxno=169603
- 고령화–우리사회의 다양한 문제(2019.5.11.)
  http://www.naewaynews.com/news/articleView.html?idxno=87041

생·각·해·보·기

- 고령화사회, 고령사회, 초고령사회란 무엇인지 생각해 봅시다.
- 노인의 4고(苦)에는 어떤 것이 있는지 생각해 봅시다.
- 노인문제의 원인이 무엇인지 생각해 봅시다.

C·H·A·P·T·E·R 05

노년기 일자리사업과 고령친화산업

학습목표

1. 노인 일자리 및 사회활동 지원 사업에 대하여 이해하고 설명할 수 있다.
2. 고령자친화기업의 개념과 현황에 대하여 이해하고 설명할 수 있다.
3. 고령친화산업에 대하여 이해하고 설명할 수 있다.

1. 노년기 일자리 사업

1) 우리나라의 노인고용정책

노인의 고용보장에 대한 정책은 노인의 소득보장정책 중 간접적인 소득보장정책의 일환이지만, 과거에는 사회기능적인 측면에서 보았을 때 긍정적인 면보다도 부정적인 측면이 많아 사회적 관점에서 중요하게 다루지 않았던 것이 사실이다. 그러나 우리나라의 노년인구가 급격히 증가함에 따라 생산인구에 비해 부양인구가 급격히 증가하면서 일하는 연령에 대한 연장 논의가 사회적인 이슈가 될 정도로 사회적 관심이 표출되고 있으며, 이러한 이유로 고령층을 위한 고용보장에 대한 정책은 매우 중요한 정책으로 부상하고 있다.

노인을 위한 고용보장정책에 관한 법적 근거는 「고용상 연령차별금지 및 고령자고용촉진에 관한 법률」에 의한 고령자의 고용촉진 사업, 고령자의 취업지원 사업 및 정년연장에 대한 지원이 있고, 「노인복지법」 제 23조 및 제23조의 2와 「저출산 · 고령사회기본법」 제11조에 의한 노인일자리 사업 등이 있다.

「고용상 연령차별금지 및 고령자고용촉진에 관한 법률」에서는 고령자의 취업을 지원하기 위하여 구인 · 구직 정보의 수집 · 제공, 고령자에 대한 직업능력개발 훈련, 사업주에 대한 고용지도, 사업주의 고령자 훈련 및 작업환경 개선에 대한 지원, 고령자의 취업알선기능 강화, 고령자고용정보센터의 운영, 고령자 인재은행의 지정 등을 행한다. 그리고 고령자의 고용촉진을 위하여 사업주의 고령자 고용노력 의무, 사업주의 고령자 기준고용률 이행 계획의 수립, 고령자 고용촉진을 위한 세제 지원, 고령자 적합직종의 선정과 그 직종에 대한 고령자의 우선 채용, 고령자의 고용확대의 요청 등의 정책이 있지만, 강제사항이 아니라 권고사항이기 때문에 고령자 기준고용률을 이행하는 업체는 많지 않다.

「노인복지법」 및 「저출산 · 고령사회기본법」에 의해 보건복지부에서는 노인일자리 사업을 통해 노인 고용촉진 사업을 추진하고 있는데 그 사업은 노인일자리 및 사회활동지원사업, 노인일자리 경진대회, 시니어클럽 운영, 대한노인회 취업지원센터 운영 등이 있다(보건복지부, 2019).

2) 노인일자리 및 사회활동지원사업

「노인복지법」 제23조 및 제23조의2와 「저출산 · 고령사회기본법」 제11조에 의하여, 일하기를 희망하는 노인에게 맞춤형 일자리를 공급하고 노인에게 소득창출 및 사회참여의 기회를 제공하는 데 이 사업의 의의가 있으며, 사업의 목적으로는 첫째, 일을 통한 적극적 사회참여, 소득보충 및 건강증진 등으로 노인문제 예방 및 사회적 비용을 절감하는 데 있다. 둘째, 노인인력 활용에 대한 사회적 인식 개선 및 민간 참여를 도모하는 데 있다(보건복지부, 2019). 이 사업은 보건복지부, 한국노인인력개발원, 지방자치단체(광역 및 기초 자치단체), 사업수행 기관 등이 역할을 공동으로 분담하여 수행한다.

(1) 노인일자리 및 사회활동지원사업 배경

① 노인빈곤율 증가

한국노인인력개발원의 자료에 의하면, 우리나라의 노인 지니계수 및 상대적 빈곤율에서 지니계수(66세 이상)는 0.419(2017)로 이는 일본 0.251, 미국 0.408, 프랑스 0.273, 독일 0.260에 비하여 상당히 높은 수준으로 나타났다. 또한 [그림 5-1]에서 보듯이 노인빈곤율(66세 이상)은 45.7%로 호주 25.7%, 일본 19%, 미국 13.8%에 비하여 매우 높은 수준의 노인빈곤율을 보이는 것으로 나타났다(한국노인인력개발원, 2019). 이처럼 노인빈곤율이 증가하면서 노인들의 소득보장제도에서 일자리사업의 중요성은 점점 더 높아가고 있다.

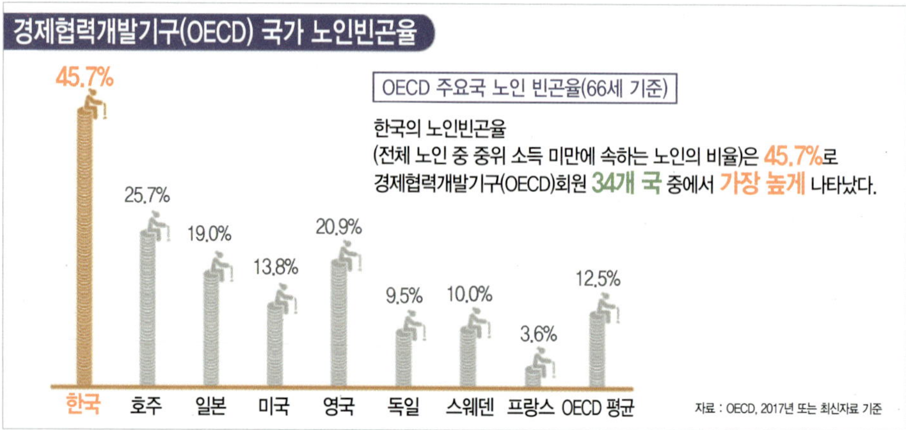

[그림 5-1] 국가별 노인빈곤율

출처 : 한국노인인력개발원, https://kordi.or.kr/

② 노인일자리 참여로 인한 건강 및 심리 · 사회적 효과의 증가

고령화사회로 진입한 우리나라는 노인일자리에 대한 다양한 환경적 변화에 직면하였다. 이중 노인계층에 취약한 사회안전망, 세계 최고 수준의 노인자살률, 건강 상실로 인한 사회문제 유발, 노인인적자본의 미활용 등 사회전반적인 문제로 인한 노인일자리사업의 확대가 사회문제화되었다(한국노인인력개발원, 2018).

특히 노인일자리사업의 참여로 인하여 나타는 효과로는 노인의료비가 연간 90억 원의 절감효과가 있으며, 이는 노인 개인별 연 8백만 원 가량의 절감효과를 보이는 것으로 나타났다. 또한 자살률 감소에 영향을 미치는 우울 수준도 일자리사업에 참여한 노인들은 높은 수준의 감소효과를 보이는 것으로 나타났다. 일자리사업에 참여하는 노인들의 자아존중감도 향상되었으며, 삶의 만족도도 증가되는 것으로 나타났다. 자세한 내용은 [그림 5-2]와 같다.

[그림 5-2] 노인일자리사업 참여에 따른 건강 및 심리 · 사회적 효과

출처 : 한국노인인력개발원, https://kordi.or.kr/

(2) 노인일자리 및 사회활동 지원사업 유형

노인일자리 및 사회활동 지원사업의 유형에는 공익활동, 재능나눔활동, 사회서비스형, 시장형사업단, 취업알선형, 고령자친화기업, 시니어인턴십의 유형이 있다.

① 공익활동

공익활동은 노인이 자기만족과 성취감 향상 그리고 지역사회 공익증진을 위하여 참여하는 봉사활동의 영역이다. 공익활동은 저소득 고령 노인들의 지속적인 사회참여활동을 지원함으로써 건강을 개선하고, 사회적 관계증진 및 소득보충 등 건강하고 활기찬 노후생활에 기여하는 것을 목적으로 한다.

공익활동형의 참여대상자는 만 65세 이상의 기초연금 수급자이다. 단, 만 65세 이상의 기초연금수급 대기자가 없는 경우 만 60~64세의 차상위계층이 참여가 가능하다.

공익활동에는 네 가지 유형이 있다. 첫째, 노노케어 프로그램은 독거노인, 조-손가정 노인, 거동불편 노인, 경증치매 노인 등 취약노인 가정을 방문하여 일상생활을 안정적으로 유지할 수 있도록 안부 확인, 말벗 및 생활 안전 점검 등 필요한 서비스를 제공하는 활동을 한다.

둘째, 활동취약계층 지원 프로그램은 장애인, 다문화가정, 한부모가족 아동 등 취약계층을 대상으로 상담 · 교육 및 정서적 지원 등 필요한 서비스를 제공한다.

셋째, 공공시설 봉사 프로그램은 복지시설, 공공의료시설, 교육(보육)시설, 지역 내 주거환경 및 생태환경 정화 등 지역사회 내 필요한 공익 서비스를 제공하기 위해 필요한 각종 사항을 지원하는 활동을 한다. 세부사업으로는 학교급식 지원봉사, 스쿨존 교통지원 봉사, CCTV 상시관제, 보육시설 봉사, 지역아동센터 봉사, 도서관 봉사, 공원 · 놀이터 등 공공시설 봉사, 문화재시설 봉사, 공공의료 및 복지시설 봉사, 주정차질서계도 봉사, 어린이 안심 등하교지원 봉사 등의 사업이 있다.

넷째, 경륜전수활동 프로그램은 노인이 평소 가지고 있는 경험과 지식, 삶의 지혜를 동세대, 아동 · 청소년 세대 등 지역공동체 구성원들과 공유하는 활동을 한다. 세부사업으로는 건강체조 취미활동지도, 문화공연활동, 체험활동지원, 경륜전수활동 등의 사업을 운영한다.

공익활동 사업의 참여자는 11개월의 참여활동 기간 동안, 월 30시간 이상의 활동시간에 참여하며, 활동비로 월 27만 원(2020년 기준)을 지급받는다.

공익활동 사업의 사업예산은 보건복지부→시 · 도→시 · 군 · 구를 통해 사업수행기관으로 지원되며, 전국적으로 총 1,200여 개 기관이 사업을 수행하고 있다.

공익활동 사업의 추진단계별 절차는 시 · 군 · 구의 사업공고 및 참여자 모집 공고를 통한 신청을 진행하고 수행기관은 신청을 받아 시 · 군 · 구와 사업대상자를 선정한다. 참여자의 DB 관리 및 매칭을 통하여 수요처와 수혜자를 연결하고, 참여자 활동에 필요한 교육을 진행하고, 참여자는 교육을 마치고 활동을 실시한다. 활동기간이 끝나면 활동비를 지급하고 활동을 종료하게 되는 절차가 진행되며, 자세한 내용은 [그림 5-3]과 같다.

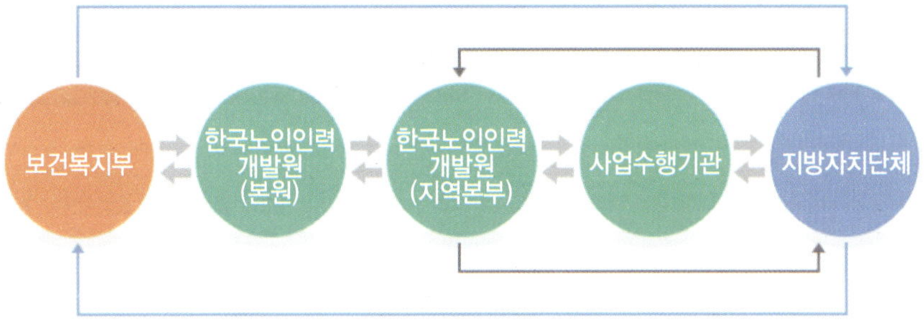

보건복지부

노인 공익활동 기본계획 수립 및 시도별 예산배분

한국노인인력개발원

노인 공익활동 사업운영 총괄 지원
- 사업 평가, 사업 담당자 교육·훈련 등 사업운영 지원
- 노인일자리 업무시스템 운영
- 사업 전반에 대한 조사·연구

광역자치단체

- 시·도별 기본계획 수립 및 지자체 사업운영 총괄
- 시·군·구별 사업량 및 전담인력 및 예산 배분계획 수립 · 통보

기초자치단체

- 시·군·구별 자체계획 수립 및 노인일자리 업무시스템 등록
- 노인 일자리 및 사회활동 지원사업 위원회 구성 및 수행기관 선정(심사 및 지정)
- 선정 수행기관별 사업량, 예산, 전담인력 등 배분 및 위탁계약 체결

수행기관

- 수행기관별 사업계획 수립 및 프로그램 운영
- 노인 공익활동 참여자 모집·등록 등 참여자 지원
- 수요처(수혜자) 발굴 및 매칭
- 시·군·구 위탁에 따른 참여자, 수요처 및 수혜자 정보 입력·관리

[그림 5-3] 공익활동사업 지원체계

출처 : 한국노인인력개발원, https://kordi.or.kr/

② 재능나눔활동

재능나눔활동은 재능을 보유한 노인이 자기만족과 성취감 향상, 지역사회 공익증진을 위해 자발적으로 참여하는 봉사 성격의 각종 재능나눔활동을 의미한다.

재능나눔활동의 참여대상자는 만 60세 이상의 노인이며, 기초연금 미수급자 가산점이 부여되는 특혜가 있다.

재능나눔활동에는 첫째, 노인 안전예방활동으로 노인여가복지시설 및 공공시설안전관리활동을 하며, 둘째, 상담안내활동으로 노인상담, 학대예방, 인권지킴 활동, 각종 안내서비스를 제공한다. 셋째, 교육 및 학습지원활동을 하며, 마지막으로 음악회, 공연 등 문화예술활동을 하는 유형이 있다.

재능나눔 참여자들은 최대 8개월의 활동 기간과, 월 10시간 이하, 월 3회 이상의 활동 시간에 참여하며, 활동비로 월 최대 10만 원의 교통비 및 식비를 지급받을 수 있다.

③ 사회서비스형

사회서비스형 사업은 취약계층 지원시설 및 돌봄시설 등 사회적 도움이 필요한 영역에 노인인력을 활용하여 필요한 서비스를 제공하는 일자리 창출사업이다. 이 사업의 목적은 근로능력이 있는 노인에게 적합한 일자리 활동을 지원함으로써 소득보충, 건강개선 및 사회적 관계증진 등 안정된 노후생활을 보장하는 것을 목적으로 한다.

사회서비스형 사업의 참여대상은 만 65세 이상의 노인이며, 이 중 시니어 안전모니터링, 시니어 컨설턴트 등 특정 유형은 만 60세 이상도 가능하다.

사회서비스형 사업내용에는 크게 다섯 가지가 있다. 첫째, 아동 및 청소년 서비스 지원 유형이 있다. 이 유형은 보육교사 보조, 생활지도 및 급식 지원 서비스, 환경정비, 귀가 및 급식 지원 서비스, 돌봄서비스 이용 아동 등·하교 및 급식 지원, 초등학교 아동돌봄(방과 후 돌봄, 학습보조, 수업 지원) 및 어린이집 보육교사 대체인력 지원 서비스 등을 운영하고 있다.

둘째, 가정서비스 지원 유형으로, 한부모 가족의 아동보호 및 교육 지원 서비스, 새터민 등 정서 지원을 통한 정착 지원 서비스, 환경정비 및 급식 지원 서비스 등의 사업을 운영한다.

셋째, 장애인서비스 지원 유형으로, 장애인 보호시설 등 대상자 보조 및 지원서비스, 장애인 이동보조 및 활동보조 서비스 사업을 운영한다.

넷째, 노인서비스 지원 유형으로, 장애인 이동보조 및 활동보조 서비스, 노인맞춤돌봄서비스 업무보조 서비스, 노인일자리 안전사고 예방활동 및 안전교육 서비스, 장기요양 수급자 등 관리지원 및 복지용구 제도사업 홍보 서비스, 치매노인 인지활동 프로그램 운영 지원 서비스 등의 사업을 운영한다.

다섯째, 상담 및 컨설팅 지원 유형으로, 시니어 취업상담, 동행면접, 정보제공 및 기업 일자리 발굴 서비스, 시니어 소비피해 상담, 컨설팅 및 예방 지원 서비스 등의 사업을 운영한다.

〈표 5-1〉 사회서비스형 사업 내용

유 형	세부활동	내 용
아동 · 청소년 서비스 지원	보육시설 지원	보육교사 보조, 생활지도 및 급식 지원 등
	지역아동센터 지원	환경정비, 귀가 및 급식 지원 등
	다함께 돌봄시설 지원	돌봄서비스 이용 아동 등·하교 및 급식 지원 등
	청소년 시설 지원	환경정비 및 급식 지원, 방과 후 돌봄 및 학습 보조 지원 등
	교육시설 학습보조 지원	초등학교 아동돌봄(방과 후 돌봄, 학습보조, 수업 지원) 및 어린이집 보육교사 대체인력
가정서비스 지원	한부모시설 지원	한부모 가족의 아동보호 및 교육 지원 등
	다문화 가족시설 지원	새터민 등 정서 지원을 통한 정착 지원
	건강가정지원센터 지원	환경정비 및 급식 지원 등
장애인 시설 지원	장애인 관련시설 지원	장애인 보호시설 등 대상자 보조 및 지원 등
	장애인 활동보조 지원	장애인 이동보조 및 활동보조 등
노인서비스 지원	노인맞춤돌봄서비스 지원	한부모 가족의 아동보호 및 교육 지원 등
	시니어 안전 모니터링	노인일자리 안전사고 예방활동 및 안전교육 등
	장기요양통합서비스 지원	장기요양수급자 등 관리 지원 및 복지용구 제도사업 안내
	시니어 인지활동 지원	치매노인 인지활동 프로그램 운영 지원
상담 및 컨설팅 지원	시니어 컨설턴트	시니어 취업상담, 동행면접, 정보제공 및 기업 일자리 발굴 등
	시니어 소비피해 예방 지원	시니어 소비피해 상담, 컨설팅 및 예방 지원 등
기타 시설 지원		기타 지역 내 취약시설 또는 사회적 공헌 유형 지원 등

출처 : 한국노인인력개발원, https://kordi.or.kr/

사회서비스형의 참여자는 총 10개월의 근무기간과 주 15시간, 월 60시간 이상의 근무시간 동안 참여하며, 인건비로 월 최대 712,800원(2020년 기준)의 급여를 받을 수 있다. 사회서비스형 사업의 예산은 보건복지부→시 · 도→시 · 군 · 구를 통해 사업수행기관으로 지원되며, 전국적으로 총 500여 개 기관이 사업을 수행하고 있다.

④ 시장형사업단

시장형사업단은 노인에게 적합한 업종 중 소규모 매장 및 전문 직종 사업단을 공동으로 운영하여 일자리를 창출하는 사업으로, 일정기간 사업비 또는 참여자 인건비 일부를 보충 지원하고 추가 사업수익으로 연중 운영하는 노인일자리를 의미한다. 이 사업의 목적은 근로능력이 있는 노인에게 적합한 일자리 활동을 지원함으로써 소득보충, 건강개선 및 사회적 관계증진 등 안정된 노후생활을 보장하는 것을 목적으로 한다. 이 사업의 참여대상자는 만 60세 이상의 사업특성 적합자이며, 근로능력이 있으며 사업에 책임감과 협동심 등 참여적극성이 있고, 건강상태 및 수행능력 등을 고려하여 대상자를 선정한다. 관련분야 자격증 소지자 및 종사 경험자를 우대하고 기초연금수급자를 우대한다.

시장형사업단의 참여방법은 사업수행기관에서 사업내용 및 참여인원 등을 공고하며 이에 근거한 참여신청을 받는다. 시 · 군 · 구 및 수행기관은 신청자의 개별상담을 통해 [참여자 선발 기준표]를 작성하여 고득점자 순으로 선정한다.

시장형사업단의 사업유형은 첫째, 기업과 연계하여 제품 혹은 반제품을 생산과 조달하는 반제품 제조 및 납품형, 둘째, 식재료를 활용하여 식품 등을 제조하여 판매하는 식품 제조 및 판매형, 셋째, 일정한 시설을 갖추고 규격에 맞춘 공산품을 제작하여 판매하는 공산품 제작 및 판매형, 넷째, 소규모 매장 및 점포를 운영하는 매장운영형, 다섯째, 유 · 휴경지를 활용하여 농산물 등을 공동으로 경작하고 판매하는 지역영농사업형, 여섯째, 아파트 단지 내 택배 물품을 배송 · 집하하는 아파트택배사업형, 일곱째, 지하철을 이용하여 각종 수하물 및 서류 등을 배달하는 지하철택배사업형, 여덟째, 일정정도의 시설 또는 장비를 갖추고 세차 혹은 세탁 등의 서비스를 제공하는 세차 및 세탁사업형, 마지막으로 기타 제조 및 판매사업형이 있다. 자세한 내용은 〈표 5-2〉와 같다.

〈표 5-2〉 시장형 사업단의 사업 유형

사업 유형	사업 내용	근무시간 및 급여	활동성격
반제품 제조 및 납품	기업과 연계하여 제품 혹은 반제품을 생산, 조달	- 운영기간: 연중참여 원칙 - 근무시간: 계약서로 정한 시간에 따름 - 예산지원기준: 참여자 1인당 연간 267만 원 지원	근로 ※일부 유형 제외
식품 제조 및 판매	식재료를 활용하여 식품 등을 제조하여 판매하는 사업		
공산품 제작 및 판매	일정한 시설을 갖추고 규격에 맞춘 공산품을 제작하여 판매하는 사업		
매장운영	소규모 매장 및 점포를 운영하는 사업		
지역영농	유·휴경지를 활용하여 농산물 등을 공동으로 경작하고 판매하는 사업		
아파트택배	아파트단지 내 택배물품을 배송·집하하는 사업		
지하철택배	지하철을 이용하여 각종 수하물 및 서류 등을 배달하는 사업		
세차 및 세탁	일정정도의 시설 또는 장비를 갖추고 세차 혹은 세탁 등의 서비스를 제공하는 사업		
기타 제조 및 판매사업	기타 제조판매사업, 사업 수익을 통해 향후 발전 가능성이 있는 서비스 제공		

출처 : 한국노인인력개발원, https://kordi.or.kr/

시장형사업단 사업의 참여대상자는 만 60세 이상 사업특성 적합자이며, 해당 연령의 사업참여희망자는 근로능력, 세대구성, 경력 등을 우대하며 노인일자리 및 사회활동 지원사업 신규참여자를 우대한다.

시장형사업단은 연중 참여를 원칙으로 하며, 참여자는 당사자 간 근로계약서에 의하여 1일 8시간 이내의 근무시간을 준수하고, 사업단은 참여자 1인당 연간 230만 원의 지원금을 정부로부터 지원받아 운영한다.

⑤ 고령자친화기업

이 사업은 고령자 적합직종을 개발하여 기업 설립을 지원함으로써 시장경쟁력과 지속성을 갖춘 노인일자리 창출 및 기존 일자리사업은 영세성 및 재정의존성을 극복하고 사업의 규모화 및 민간의 대응투자를 유도하는 것에 의의가 있다.

고령자친화기업의 관련 근거는 「노인복지법」 제23조 및 「저출산고령사회기본법」 제11조에 근거하고 있다. 이는 「고령친화산업진흥법」에서 정의하고 있는 고령친화산업과는 다른 개념이다.

'고령자친화기업'은 고령자(만 60세 이상인 자)가 경쟁력을 가질 수 있는 직종에서 다수의 고령자를 근로자로 직접 고용하기 위해 공모 · 신청 · 보조금 지원 등의 과정을 거쳐 보건복지부에서 지정한 기업이라 정의한다.

고령자친화기업의 사업 유형으로는 기업인증형, 모기업연계형, 시장형사업단 발전형, 브릿지형, 시니어직능형 등이 있다. 이러한 유형에 선정기관이 되려면 신청자격을 갖추어야 하고, 그 자격요건은 다음과 같다.

기업인증형에서는 업종별 고령자 기준고용률을 충족한 기업 중에서 일정 규모 이상의 60+ 추가고용(최소 10명 이상, 4대보험 가입, 최저임금 준수)을 창출할 수 있는 기업이어야 한다. 모기업연계형에서는 공고일 기준 이전 고령자(만 60세 이상)가 경쟁력을 가질 수 있는 적합한 직종에서 다수의 고령자를 고용하는 기업을 신규 설립 가능한 법인이 신청할 수 있다. 시장형사업단 발전형의 신청자격 기준은 「노인복지법」에 따른 노인일자리 및 사회활동 지원사업 시장형사업단을 수행중인 법인 또는 정부 및 지방자치단체에 등록된 단체이다. 브릿지형에 신청하는 자격 기준으로는 지역 내 소규모 사업을 운영중 또는 계획 중인 법인 또는 정부 및 지방자치단체에 등록된 단체이다.

2018년 기준으로 고령자친화기업의 수는 총 43개소로, 2014년 21개소에 비하여 2배 가량 증가한 수준을 보이고 있다. 또한 누적 평균 참여자 수도 2014년 721명에서 2018년 1,468명으로 증가하고 있으며, 참여노인들의 평균 재직기간도 2014년 143일에서 2018년 173일로 높아지고 있다. 이들의 1인당 평균소득도 80만 원 수준에서 98만 원으로 지속적으로 증가하고 있다. 자세한 내용은 〈표 5-3〉

과 같다.

〈표 5-3〉 고령자친화기업의 사업운영 추이

구 분	2014년	2015년	2016년	2017년	2018년
사업					
예산(천 원)	5,538,000	5,687,500	3,584,700	5,860,000	7,575,00
대응투자(천 원)	5,538,000	4,143,917	2,143,040	3,798,00	1,854,000
설립기업 수 (개)	21	21	15	21	43
누적 참여자 수	721	716	1,545	1,100	1,468
1인당 평균 재직기긴 (총 근무일 수 /누적 참여자 수) (일)	143.5	192.8	155.5	196.4	173
1인당 월평균소득(원)	791,934	879,520	937,960	977,766	979,186

출처 : 한국노인인력개발원(2019). 2018년도 노인일자리 및 사회활동 통계동향.

⑥ 시니어인턴십

시니어인턴십사업은 만 60세 이상자의 고용촉진을 위해 기업에 인건비를 지원하여 계속고용을 유도하는 사업을 말한다.

운영주체별 역할에서 보건복지부의 역할은 정책결정 및 업무위탁, 사업지침 승인, 사업지도 · 점검이며, 노인인력개발원 본원의 역할은 사업계획 수립 및 시행, 수행기관 공모 및 선정, 수행기관 실무자 교육 및 지원,중앙운영위원회 운영, 사업평가이다. 노인인력개발원 지역본부의 역할은 수행기관 공모 신청 접수, 참여기업 발굴 및 수행기관 관리 지원, 사업실행계획서 접수 및 승인, 사업수행에 대한 확인 점검, 지원금 교부 · 관리, 시범사업 추진 및 모델 개발의 역할을 한다. 사업참여 수행기관의 역할은 참여기업 발굴 · 협약 및 참여자 모집 관리, 사업실행계획서 수립 및 시행, 참여자 직무 및 소양교육 실시, 지원금 교부신청 · 지급 및 관리, 참여기업에 대한 계속고용 및 신규채용 유도, 참여기업 현장점검, 사후관리, 현황 및 결과 보고의 역할을 수행한다. 마지막으로 참여기업의 역할은 참여자와 약정체결, 참여자 출결 관리, 참여자 급여 지급 및 사회보험 가입 관리,

근로자 보호 및 산업안전관리를 시행한다. 자세한 내용은 [그림 5-4]와 같다.

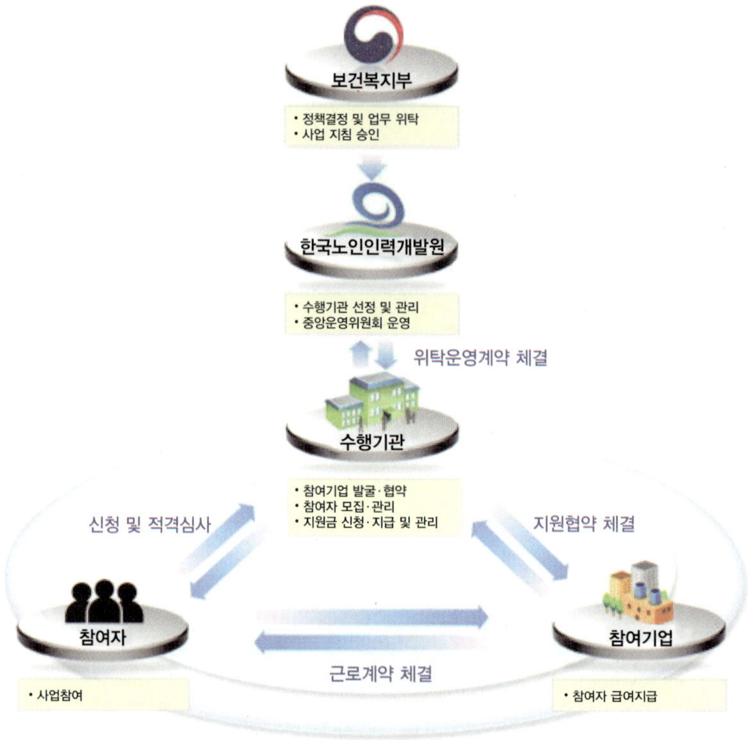

[그림 5-4] 시니어인턴십 추진 체계 및 역할

출처 : 보건복지부, 한국노인인력개발원(2020). '2020년도 시니어인턴십 사업운영안내'

시니어인턴십에서 인턴지원금 수준은 월 급여의 50%를 약정기간(최대 3개월) 동안 지원하며, 참여기업에 대한 참여자 1인당 지원금의 경우 월 최고 37만 원 한도로 지원한다. 참여기업은 참여자의 근무기간이 1개월 경과한 날 이후 매월 단위로 지원금을 수행기관에 신청하며 수행기관은 인턴지원금 지급신청에 따른 근무상황 확인 후 신청을 받은 날로부터 10일 이내에 계좌이체 방식으로 지급한다.

참여기업이 인턴십 약정기간 종료 후에도 당해연도 계속근로계약(6개월 이상)을 체결하고 해당 참여자를 채용한 경우 최대 3개월간 월 급여액의 50%(월 최고 37만 원)을 지원한다.

2. 고령친화산업

1) 고령친화산업의 개념

2006년 제정된 「고령친화산업 진흥법」 제2조에서는 "고령친화산업(senior friendly industry)이라 함은 고령친화제품 등을 연구 · 개발 · 제조 · 건축 · 제공 · 유통 또는 판매하는 업을 말한다."라고 정의하고 있으며, '고령친화제품등'이라 함은 "노인이 주로 사용하거나 착용하는 용구 · 용품 또는 의료기기, 노인이 주로 거주 또는 이용하는 주택 그 밖의 시설, 노인요양서비스, 노인을 위한 금융 · 자산관리서비스, 노인을 위한 정보기기 및 서비스, 노인을 위한 여가 · 관광 · 문화 또는 건강지원서비스, 노인에게 적합한 농업용품 또는 영농지원서비스 등에 해당하는 것을 말한다."라고 정의하고 있다. 이러한 법적인 정의를 해석하면 고령층과 중 · 장년층을 대상으로 생물학적 노화, 사회 · 경제적 능력 저하로 발생한 신체적 · 정신적 욕구를 충족시키기 위해서 그들에게 필요한 상품이나 서비스를 시장경쟁의 원리에 따라 생산, 공급하되 공익증진에도 기여하는 산업이라 정의할 수 있다.

(1) 고령친화산업의 등장과 발전

고령친화산업이 등장하게 된 배경은 노인인구의 증가, 노인의 경제력 향상, 노인의 복지서비스에 대한 인식 변화, 가족기능의 변화 등이다.

노인인구의 증가는 고령친화산업이 등장하게 된 주된 배경 요인이다. 노인인구가 증가한다는 것은 노후생활에 필요한 소비재나 서비스에 대한 욕구를 지닌 인구가 많아진다는 의미로, 소비자 중에서 차지하는 비중이 높아졌다는 것을 의미한다. 이처럼 소비자시장에서 노인 소비자의 절대수가 증가함으로써 젊은 층과는 차별화된 제품과 마케팅에 관심을 가질 수밖에 없게 되었다.

둘째, 노인인구의 경제력 향상 역시 고령친화산업의 주된 배경 요인이다. 2008년부터 시작된 국민연금 수급자의 시작으로 연금수급 노인인구의 증가는 경제적으로 여유 있는 노인인구가 증가한 이유이다. 이와 같은 노인들은 자산규모에 따른 잠재력이 매우 크다고 할 수 있다. 이에 따라 고령친화시장의 규모는 더욱 확대될 전망이다.

셋째, 노인의 복지서비스에 대한 인식 변화는 또 다른 배경 요인이다. 노인의 경제력 향상과 더불어 기존의 노인복지서비스로는 노인들의 욕구를 충족시키기 어려운 점이 나타났다. 질 높은 노인복지서비스에 대한 욕구가 발생하게 되고, 다소 비용지출을 하더라도 수준 높은 제품이나 서비스를 이용하고자 하는 인식의 변화가 나타나게 되었다.

넷째, 가족의 구조적 변화와 노인부양기능 약화가 고령친화산업 등장의 또 다른 배경 요인이다. 우리나라의 가족은 본격적인 산업화 과정을 거치면서 핵가족화가 이루어짐으로써 가족 내 실질적인 노인부양인력의 부족현상이 야기되고 노인부양기능이 약화되었으며, 또 노인을 가족 내에서 동거부양하는 비율은 점차 낮아지고 성인자녀와 별거하는 노인인구가 증가하게 되었다. 때문에 가족을 대신하여 노인을 부양해 줄 수 있는 노인복지시설이나 독신가구 혹은 부부가구 노인의 제한된 일상생활기능을 보완해 줄 수 있는 실버타운 등의 노인복지주택에 대한 요구가 증가하였고, 그에 따른 사회장치를 마련하는 과정에서 고령친화산업이 등장하게 되었다.

현재 노인층은 물론 중 · 장년층까지도 고령친화산업의 필요성을 높게 평가하고 있으며, 실질적인 수요 또한 상당하지만 활성화되지는 못하고 있다. 그 이유는 관련 산업의 여건이 취약하여 연구개발이나 투자가 부진하고, 국가의 고령친화산업 투자 유인 제도 역시 미흡한 상황이기 때문이다. 이러한 고령친화산업의 기본토대가 취약하기 때문에 고령친화산업의 발전을 억제하는 요인이 되고 있다.

하지만 노인 소비자 시장 규모가 급격하게 증가하고 노인장기요양보험제도가 시행되고 국민연금 또한 본격적으로 지급됨에 따라, 노인의 소비력과 서비스에 대한 욕구가 급증함으로써 고령친화산업은 더욱 다변화되고 시장 규모는 더욱 확대될 것이다. 인구고령화의 진행에 따라 경제력, 건강, 여유 시간을 가진 고령자가 급속히 증가함에 따라 고령친화산업의 시장 규모가 확대되어 2020년에는 116조 원에 이를 것으로 전망되고 있다. 특히 적극적 소비활동을 하는 베이비붐 세대(1955~1963년생)가 2011년부터 본격 은퇴함으로써 고령친화산업의 시장 규모는 더욱 확대될 것이라 예측되고 있다.

(2) 고령친화산업의 범위 및 시장 현황

고령친화산업은 노인이 사용하는 용품 및 의료기기, 노인이 거주하는 주택, 노인요양서비스 등 노인을 소비자로 하는 제품과 서비스를 의미하며 이는 「고령친화산업 진흥법」 제2조에 의한 정의로 아래와 같이 구분하고 있다.

'고령친화산업'이라 함은 고령친화제품 등을 연구 · 개발 · 제조 · 건축 · 제공 · 유통 또는 판매하는 업을 말한다.

1. "고령친화제품등"이라 함은 노인을 주요 수요자로 하는 제품 또는 서비스로서 다음 각 목의 어느 하나에 해당하는 것을 말한다.
   가. 노인이 주로 사용하거나 착용하는 용구 · 용품 또는 의료기기
   나. 노인이 주로 거주 또는 이용하는 주택 그 밖의 시설
   다. 노인요양서비스
   라. 노인을 위한 금융 · 자산관리서비스
   마. 노인을 위한 정보기기 및 서비스
   바. 노인을 위한 여가 · 관광 · 문화 또는 건강지원서비스
   사. 노인에게 적합한 농업용품 또는 영농지원서비스
   아. 그 밖에 노인을 대상으로 개발되는 제품 또는 서비스로서 대통령령이 정하는 것
      - 노인을 위한 의약품 · 화장품
      - 노인의 이동에 적합한 교통수단 · 교통시설 및 그 서비스
      - 노인을 위한 건강기능식품 및 급식 서비스

(3) 고령친화산업의 현황

① 고령친화산업의 범위 분류체계

고령친화산업 범위 및 분류체계와 관련하여 「고령친화산업 진흥법」, 해외 사례를 통해 고령친화산업 분류 현황을 종합하면 크게 15개 산업군으로 나타났고, 그

중 요양, 기기, 여가, 금융, 주거산업을 포함하여 고령친화산업군을 결정하였다. 선진국이나 일본의 경우 금융, 여가, 요양(보건의료 포함), 주거분야를 주로 지원하고 있고, 일본은 복지기기분야도 고령친화산업군으로 지원하고 있다. 이러한 고령친화 13개 산업군에서 「고령친화산업 진흥법」, 주요분야 여부(요양, 기기, 여가, 금융, 주거), 산업통계 여부(산업 지원을 위한 데이터 수집 가능 여부) 및 최근의 제품 · 서비스 수요 및 정책 수요 등을 고려한 전문가 의견을 종합하여 고령친화산업을 9개 산업으로 최종 분류하였다(한국보건산업진흥원, 2017). 이러한 9개 고령친화산업(요양, 의약품, 식품, 화장품, 의료기기, 용품, 금융, 주거,여가)에 대하여 산업별 법 · 제도하에서 분류기준, 통계조사 분석 현황 등을 종합하여 대분류, 중분류 등의 분류체계를 설정한 것은 다음과 같다.

첫째, 고령친화 요양산업은 시설요양서비스, 재가요양서비스, 예방지원서비스 등 3개의 대분류로 구분하였다. 둘째, 고령친화 의약품산업은 신경계용약, 대사성의약품, 순환계용약, 해열진통소염제, 안과용제, 전립선치료제, 종양치료제 등 대분류로 구분하였다. 셋째, 고령친화 식품산업은 특수의료용식품 등을 중분류로 포함한 식품과 건강기능식품 두 가지로 분류되었다. 넷째, 고령친화 화장품산업은 기초제품류, 색조제품류, 바디제품류, 헤어케어류 등의 대분류로 구분하고 있다. 다섯째, 고령친화 의료기기산업은 치과분야, 재활분야, 진단분야, 치료분야 등의 대분류로 구분하고 있다. 여섯째, 고령친화용품산업은 개인건강 · 의료용품을 위주로 요양 및 생활에 필요한 10가지 대분류로 구분하고 있다. 일곱째, 고령친화 금융산업은 장수리스크, 건강리스크, 재무리스크 등의 대분류로 구분하였으며, 여덟째, 고령친화 주거산업은 주택개보수, 고령자주택공급을 구분하고 있다. 마지막, 고령친화 여가산업은 스포츠, 문화, 관광/레저 등으로 구분하고 있다.

② 고령친화산업의 규모

고령친화산업의 규모는 2010년 33조 원 규모에서 2020년 약 125조 원의 성장세를 유지할 것으로 전망되고 있다(한국보건산업진흥원, 2017). 닛세이 기초연구소에 따르면 일본의 경우 약 100조 엔이 넘는 거대한 고령친화산업 시장이 형성되어 있으며, 이는 2030년에 약 111조 엔으로 확대될 것이라 전망되고 있다. 또한 60세 이상 인구의 소비가 전체 소비 중 2013년 43%에서 2030년에는 49.3%로 증가될 것으로 예측하고 있다.

고령친화산업의 부분인 고령친화용품산업 시장 규모는 2011년 기준 1.6조 원의 규모를 보이고 있다. 이중 국내 판매액은 약 1조 2천억 원 수준이며, 수출액은 약 3천5백억 원 수준을 보이고 있다. 이러한 고령친화용품산업의 인력은 제조업체의 경우 평균종사자 18명, 수입업체의 경우 17명 수준을 보이고 있다. 이러한 고령친화용품사업체의 인증과 기술보유현황은 기술보유기업이 50% 정도이고 수입업체의 경우 75% 정도의 수준을 보이고 있어 기술수준이 낮은 것으로 나타났다.

고령친화산업진흥센터에서 진행한 2019년 고령친화산업육성사업 결과보고서에 의하면 총 1,400여 개의 사업체를 대상으로 한 조사결과에서 고령친화용품 업체 유형은 제조업이 77.9%로 가장 많고, 판매업 58.8%, 유통업 58.4%, 수출업 34%, 수입업 18.6%의 비중을 보이는 것으로 나타났다. 고령친화산업 전체 종사자는 54,164명이며, 업체당 평균 39명으로 10명 미만 업체 비중은 41.7% 정도를 보이고 있다. 고령친화용품산업의 전체 매출액은 16조 7천655억 원으로(2018년 기준) 2016년 대비 12.9% 증가한 것으로 나타났다.

전체 매출액 대비 고령친화용품 분야 매출액은 약 6조 2,870억 원(2018년 기준)으로 2016년 대비 23.3% 증가한 것으로 나타났다. 이 중 개인건강용품분야는 약 3조 6천억 원으로 약 58%의 비중을 보이고 있으며, 일상생활용품이 약 1조 5천억 원으로 24.5%의 비중을 보이고 있다. 그 외 주거 설비용품 590억 원, 정보 통신기기 480억 원 등의 매출액을 보이는 것으로 나타났으며, 이는 [그림 5-5]에 자세히 나타나 있다.

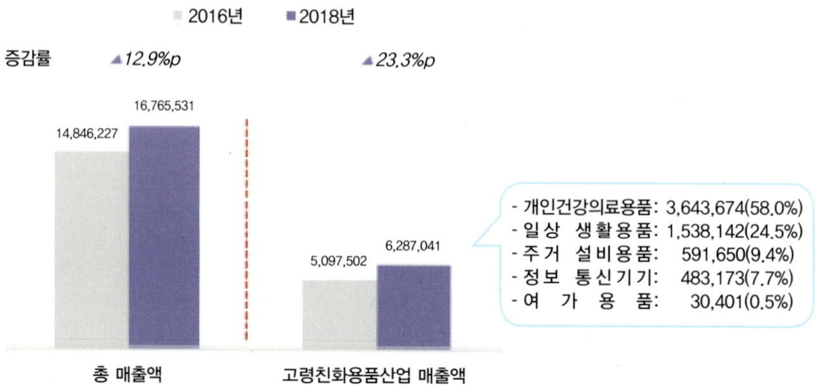

[그림 5-5] 고령친화용품 분야 매출액 현황

출처 : 고령친화산업 지원센터 홈페이지(www.khidi.or.kr)

정부는 고령친화산업을 새로운 미래의 성장동력산업으로 육성하고자 하는 의지를 가지고 있으며, 고령친화산업 분야별 시장으로 요양, 식품, 의약품, 의료기기, 화장품, 금융, 여가, 주거, 실버용품 등 9개 산업을 집중 육성하는 지원정책을 통해 고령친화산업의 첨단 · 융합 돌봄 고도화 지원, 고령친화우수제품 지정제도 운영, 고령친화산업 시장진입 단계별 맞춤 컨설팅 지원사업, 고령친화산업 해외박람회 참가지원 등을 추진하고 있다.

(4) 고령친화산업의 과제

고령친화산업에 대한 수요는 향후 급격히 높아질 것으로 예상된다. 민간기업을 중심으로 고령친화산업에 진출하고자 하는 의욕을 갖고 있거나 실제 준비를 하고 있는 기업이 많은 것으로 알려지면서 실버마케팅에 대한 관심 역시 급격히 증가하고 있다. 그러나 현재로서는 고령친화산업에 적극적으로 뛰어들기보다는 관망하면서 준비하는 단계에 머물러 있는 경우가 많다. 따라서 앞으로 고령친화산업을 활성화하기 위해서는 다음과 같은 과제의 이행이 요구된다.

첫째, 고령친화산업의 활성화를 도모하기 위해 먼저 공공부문에서의 복지재정 확대를 통하여 국민, 특히 노인층의 최저생활을 보장해야 한다. 우리나라의 경우 국가, 시장, 가족이라는 복지의 책임주체 중에서 가족의 책임은 지나치게 강조되는 반면에 국가나 시장의 책임이행 수준은 여전히 낮은 상황이다.

우리나라의 경우 다른 선진 국가들과 달리 정부에서 국민의 복지를 전면적으로 책임지는 복지국가의 단계를 거치지 않은 채 서구의 복지민영화의 조류에 편승하여 복지에 대한 책임을 개인과 가족, 시장에 전가하고 있다. 그 결과 저소득층에 대한 최저수준의 삶을 보장하는 데 한계를 보이고 있으며, 노인, 장애인 등 사회보호가 필요한 사회 약자에게 필요한 서비스를 적절히 제공하지 못하고 있다. 이러한 상황에서 중산층 이상의 계층을 위한 고령친화산업이 활성화될 경우 계층에 따른 복지불평등은 심화될 것이며, 이는 사회통합이라는 목적을 달성하는 데 많은 문제점을 야기할 것이다. 따라서 영리를 추구하는 민간기업 중심의 고령친화산업을 활성화하기 이전에 공공부문의 복지재정 확대에 의한 복지수준 제고가 선행되어야 한다.

둘째, 고령친화산업의 육성과 지원을 위해 범정부적 차원의 개입이 필요하다. 2006년 12월 고령친화산업의 연구개발, 육성 및 지원을 목적으로 한 「고령친화산업 진흥법」이 제정되어 고령친화산업 발전을 위한 법적 · 제도적 기반이 구축되었지만 고령친화산업 육성과 지원을 위한 법적 및 제도적 기반이 구축된 기간이 매우 짧은 관계로 아직 그 효과가 가시적으로 나타나지 않고 있다. 그러므로 「고령친화산업 진흥법」의 엄격한 시행과 국가의 제도적 노력을 더욱 강화하고 고령친화산업 수요기반 강화, 고령친화산업 전략산업 집중 육성, 내수시장 활성화뿐 아니라 글로벌 시장 개척 역량강화를 도모해야 할 것이다.

셋째, 고령친화산업에 대한 적절한 규제장치를 마련해야 한다. 고령친화산업은 영리성과 복지성이라는 두 가지 특성을 동시에 지니고 있다. 고령친화상품이나 서비스를 생산 · 공급하는 민간기업체는 영리를 목적으로 하는 조직이므로 상품이나 서비스의 질, 가격 등을 포함한 유통과정에 규제가 없을 경우, 노인 소비자 사기사건이나 악덕상술 등과 같은 피해 사례가 속출할 가능성이 많다. 따라서 노인복지용품이나 서비스에 대한 표준규격제도를 도입하고, 실버서비스 윤리강령, 고령친화우수제품 지정 제도와 같은 고령친화산업 지도 · 감독을 위한 장치를 엄격히 시행하여야 할 것이다.

넷째, 고령친화서비스 소비자의 권리의식이 증진되어야 한다. 고령친화산업의 성공 여부에는 국가와 민간기업뿐만 아니라 소비자의 역할 또한 매우 중요하게 작용한다. 고령친화산업의 소비자인 노인과 중·장년, 그리고 가족은 소비자로서의 권리의식을 확고히 하고 고령친화산업의 질적 저하를 견제하는 역할을 수행해야 한다. 이를 위해서는 노인복지기관이나 단체, 소비자단체, 시민단체 등이 상호 협력하여 사회운동 차원에서 고령친화산업의 개선·보완을 요구하는 적극적 옹호활동을 전개해 나가야 할 것이다.

생·각·해·보·기

- 노인일자리사업이 참여하는 것의 가장 큰 과제는 어떠한 것이 있는지 생각해 봅시다.
- 한국노인인력개발원이 어떠한 일을 하는 기관인지 생각해 봅시다.
- 노인을 위한 사업이 어떠한 것이 있는지 새로운 사업에 관한 아이디어를 생각해 봅시다.

C·H·A·P·T·E·R 06

노년기 건강과 의료보장

학습목표

1. 노인의 건강실태 및 주요 질병을 이해하고 설명할 수 있다.
2. 노인과 치매의 개념과 원인 및 증상을 이해하고 설명할 수 있다.
3. 노인의 건강보장정책에 대해 이해하고 설명할 수 있다.

노년기는 개인의 인생과정에서 마지막 단계를 뜻하기도 하며 전체인구 중 가장 나이가 많은 집단 또는 세대를 이른다. 세계보건기구(WHO)에 의하면 "건강이란 질병이나 단지 허약한 상태가 아닐 뿐만 아니라 육체적 · 정신적 및 사회적으로 안녕한 상태를 말한다."라고 정의되어 있다. 즉, 육체적으로 건강할 뿐만 아니라 정신적으로나 사회적으로도 안녕한 상태를 유지하여야만 건강하다고 보고 있다.

의료보장은 급성 또는 만성질병의 발생으로 인한 필요한 의료서비스를 받을 수 있도록 보장하는 것이다. 그러므로 노년기 건강과 의료보장은 노인이 육체적 · 정신적 및 사회적으로 안녕한 상태를 유지하지 못할 경우 이에 대한 의료적 보장을 하는 것을 이른다고 할 수 있다.

1. 노인의 건강실태 및 주요 질병

노인은 일반적으로 노화에 의해 또는 노인의 건강실태는 유전적 요인, 건강습관과 생활양식, 환경적 요인, 보건의료서비스 이용에 따라 복합적으로 작용하므로 건강상태는 각각 달라진다. 일반적으로 의사 등의 전문가에 의한 객관적인 진단과 개인의 주관적 판단에 따라 건강과 질병을 판단하므로 노인건강의 실태는 이러한 점들을 고려하여 복합적으로 살펴보아야 할 것이다.

1) 노인성 질환의 특성

노인성 질환의 특성으로는 첫째, 노인에게는 한 가지 질환이 단독으로 발생하는 경우는 드물고 어떤 질병에 걸리면 다른 질환을 동반하기 쉬우므로 복합적인 경우가 많다. 예컨대, 고혈압이 있는 경우 심부전 및 뇌출혈이 있을 수 있으며, 이로 인한 뇌졸중으로 편마비 등이 있을 수도 있다.

둘째, 노화의 과정은 누구에게나 일어나지만 개인차가 있다. 즉, 질병의 양상뿐만 아니라 치료에 대한 반응은 사람의 특성에 따라 다르기 때문이다. 예컨대,

유전적 또는 평소 생활습관 및 생활양식, 환경에 따라 다르다. 그러나 노인성 질환은 일반적으로 경과가 길고, 재발이 빈번하며, 합병증의 발생이 잘되는 경향이 있다.

셋째, 노인에게서 나타나는 증상은 비전형적이다. 이는 병의 진행경과가 일정하지 않고 예기치 못한 합병증과 함께 급격한 변화 등이 나타날 수 있다. 예컨대, 심부전을 앓고 있는 노인에게 폐렴이 발생되면 발열, 객담만 나타나는 것이 아니라 갑자기 의식장애를 일으키기도 한다.

넷째, 노인의 경우에는 수분 및 전해질 조절기능의 이상이 많이 발생된다. 노인은 신장에서의 농축기능 저하와 갈증에 대한 예민도가 저하되어 탈수상태가 흔히 발생된다. 예컨대, 노인에게 발생되는 당뇨성 고삼투압 혼수를 들 수 있다.

다섯째, 원인불명의 만성퇴행성질환이 많다. 노인에게는 질환의 치료보다 노인의 기능유지가 중요하다. 특히, 노인은 존중받아 마땅하며 이를 위해서는 건강한 시민의 한 사람으로서 기능을 유지하며 살아가도록 돕는 것이 중요하다.

여섯째, 노인은 약물에 대한 반응이 일반 성인들과는 다르다. 특히, 일반 성인에 비해 약물에 매우 민감하게 반응하기 때문에 약제의 부작용이 많아지고 신장의 배설능력이 저하되어 약물성분이 신체 내에 남아 중독 상태가 되기 쉽기 때문이다.

일곱째, 노인은 혈액순환의 저하로 특히 누워 있을 때 바닥과 닿는 부분에 욕창이 발생하기 쉽고, 골격근 수축력의 감소로 기능이 점차 저하되어 관절 구축이 생기게 되므로 이를 예방하기 위한 케어가 필요하다. 증상 악화 시에는 와상상태로 인하여 생활의 모든 면에서 타인의 도움을 받아야만 하는 상태에 처하게 된다.

여덟째, 노인은 생체방어능력의 저하로 어떤 질환에 대한 완치가 어렵다. 특히 항상성 유지에 필요한 기능이 저하되어 치료가 어려울 뿐만 아니라 합병증이 많다.

그 밖에도 노인성 질환은 일반적인 노화과정과 구분하기 어렵고 질환의 예후도 의학적인 측면뿐만 아니라 심리적, 사회경제적 요인에 의해서도 많은 부분이 좌우되므로 다양한 분야의 총체적인 접근이 필요하다.

2) 노인성질환에 따른 변화와 주요 질환

(1) 노화에 따른 소화기계의 변화

첫째, 맛을 느끼는 혀의 미뢰세포가 점차 줄어들고, 후각기능의 저하와 함께 미각이 둔화된다. 예컨대, 짠맛은 둔화되어 대체로 음식을 짜게 먹는 경향이 있고, 쓴맛은 강화가 되므로 식욕이 감소되는 경우가 흔하다.

둘째, 충치, 풍치, 치아의 탈락 및 의치로 인한 저작의 어려움 등으로 소화능력이 저하되어 영양상태가 좋지 않으며, 섬유식이 등의 부족으로 변비가 발생할 수 있다.

셋째, 타액과 위액분비의 저하 및 산도 저하로 인하여 소화능력이 저하되며, 그 밖에도 가스가 차고 변비, 설사, 구토 등이 생긴다.

넷째, 췌장에서의 소화효소 생산 저하로 지방 흡수력이 떨어지고, 인슐린과 같은 호르몬 분비의 감소로 당내성이 떨어져 당뇨병에 걸리기 쉽다.

다섯째, 직장 벽의 탄력성 감소, 항문 괄약근의 긴장도 감소로 변비와 변실금 등이 발생되기 쉽다.

여섯째, 간 기능의 저하로 약물의 대사 작용 및 해독 작용이 저하되어 관련 질환들이 나타나기 쉽다.

노화에 따른 소화기계의 주요 질환들은 다음과 같다.

① 위염

급성 위염의 경우에는 식사 후 위가 무겁거나 부푼 듯한 팽만감이 있으며, 식사 후 3~4시간이 지나 배고프기 시작할 때 명치 부분에 심한 통증, 트림, 구토가 나타난다.

② 위궤양

위벽의 점막 및 근육층까지 손상되어 속이 쓰리고 소화가 안 되며, 새벽 1~2시에 속쓰림과 상복부 불편감이 있고, 심한 경우 위출혈과 위천공 및 위협착이 생길 수 있다.

③ 위암

조기 위암은 암세포가 점막 또는 점막하층에 퍼져 있고, 진행성의 경우 근육층까지 전이된 상태로 서서히 진행되며, 체중감소, 소화불량, 복부통증, 빈혈, 토혈, 혈변 및 복부에 종양덩어리가 만져진다.

④ 대장암

장습관의 변화, 장폐색, 설사, 변비, 혈변, 점액분비, 체중감소 등의 증상이 있다.

⑤ 설사

변 속의 수분량이 증가하여 물 같은 대변을 보는 상태로, 1회~수십 회 수분이 많은 상태의 변 배출, 물 설사, 혈성 설사 등을 동반한다.

⑥ 변비

변을 보는 횟수가 일주일에 2~3회 이하인 경우, 변을 볼 때 힘이 들고 변이 딱딱한 경우, 변을 보는 데 시간이 많이 걸리는 경우, 잔변감이 3개월 이상 지속되는 경우로 배변 횟수 감소, 배변 무게 감소, 배변 시 어려움 및 통증, 복부 통증과 팽만감, 심하면 경련을 동반한다.

(2) 노화에 따른 호흡기계의 변화

첫째, 신체조직 내 수분 함유량의 감소로 콧속의 점막이 건조하게 되어 공기를 효과적으로 흡입하지 못한다.

둘째, 폐포 탄력성의 저하, 폐 순환량 감소로 폐활량이 줄어들어 숨이 찬다.

셋째, 호흡근육의 위축과 근력의 약화로 호흡증가 시에 피로해지기 쉽다.

넷째, 기침반사와 섬모운동 저하로 미세 물질들을 걸러내지 못한다.

다섯째, 기관지 내 분비물이 증가되어 호흡기계 감염이 쉽게 발생한다.

노화에 따른 호흡기계의 주요 질환은 다음과 같다.

① 독감

인플루엔자 바이러스에 의한 감염으로 주로 겨울철에 유행하며, 갑작스런 발열(38℃ 이상), 두통, 전신 쇠약감, 마른기침, 인두통, 코막힘, 근육통을 동반한다.

② 만성 기관지염

기관지의 만성적 염증으로 기도가 좁아져 숨 쉬기가 힘들며, 심한 기침, 특히 이른 아침에 발생하는 가래 끓는 기침, 점진적으로 호흡곤란 심화, 전신 쇠약감, 체중감소, 점액성의 화농성 가래가 나타난다.

③ 폐렴

세균, 바이러스, 곰팡이, 화학물질에 의해 폐 조직에 염증이 생겨 기관지가 두껍게 되고 섬유화 되어 폐로 산소를 흡수하는 능력이 감소되며, 두통, 근육통, 감기 정도의 가벼운 증상, 고열, 기침, 흉통, 호흡곤란, 화농성 가래, 마른기침이나 짙은 가래를 뱉어내는 기침을 한다.

④ 천식

기관지 벽의 부종과 기도 협착, 여러 가지 자극에 대해 기도가 과민반응을 보이는 상태로 기침, 숨을 내쉴 때 쌕쌕거리는 호흡음, 호흡 곤란, 점액 분비량의 증가와 가슴이 답답한 느낌이나 불쾌감, 기도 경련, 알레르기성 비염이 나타난다.

⑤ 폐결핵

결핵균이 폐에 들어가 염증을 일으키는 질환으로 초기에는 대부분 무증상이다. 흉부방사선 촬영(X-ray)에서 우연히 발견되는 경우가 많으며, 2주 이상의 기침과 흉통, 오후에 고열이 있다가 늦은 밤에 식은땀과 함께 열이 내리는 증상이 반복됨, 피로감 식욕부진, 체중감소, 무기력감, 점액성, 화농성, 혈액성 가래(농흉과 객혈)가 있다.

(3) 노화에 따른 심혈관계의 변화

첫째, 심장은 나이가 들면 근육이 두꺼워져 탄력성이 떨어진다.

둘째, 최대 심박출량과 심박동수가 감소된다.

셋째, 말초혈관으로부터 심장으로의 혈액순환이 감소된다.

넷째, 누워 있다가 갑자기 일어나거나, 소변을 보기 위해 앉았다가 일어날 때 등의 체위 변화에 따라 기립성 저혈압이 발생한다.

다섯째, 성맥의 약화로 하지에 부종과 정맥류, 항문에 치질이 생긴다.

노화에 따른 심혈관계의 주요 질환은 다음과 같다.

① 고혈압

혈압은 음식 섭취, 음주, 통증, 혈압 측정 시간, 몸의 자세, 정신적인 건강, 신체활동, 감정, 계절에 따라 변화하며, 가장 이상적인 혈압은 120/80㎜Hg이다. 혈관이 좁아지거나 심장이 한 번에 내보내는 혈액의 양이 늘어나면 혈압이 높아지게 된다. 뇌동맥의 파열로 뇌졸중 또는 사망, 뒷머리가 뻐근하게 아프고 어지럽거나 흐리게 보이고, 이른 아침의 두통, 이명, 팔다리 저림, 심장 및 신장 기능장애나 코피가 나고 가슴이 답답하거나 숨이 찬다.

② 동맥경화증

동맥 혈관의 안쪽 벽에 지방이 축적되어 혈관 내부가 좁아지거나 막혀 혈액의 흐름에 장애가 생기고 혈관 벽이 굳어지면서 발생하며, 뇌혈관이 막히거나 터짐, 불면증, 언어 장애, 손발의 통증, 냉증 및 저림, 다리를 저는 등의 보행 장애, 협심증, 흉통, 조이는 듯한 느낌, 발작, 의식장애, 혼수, 반신불수, 하지조직의 괴사, 머리가 무겁고 아프거나 뒷골이 당기며 현기증, 기억력의 저하가 온다.

③ 심부전

심장의 수축력이 저하되어 신체조직에 필요한 만큼의 충분한 혈액을 보내지 못하는 상태로, 앉은 자세 호흡, 식욕 상실, 의식혼돈, 현기증, 지속적인 기침과 객담 배출, 적절한 산소와 영양분 부족으로 허약감, 피로, 호흡곤란, 의존성 부종이 나타난다.

(4) 노화에 따른 근골격계의 변화

첫째, 척추뼈와 척추뼈 사이에 있는 추간판의 두께가 얇아져 키가 줄어든다.

둘째, 척추뼈가 굽어 앞으로 구부러지거나 척추뼈를 지지하는 힘줄이 수축되어 뒤로 젖혀지는 경우가 생기게 된다.

셋째, 뼈의 질량 감소로 골격이 작아지고 약해져 작은 충격에도 골절되기 쉽다.

넷째, 하악골의 쇠약으로 치아가 상실된다.

다섯째, 근긴장도와 근육량이 저하되어 신체적 활동과 운동 능력이 감소되며, 인대 등이 탄력을 잃음에 따라 관절운동이 제한된다.

여섯째, 관절의 연골이 마모되어 염증, 통증, 기형을 초래하기도 한다.

일곱째, 팔, 다리의 근육 및 지방이 감소하고 엉덩이와 허리의 피하지방은 증가하여 '산타 할아버지'와 같은 특유의 체형을 보인다.

노화에 따른 근골격계의 주요 질환은 다음과 같다.

① 퇴행성 관절염

뼈를 보호해 주는 끝부분의 연골이 닳아서 없어지거나 관절에 염증이 생기며 운동장애와 관절의 변형이 온다.

② 골다공증

뼈세포가 상실되고 골밀도가 낮아져 골절이 발생하기 쉬운 상태로 허리 통증, 키가 작아지고 등이나 허리가 굽고 잦은 골절이 발생한다.

③ 고관절 골절

고관절 뼈가 부러지는 것으로, 특히 골다공증이 있는 노인의 경우 낙상 시 잘 발생하며, 서혜부와 대퇴부의 통증과 함께 이동제한이 생기게 된다

(5) 노화에 따른 비뇨 · 생식기계의 변화

여성노인의 비뇨·생식기계의 변화는 다음과 같다.

첫째, 여성 호르몬 감소로 난소가 작아지고 기능도 점차 감퇴한다.

둘째, 질벽이 얇아지고 탄력성이 적어지고 윤활작용이 감소되어 성교가 어렵고, 성교 시 통증이 있으나 성적 욕구가 감소되는 것은 아니다.

셋째, 유방과 유방을 지지하는 근육이 위축하여 가슴은 처지고 작아진다.

넷째, 질의 수축 및 분비물 저하로 질염이 발생하기 쉽다.

다섯째, 방광기능과 대뇌기능의 저하 등으로 빈뇨증, 요실금, 야뇨증이 생긴다.

남성노인의 비뇨·생식기계의 변화는 다음과 같다.

첫째, 남성 호르몬 감소로 동맥 혈관에 변화가 일어나 음경이 발기되는 데 더 많은 자극이 필요하고 오래 걸린다.

둘째, 대부분의 남성 노인은 전립선 비대를 경험한다.

셋째, 잔뇨량이 늘어나고, 방광용적이 250㎖ 정도로 감소되어 자주 소변을 보게 된다. 또한 방광 근력이 저하되어 방광이 완전히 비워지지 않고 소변줄기가 가늘어진다.

노화에 따른 비뇨·생식기계의 주요 질환은 다음과 같다.

① 요실금

자신의 의지와 상관없이 소변이 밖으로 흘러나오는 것으로 기침, 웃음, 재채기, 달리기, 줄넘기 등 복부 내 압력 증가로 인해 소변이 나오는 복압성 요실금, 소변이 보고 싶다고 느끼자마자 바로 소변이 나오는 절박성 요실금, 소변의 배출

이 원활하지 않아 소변이 가득찬 방광에서 소변이 조금씩 넘쳐 계속적으로 흘러나오는 역류성 요실금 등이 있다.

② 전립선비대증

전립선이 커져서 요도를 압박하는 것으로 요도가 좁아져 소변 줄기가 가늘어지며 소변을 보고 나서도 시원하지 않은 잔뇨감 있으며, 소변이 바로 나오지 않고 힘을 주어야 나온다. 배뇨 후 2시간 이내 다시 소변이 마렵고(빈뇨) 소변이 마려울 때 참기 힘든 경향이 있으며(긴박뇨), 밤에 자다가 소변을 보려고 자주 잠에서 깨는 경향이 있다(야뇨증).

(6) 노화에 따른 피부계의 변화

첫째, 피하지방의 감소로 기온에 민감해진다.

둘째, 피부가 건조하고, 표피가 얇아져서 탄력성이 감소하고 쉽게 손상된다.

셋째, 피하조직의 감소로 저체온, 오한, 압박에 대한 손상의 위험이 높다.

넷째, 피하지방이 줄고 수분이 소실되어 건조해지고 주름살이 생기며 눈꺼풀이 늘어지고 이중 턱이 된다.

다섯째, 발톱이나 손톱이 딱딱하고 두꺼워지며 세로줄이 생기고 잘 부서진다.

여섯째, 피부가 회색으로 변하고 검버섯이 생긴다.

일곱째, 노인성 반점이라 불리는 갈색 반점이 생긴다.

여덟째, 머리카락은 전반적으로 가늘어지고, 모근의 멜라닌 생성세포가 소실되어 탈색이 된다.

아홉째, 상처 회복이 지연되고 궤양이 생기기 쉽다.

피부계의 변화의 주요 질환으로는 다음과 같다.

① 욕창

병상에 오래 누워 있는 환자의 후두부, 등, 허리, 어깨, 팔꿈치, 발뒤꿈치 등 바닥과 접촉되는 피부에 혈액을 공급받지 못할 경우 괴사상태가 된다.

② 피부 건조증

노화에 따라 피부 외층이 건조해지며 거칠어지는 현상으로 피부발적, 부종 또는 통증, 팔·다리의 가려움증이 동반된다.

③ 대상포진

수두를 일으키는 바이러스에 의하여 생기며, 과거에 수두를 앓았던 사람에서 주로 발생하는데 저항력이 약해지는 경우 다시 나타나며, 특히 과로나 스트레스 시에 주로 발생하고, 면역이 저하된 경우 대상포진에 걸릴 위험성이 높다.

④ 옴

옴 진드기로 인하여 발생하는 것으로 손가락 사이, 팔꿈치 안쪽 등 피부가 겹쳐지는 부분에 주로 홍반성 반점, 발진이 나타나며 주로 밤에 가려움증이 더 심하고 전염성이 매우 강한 피부질환으로 집단생활 시 전염력이 강하므로 주의해야 한다.

(7) 노화에 따른 신경계의 변화

첫째, 신경세포의 기능저하로 근육의 긴장과 자극 반응성이 떨어져 전반적인 신체활동이 감소된다.

둘째, 감각이 둔화되고 정서조절의 불안정과 불면증이나 수면장애가 올 수 있다.

셋째, 장기기억보다는 단기기억의 저하 등이 나타난다.

신경계의 변화에 따른 주요 질환은 다음과 같다.

① 치매

뇌에 발생하는 여러 가지 질환으로 인하여 인지기능을 상실하여 일상생활을 수행할 수 없게 되는 상태가 된다. 인지장애로는 기억력 저하, 언어능력 저하, 지남력 저하, 시공간 파악 능력 저하, 실행기능 저하 등이 있고, 정신행동증상으로 우울증, 정신증, 초조 및 공격성, 수면장애 등이 나타난다.

② 뇌졸중

중풍이라고 부르며, 뇌에 혈액을 공급하는 혈관이 막히거나 터져서 뇌 손상이 오고 그에 따른 신체장애가 나타난다. 뇌혈관이 막힌 뇌경색과 뇌혈관이 터진 뇌출혈로 구분되며, 뇌혈관은 부위에 따라 역할이 다르기 때문에 어느 혈관에 병변이 있는지에 따라 뇌졸중의 임상 증상은 매우 다양하다. 반신마비, 전신마비, 반신감각장애(감각 이상, 감각 소실), 언어장애, 두통 및 구토, 의식장애, 어지럼증, 운동 실조증, 시력장애, 연하곤란 또는 장애, 치매 등이 나타날 수 있다.

③ 파킨슨질환

중추신경계에 서서히 진행되는 퇴행성 변화로 원인은 불명확하나 신경전달물질인 도파민을 만들어내는 신경세포가 파괴되는 질환이다. 무표정, 동작이 느려지며 근육경직 및 안정 시 떨리고 등이 굽은 자세, 경직상태, 자세 반사의 소실로 자주 넘어지고, 균형 감각이 소실되며 원인불명의 통증, 피로, 수면장애, 변비, 방광과 다른 자율신경의 장애, 우울, 근심, 감정의 변화, 무감정, 사고의 느림, 인지능력의 감소 등이 나타날 수 있다. 치료는 약물요법과 근육 및 관절 운동 등의 재활치료를 한다.

(8) 노화에 따른 감각기계의 변화

① 시각

나이가 들어감에 따라 피부의 지방이 감소하여 눈꺼풀이 처지게 되고 눈썹은 회색으로 변하고 가늘어진다. 결막은 얇고 누렇게 변하고 눈물 양이 감소하여 건조해지고 눈이 뻑뻑하여 불편감이 있다. 색깔 구분능력이 떨어져 잘 구별하지 못하며 '노안'이 된다. 그 밖에도 안질환의 원인이 되는 눈부심의 증가, 시력 저하,

빛 순응의 어려움 등이 나타날 수 있다.

녹내장은 안압의 상승으로 시신경이 손상되어 시력이 점차 약해지는 질환으로 좁은 시야, 눈 이물감, 어두움 적응 장애, 색깔 변화 인식 어려움, 뿌옇게 혼탁한 각막, 안구 통증, 두통, 구역질, 심하면 실명이 되기도 한다.

백내장은 수정체가 혼탁해져서 빛이 들어가지 못하여 시력장애가 발생하는 질환으로 눈동자에 하얗게 백태가 껴서 뿌옇게 보이거나 잘 안 보이게 되며, 색 구별능력의 저하, 동공의 백색 혼탁, 불빛 주위에 무지개가 보이기도 하며 밤과 밝은 불빛에서의 눈부심, 통증이 없으면서 점차 흐려지는 시력과 함께 시력 감소 등이 나타난다.

② 청각

귓바퀴가 커지고 늘어지며 고막이 두꺼워져 음의 전달 능력, 소리의 감수성 등이 감소하므로 잘 듣지 못하고 평형감각의 유지 능력도 떨어져 넘어지거나 어지러움증 등을 호소하기도 한다. 특히, 노인성 난청은 여성노인보다 남성노인에게 더 흔히 나타난다. 노인성 난청은 노화에 따른 고막, 내이의 퇴행성 변화에 의한 청력 감소를 말하며, '스,츠,트,프,크'와 같은 음에서의 난청, 소리에 대한 민감성, 언어구분 능력, 평형감각의 저하가 온다.

③ 미각

혀의 유두위축으로 미뢰의 수가 줄어들고 기능이 감소하며, 특히 신맛과 쓴맛은 강화되고 단맛과 짠맛의 감지는 저하된다. 구강 점막의 재생이 어렵고, 입과 입술 근육의 탄력이 떨어지며 침 분비량도 줄어들어 식욕이 줄어든다.

그 밖에도 후각세포의 감소로 후각 둔화 및 촉각도 둔화된다.

(9) 노화에 따른 내분비기계의 변화

노인이 되면 당대사 및 갑상선 분비호르몬, 에스트로겐의 분비는 노화에 따라 점차 감소하며 포도당 대사능력과 인슐린에 대한 민감성 감소로 쉽게 고혈당이 된다.

또한 갑상선 크기가 줄어들고 갑상선 호르몬 분비량도 약간 감소하며 근육질량이 감소되어 기초대사율도 감소된다.

노화에 따른 내분비기계의 주요 질환으로는 당뇨병이 대표적이다.

당뇨병은 혈중 포도당 수치를 조절하는 인슐린이 분비되지 않거나 분비는 되지만 부족한 경우, 또는 인슐린에 대한 신체의 저항성으로 인해 포도당이 세포 내로 흡수되지 않아 혈중 포도당 수치가 올라가 소변에 당이 섞여 나오는 것으로, 다음증, 다식증, 다뇨증, 체중감소, 두통, 흐릿한 시력, 무기력, 발기부전, 질분비물 및 질 감염의 증가, 상처치유 지연, 감각 이상 및 저하, 고혈당(배뇨 증가, 체중감소, 피로감, 식욕증가 등), 저혈당(땀을 많이 흘림, 두통, 시야 몽롱, 배고픔, 어지럼 등) 증상 등이 나타난다.

(10) 노화에 따른 심리 · 정신계의 변화

우울증 경향의 증가, 내향성 및 수동성 증가, 조심성 증가, 경직성 증가, 생에 대한 회고 시간 증가, 친근한 사물에 대한 애착심 증가, 의존성 증가 등이 있다.

① 우울증

스스로 자각하기 어려워 병원을 찾는 경우는 드물고, 주변 사람이 발견하기도 쉽지 않고 혼자 거주하는 경우가 많아 방치되기 쉬우며, 우울하고 슬픈 기분이 들 때가 많고 매사에 관심이 없고 즐거운 것이 없으며 불면 혹은 과도한 수면, 식욕 변화와 체중 변화, 불안, 초조 혹은 무기력, 죄의식, 절망감, 부정적 사고, 자살에 대한 반복적인 생각 혹은 시도 등의 경향을 보인다. 노인의 우울증은 건망증 등 인지기능 증상이 두드러질 수 있으므로 치매와 감별해야 한다.

〈표 6-1〉 우울증과 치매의 차이점

우울증	치 매
급격히 발생	서서히 발병함
짧은 기간	긴 기간
정신과적 병력 있음	과거 정신과적 병력 없음
기억력 장애 호소함	기억력에 문제가 없다고 주장하는 경우가 많음
모른다고 대답하는 경우 많음	비슷하게 대답함
인지기능 정도의 차가 심함	일관된 인지기능 저하
단기, 장기기억장애 동등하게 저하됨	단기기억장애 심하게 저하됨
우울이 먼저 시삭됨	기억력 저하가 먼저 시작됨

특히, 우울증은 스스로 극복하기 어렵기 때문에 주변의 긍정적인 지지가 필요하다. 대상자의 느낌, 분노 등을 인정하고 수용하며 언어로 표현하도록 돕는 것이 좋다. 지속적으로 관심을 표현하고 신뢰관계를 형성하며, 모임 등 사회적 활동을 늘리고 햇볕을 받으며 규칙적으로 산책 및 운동을 하도록 한다.

② 섬망

의식장애로 인해 주의력 저하뿐만 아니라 감정, 정서, 사고, 언어 등 인지기능 전반에 장애와 정신병적 증상이 나타난다. 수 시간 내지 수일에 걸쳐 급격하게 발생하여 보통 며칠간 지속되지만, 몇 주 혹은 몇 달까지 지속되기도 한다. 감정의 기복이 심한 것이 특징이며, 의식 수준의 변화로 잠에서 덜 깼거나 몹시 졸리운 상태에서 행동하는 사람처럼 보이며, 주의력 감퇴, 수 시간이나 수일에 걸쳐 호전과 악화가 반복되며, 시간, 장소, 사람에 대한 지남력 장애, 인지장애, 초조, 지각장애, 편집 망상, 정서 불안정 등의 증상을 보인다. 섬망은 단독으로 발생하기도 하고 치매와 동반되어 나타나기도 한다.

섬망의 경우 지남력의 유지, 신체통합성 유지, 개인의 정체성 유지, 초조감과 착각 및 환각 관리, 야간의 혼돈 관리 등이 필요하다.

2. 노인과 치매

치매는 일상적인 생활을 해오던 사람이 다양한 원인으로 인지기능장애 및 일상생활 능력의 장애를 초래하는 것으로 이는 하나의 질환이 아닌 증후군이다.

치매는 대표적인 신경퇴행성 질환으로 대개 65세 이후에 주로 발병하며, 치매 유병률은 65세 이상 인구 중 약 10% 정도이다. 연령이 5세가 많아질 때마다 유병률이 2배씩 증가하기도 한다. 그러나 치매의 완치를 가능케 하는 근본적인 치료제가 부재한 상황에서 치매노인에 대한 지속적인 관심과 관리를 하는 인식 개선 활동은 매우 중요하다고 할 것이다.

2020년 우리나라 중앙치매센터에 의하면, 65세 이상 노인인구 738만 명 중 치매 노인은 75만 명을 넘었으며, 전체 추정 치매 유병률은 10.16%라고 하였다. 남녀 구성비율로는 남성 38%, 여성 62%로 여성이 높았다. 연령별 구성비를 살펴보면 85세 이상이 32.6%로 가장 많았고, 80~84세의 경우 27%, 75~79세의 경우 24.4%, 70~74세의 경우 9.1%, 65~69세의 경우가 4.2%였다. 향후 치매환자와 추정유병률, 관리 비용은 증가세를 보이는 것으로 나타났다.

세계적으로 그 유례를 찾아보기 힘들 정도로 빠르게 고령화사회로 진입하는 것을 감안할 때, 의료계에서는 2030년에는 대략 127만 명, 2050년에 이르면 치매노인은 271만 명으로 추산하고 있다. 또한 전체 노인인구의 25% 가량은 치매의 전단계인 경도인지장애 증세를 보이며, 치매 유형별로는 신경퇴행성 질환인 알츠하이머형 치매가 74.9% 로 가장 흔하며, 그 다음이 혈관성 치매이다. 알츠하이머병을 진단받으면 평균 10년 정도 생존하는 것으로 알려져 있다.

1) 치매의 종류

치매는 어떤 하나의 질병의 이름이 아니라, 특정한 조건에서 여러 증상들이 함께 나타나는 증상들의 묶음이다.

치매는 정상적으로 생활해 오던 사람에게 퇴행성 질환(알츠하이머병, 루이소체 치매, 전두측두엽 치매 등), 뇌혈관 질환(혈관성 치매, 경막하 혈종 등), 대사성 질환(갑상선기능저하증 등), 결핍성 질환(비타민 B12 결핍증 등), 중독성 질환(알코올 중독 등), 뇌종양, 뇌외상, 수두증, 감염성 질환(뇌염 등) 등과 같은 다양한 원인으로 인해, 기억력을 비롯한 여러 가지 인지기능의 장애가 나타나, 일상생활을 혼자 하기 어려울 정도로 심한 영향을 주는 상태를 이른다.

인지기능이란 인간이 외부세계의 정보를 이해하고 판단하여 행동하는 과정에서 필요한 모든 기능을 말하며, 치매와 관련된 기능은 기억력, 언어능력, 시공간능력, 실행기능, 주의집중력, 지남력 등이다. 이러한 치매상태를 유발할 수 있는 질환 중 가장 대표적인 치매의 종류로는 알츠하이머병과 혈관성 치매이며, 그 외 루이소체 치매, 전두측두엽 치매 등이 있다.

알츠하이머병은 치매를 일으키는 가장 흔한 퇴행성 뇌질환으로, 1907년 독일의 정신과 의사인 알로이스 알츠하이머에 의해 최초로 보고되었다. 알츠하이머병은 매우 서서히 발병하여 점진적으로 진행되는 경과가 특징이다.

초기에는 주로 최근 일에 대한 기억을 잘 못하는 문제를 보이다가 언어, 판단력 등 다른 여러 인지기능의 이상을 동반하게 되고 나중에는 모든 일상생활 기능도 상실하게 된다. 알츠하이머병은 그 진행과정에서 인지기능 저하뿐만 아니라 성격변화, 초조행동, 우울증, 망상, 환각, 공격성 증가, 수면 장애 등의 정신행동 증상이 흔히 동반되며, 말기에 이르면 경직, 보행 이상 등의 신경학적 장애 또는 대소변 실금, 감염, 욕창 등 신체적인 합병증까지 나타나게 된다.

혈관성 치매는 뇌의 혈전색전증, 뇌허혈 등과 관련된 뇌의 혈액공급의 부족으로 나타난다. 혈관성 치매는 뇌의 혈관장애에 의해 나타나는 모든 종류의 치매를 말하며 뇌혈관이 터지거나 막혀 산소와 영양분 공급의 차단으로 뇌세포가 손상되어 생기는 것이다.

루이소체 치매는 신경세포 내에서 발달하는 비정상적인 단백질의 집합체로 인하여 잦은 인지기능의 변화, 원인이 불분명한 파킨슨 증상, 명확한 환시가 특징적인 치매이다.

전두측두엽 치매는 전두엽과 측두엽의 위축이 특징적으로 나타나며 성격의 변화와 행동문제가 초기에 주로 나타나는 행동변이형과 언어능력의 저하가 초기에 주로 나타나는 언어변이형이 있다.

2) 치매의 증상

치매의 대표적인 초기 증상은 기억력 장애가 나타나며 이는 정상적인 노화에 따른 변화와는 다르다. 인지장애 중 기억력의 저하가 가장 흔한 첫 증상이긴 하나, 언어능력의 저하, 지남력의 저하, 시공간 파악능력의 저하, 실행기능의 저하 등 판단력의 변화가 있다. 정신행동증상으로는 우울증과 망상, 환청, 환시와 같은 정신증 그리고 초조 및 공격성과 같은 성격의 변화, 수면장애, 문제행동 등이 나타날 수 있다. 치매의 진행단계별 특징과 증상에 따라 살펴보면 다음과 같다.

〈표 6-2〉 치매단계별 특징과 증상

단계	특 징	증 상
초기	가족이나 동료들이 문제를 알아차리기 시작하나 혼자서 지낼 수 있는 수준	* 물건을 둔 장소를 기억하지 못하며 물건을 자주 잃어버린다. * 전화 통화 내용을 기억하지 못하고 반복해서 질문한다. * 자기 물건을 잃어버리고는 남이 훔쳐 갔다고 의심한다. * 공휴일, 납기일 등 연, 월, 일을 잊어버린다. * 요리, 빨래, 청소, 은행 가기, 병원 방문 등 하던 일의 수행 기능이 뚜렷이 저하된다.
중기	최근 기억과 더불어 먼 과거 기억의 부분적 상실, 시간 및 장소 지남력 장애, 언어이해 및 표현력 장애, 실행증, 판단력 및 수행기능 저하, 각종 정신행동 증상이 빈번히 나타나며, 도움 없이는 혼자 지낼 수 없는 수준	* 주소, 전화번호, 가까운 가족의 이름 등을 잊어버린다. * 집 주변에서도 길을 잃거나 월, 요일에 대한 시간개념이 저하된다. * 엉뚱한 대답을 하거나 말수가 줄어든다. * 옷을 입거나 외모를 가꾸는 위생 상태를 유지하지 못한다. * 쓸모없는 물건을 모아 두거나 쌌다 풀었다 하며 배회행동과 안절부절 못하는 모습을 보인다. * 혼자서는 집안 일과 외출을 하지 못한다.

단계	특 징	증 상
말기	독립적인 생활이 불가능한 수준	* 의사소통이 거의 불가능하다. * 판단을 하거나 지시를 따르지 못한다. * 소리를 지르거나 심하게 화를 내는 등의 증세와 대변을 만지는 등의 심한 문제행동이 나타난다. * 보행 장애와 대소변 실금, 욕창, 낙상 등이 반복되면서 와상상태가 된다.

가장 중요한 것은 치매노인 케어자는 치매 노인을 '환자'가 아닌 '사람'으로 돌보는 것을 핵심철학으로 가져야 한다. 특히, 미국, 캐나다 등과 같은 선진국가에서 도입하고 있는 케어방법으로는 보고, 듣고, 만지는 등의 인간특성을 주로 활용하고 있다. 예컨대, 인지치료, 인지훈련, 인지재활, 인지자극, 행동요법, 현실확인치료, 인정치료, 그 외의 감각 및 운동치료 등을 활용하고 있다.

최근 우리나라에서는 치매인식 개선과 관심 증대로 예방활동의 다양화가 필요하다는 인식과 함께 치매정책을 활성화하고 있다. 치매로 인한 사회적 부담감과 고통경감을 목적으로 치매예방사업의 사회적 공감대 확산 및 급속한 고령화로 인해 늘어난 치매의료비의 90%를 건강보험으로 보장하는 내용을 골자로 하여 '문재인 정부'에서는 치매국가책임제 등 다양한 지원정책을 시행하고 있다.

치매국가책임제 이후 정책적 지원이 늘면서 치매의 전단계로 불리는 경도인지장애에 대한 관심과 중요성도 높아지고 있다. 지역마다 치매 관련 인프라의 차이가 크기 때문에 이를 위한 맞춤형 세분화 전략이 필요하다. 지역마다 상황이 달라 지역 맞춤형 특화관리사업도 필요하다는 것이다. 예컨대, 치매 유병률이 가장 높은 곳은 충청남도 및 전라남도, 가장 낮은 곳은 울산광역시로 이에 적절한 맞춤형 특화관리사업이 필요하다.

치매국가책임제의 실제적인 효과를 기대하기 위해서는 예방과 관리가 필수적이지만, 현행제도는 치매환자 발굴에 집중되어 있다. 인지기능 이상을 보이는 환자 선별에 집중했을 뿐, 예방이 가능한 경도인지장애 여부를 판단할 수 있는 인력과 제도적 뒷받침은 충분하지 않다는 점에 대해서는 개선이 필요하다. 치매 예방은 좁은 의미보다 종합적 인간의 삶의 질 개선에 선택과 집중이 필요하다. 예컨대, 치매예방을 위한 PET(양전자단층촬영: positron emission tomography) 검사 등을 통해 치매 원인의 병명이 무엇인지 진단하고 조기발견 및 조기치료가 가능한 적극적인 진찰 및 치료가 필요하지만 현실적으로는 건강보험의 혜택이 미비한 점이 있다.

그 밖에도 치매예방 UCC(사용자가 직접 제작한 콘텐츠:User Created Contents) 제작 공모전, 치매 예방을 위한 공원 조성, 예방수칙 안내판 배치, 인지디자인 배치, 대중교통 등을 통한 예방 홍보 등 다양한 영역에 치매예방 요소를 가미해 고령층을 위한 인프라 구축도 필요하다. 현재 기업들의 참여도 점차 늘어나고 있으며, 일부 기업에서는 AI(인공지능:Artificial Intelligence)음성듣기 스피커를 통해 치매예방과 인공지능 돌봄 등을 동시에 지원하며 지역자치단체와의 협력을 통해서 완성도를 높여가고 있다. 그리고 대학과 산업체가 협력해 치매예방 기기를 개발하는 사업들도 매우 활발하며, VR(가상현실:Virtual Reality)기기를 필두로 치매예방 산업에 대한 긍정적인 전망으로 협력 사례가 늘고 있는 상태이다. 그 밖에도 지역별 치매예방 주민리더 양성 프로그램 등이 진행되고 있다. 그 외에 치매공공후견인제도, 치매안심센터, 촘촘한 치매관리 체계구축, 퇴직 의료인력인 간호사, 간호조무사, 사회복지사와 같은 인력의 활용, 치매예방 교육을 담당하는 스마트 돌봄 매니저 양성 등 다양한 현장 활용 방안은 실제로 치매노인뿐만 아니라 그 가족들에게 큰 도움을 줄 수 있을 것이다. 나아가 양질의 서비스를 받을 수 있는 환경이 제공되어야 할 것이며, 커뮤니티 케어 플렛폼 등을 마련함으로써 필요한 정보제공이 우선되어야 할 것이다.

3. 노인 건강보장정책

단순히 오래 사는 것이 행복이 아닌 얼마나 건강하게 오래 사는가가 중요하므로, 노인의 건강보장을 위해서는 무엇보다도 예방활동이 가장 중요하며 이를 위해 건강검진 및 안전환경 제공이 우선되어야 할 것이다. 또한 발병 후에는 질환에 따른 치료와 함께 신체활동의 지원, 일상생활 및 개인생활, 의사소통 및 여가활동, 영양, 운동, 수면, 적절한 약물사용, 금연, 예방접종, 계절별 생활안전수칙 등이 필요하다. 이를 위한 우리나라 노인건강정책으로는 치매검진사업과 치매치료관리비지원사업, 노인실명예방관리사업, 노인맞춤돌봄서비스 등을 들 수 있다.

치매검진사업은 치매 위험이 높은 만 60세 이상 어르신을 대상으로 치매 조기검진을 실시하여 치매환자를 조기에 발견 · 관리하는 것은 물론 치매환자 및 그 가족들의 삶의 질을 제고하기 위한 것이다. 사업내용으로는 보건소에서 1단계 치매선별검사를(MMSE-DS) 실시하고, 2단계로 그중에서 인지기능 저하자를 대상으로 보건소와 지정 · 연계한 거점병원에서 신경인지검사, 전문의 진료 등을 통하여 진단검사를 하며, 3단계는 혈액검사, 뇌영상 촬영 등으로 감별검사 후 결과에 따라 치매위험군에 대해서는 지속적인 치매예방 교육 · 홍보를 하고 발견된 환자의 경우 치매 관련 정보 제공 또는 관련 서비스를 연계하여 지원하는 사업이다.

치매치료관리비지원사업은 치매를 조기에 치료함으로써 효과적으로 치매증상을 호전시키거나 중증화를 방지하여 궁극적으로 노후 삶의 질을 제고하는 것으로, 만 60세 이상 치매진단(F00~03, G30)을 받고 치매치료약을 복용하는 경우 치매치료관리비 보험급여분에 대한 본인부담금(치매 약제비+약 처방 당일의 진료비)에 대해 관할 시 · 군 · 구 보건소에 실비 지원신청 시 월 일정 금액의 실비를 지원하며 의료급여 수급권자도 월 일정 금액의 한도 내에서 지원을 한다.

노인실명예방관리사업은 노인 안 검진 및 개안수술, 저시력 노인을 위한 재활사업 등의 목적으로 고령사회에 적응할 수 있도록 노인에 적합한 각종 건강증진 및 관리 프로그램의 개발 보급을 통해 건강 향상 및 의료비를 절감시키도록 하는 사업이다. 노화에 따른 안질환은 자각증상이 없어 정기적 검진을 통한 개안 수술만이 유일한 치료방법이므로, 방치 시 실명에 이르게 되지 않도록 안질환의 조기 발견 및 검진 결과 수술 지원 등을 함으로써 노인들의 실명예방관리를 하는 정책이다.

노인맞춤돌봄서비스는 혼자서 일상생활을 영위하는 데 어려움이 있는 노인에게 적절한 예방적 돌봄서비스를 제공하며, 장기요양 진입 예방 및 노후 삶의 질을 향상시키기 위해 기존의 6개 사업(① 노인돌봄기본서비스, ② 노인돌봄종합서비스, ③ 단기가사서비스, ④ 초기 독거노인 자립 지원사업, ⑤ 독거노인 사회관계 활성화 사업, ⑥ 지역사회 자원연계 사업)을 2020년 1월 노인맞춤돌봄서비스로 통합·개편하였다.

노인맞춤돌봄서비스는 시 · 군 · 구에서 사회복지법인 및 비영리법인 내 운영시설을 서비스 제공기관으로 선정 · 위탁(총 647개소)하여 수행인력으로 전담 사회복지사 · 생활지원사를 파견하여 서비스를 실시하고 있다. 서비스 내용으로는 안전지원, 사회참여, 생활교육, 일상생활분야의 다양한 서비스를 서비스 제공 계획에 따라 직접 또는 연계 제공하며 이용자 부담금은 무료이다. 구체적으로 살펴보면 다음과 같다.

첫째, 안전 지원을 위해서는 안전, 전화, ICT 등을 통하여 안전·안부 확인, 생활안전점검(안전관리점검, 위생관리점검), 정보제공(사회 · 재난안전, 보건 · 복지 정보제공), 말벗(정서 지원) 등을 실시하고 있다.

둘째, 사회참여를 위해서는 사회관계향상 프로그램으로 문화여가활동, 평생교육활동, 체험여행활동과 자조모임을 실시하고 있다.

셋째, 생활교육으로는 신체건강분야에서는 영양교육, 보건교육, 건강운동교육을, 정신건강분야에서는 우울예방 프로그램과 인지활동 프로그램을 실시하고 있다.

넷째, 일상생활 지원은 이동·활동 지원을 위해 외출동행 지원을 하고 가사 지원으로는 식사관리 및 청소관리를 실시하고 있다. 그 밖에도 161개 지역에 있는 은둔형·우울형 노인에 대한 특화서비스를 별도로 실시하고 있다.

노인장기요양제도는 고령이나 노인성 질병 등으로 일상생활을 혼자서 수행하기 어려운 이들에게 신체활동 및 일상생활 지원 등의 서비스를 제공하여 노후 생활의 안정과 그 가족의 부담을 덜어주기 위한 사회보험제도이다. 급여대상자로는 65세 이상 노인 또는 치매, 중풍, 파킨슨병 등 노인성 질병을 앓고 있는 65세 미만인 자 중 6개월 이상의 기간 동안 일상생활을 수행하기 어려워 장기요양서비스가 필요하다고 인정되는 자로 1~5등급까지의 기준이 있다. 요양시설에 장기간 입소하여 신체활동 지원 등을 제공하는 시설급여, 가정으로 직접 방문하여 신체활동 및 가사활동 등을 지원하고, 목욕, 간호 등 제공, 주간보호센터 이용, 복지용구 구입 또는 대여하는 재가급여, 장기요양 인프라가 부족한 가정(벽오지, 섬 등), 천재지변, 신체 · 정신 또는 성격 등 그 밖의 사유로 장기요양기관이 제공하는 장기요양급여를 이용하기 어렵다고 인정되는 경우 가족요양비를 지급하는 특별현금급여가 있다.

참 · 고 · 할 · 만 · 한 · 정 · 보

영화, 신문, 사이트

- 영화: 〈노트북〉, 〈아이리스〉
- "건강하고 활기찬 노후지원" (2019.10.01.) http://www.gomtv.com/view.gom?contentsid=16208048&auto=1

생 · 각 · 해 · 보 · 기

- 노인의 건강실태 및 주요 질병은 어떤 것들이 있는지 생각해 봅시다.
- 노인과 치매의 연관성 및 치매노인 케어에 대해 생각해 봅시다.
- 노인의 건강보장정책에는 어떤 것이 있는지 생각해 봅시다.

CHAPTER 07

노년기 돌봄니즈와 장기요양

학습목표

1. 노인의 돌봄니즈와 돌봄실태에 대해 이해하고 설명할 수 있다.
2. 노인장기요양보험제도에 대해 이해하고 설명할 수 있다.
3. 노인맞춤돌봄서비스에 대해 이해하고 설명할 수 있다.
4. 지역사회 통합 돌봄(커뮤니티 케어) 선도사업에 대해 이해하고 설명할 수 있다.

1. 노인의 돌봄니즈와 돌봄실태

1) 노인의 돌봄니즈

매년 노인인구의 증가에 따라 인구의 고령화, 저출산율, 가족의 기능 변화 등으로 사회적 돌봄의 책임은 어느 때보다도 중요성이 커지고 있다. 이 중 특히 우리나라 노인복지정책의 가장 핵심적인 분야 중 하나인 장기요양의 경우 베이비부머 세대(1955~1963년생)가 노인인구에 유입되고, 실질적인 돌봄을 필요로 하게 되는 앞으로의 10, 20년의 기간은 장기요양에 대한 욕구가 더욱더 증가될 것으로 예측된다.

공적 돌봄 및 장기요양서비스 제공은 기능 제한을 가진 노인들의 삶의 질을 향상시킬 뿐만 아니라 노인을 돌보는 가족, 이웃, 친구 등 비공식 체계의 부양 부담을 완화시켜 주는 데에도 필수적이라 할 수 있다.

장기요양(돌봄) 욕구를 가진 인구는 연령과 장애 정도에 따라 다양하다. 현재 우리나라의 노인장기요양보험제도가 65세 이상 노인과 노인성 질병을 가지고 있는 개인에게 한정 지어 제공된다는 점을 고려하여 여기에서는 일상생활에서 독립적으로 생활하는 기능의 제한이 있는 65세 이상 노인의 통계를 바탕으로 요양보호 실태를 파악하고자 한다.

2) 요양보호 실태

2017년도 노인실태조사(보건복지부 · 한국보건사회연구원, 2017) 결과에 따르면 ADL(일상생활 수행능력)과 IADL(수단적 일상생활 수행능력)에 전혀 제한이 없는 비율은 74.7%이며, IALD에만 제한이 있는 경우는 16.6%, IADL뿐만 아니라 ADL에도 제한이 있는 경우는 8.7%에 해당한다. 특히 ADL에 제한이 있는 경우 요양보호 욕구가 강하다고 판단할 수 있다. IADL과 ADL의 기능 제한이 있는 비율은 연령이 높아짐에 따라 증가하는 추세를 보이며, 특히 85세 이상의 노인의 경우 약 3분의 2가 ADL 또는 IADL의 기능 제한이 있어 고령의 노인의 경우 장기요양 욕구가 급격히 증가하는 것을 볼 수 있다. 한편 성별로 나누어 보면 여성이 평균적으로 ADL과 IADL 모두 높게 나타나는데, 이는 여성의 만성질환 유병률이 높고, 여성의 평균수명이 남성보다 높아 연령에 기인하여 나타나는 것으로 이해할 수 있다.

〈표 7-1〉 노인(65세 이상)의 성별 · 연령별 일상생활 수행능력

(단위: %, 명)

특 성		기능제한 없음	IADL만 제한	ADL도 제한	계(명)
전체		74.7	16.6	8.7	100(10,299)
성별	남성	83.6	10.4	6.1	100(4,375)
	여성	68.1	21.2	10.7	100(5,924)
연령	65~69세	89.4	7.6	3.0	100(3,332)
	70~74세	83.1	12.1	4.8	100(2,560)
	75~79세	70.8	20.3	8.9	100(2,176)
	80~84세	56.1	29.2	14.7	100(1,356)
	85세 이상	32.6	35.4	32.0	100(875)
2014년도		81.8	11.3	6.9	100(10,451)

출처 : 보건복지부 · 한국보건사회연구원(2017). 2017년도 노인실태조사.

요양보호 욕구를 가지는 노인들은 심장병, 암, 당뇨 등 만성질환도 함께 가지고 있는 양상을 보인다. 이러한 질환들은 장기간 지속되며, 피로나 허약함, 기능손상 등을 함께 동반하므로 장기요양서비스가 필요하게 된다. 예를 들어, 관절염과 같은 만성질환들은 이동성의 제한을 가져와 일상생활의 지원을 필요로 하게 되고, 백내장, 녹내장과 같은 시각 관련 질환들, 난청과 같은 청각 질환 역시 일상생활에서의 지원을 필요로 하게 만든다.

2017년도 노인실태조사 결과 65세 이상 노인의 만성질병 유병률을 살펴보면 고혈압(59%), 골관절염 또는 류머티즘 관절염(33.1%), 고지혈증(29.5%), 요통 및 좌골신경통(24.1%), 당뇨병(23.2%), 골다공증(13%), 백내장 및 녹내장(9.5%),

위 · 십이지장궤양(9.1%) 순으로 나타났다. 일상생활에서 시력의 불편함을 느끼는 65세 이상 노인의 비율도 33.9%로 3분의 1을 차지하며, 청력 저하로 일상생활의 불편함을 느끼는 노인도 17.8%에 이른다. 65세 이상의 노인들이 겪게 되는 일부 질병들은 사망으로 바로 연결되기도 하지만, 많은 만성질환들은 생명에 치명적이지 않으면서 장기간의 장애나 기능제한으로 이어져 장기요양에 대한 욕구가 증가되기도 한다.

또한 신체적 기능 저하자 중 71.4%가 수발을 받고 있고, 이 중 89.4%가 가족(동거 또는 비동거 가족)으로부터 수발을 받고 있으며, 69%는 동거가족원, 36.2%는 비동거 가족원으로부터 수발을 받고 있다. 또한 수발을 받고 있는 노인 중 장기요양보험서비스 급여를 이용하는 경우가 19.0%, 노인돌봄서비스가 4.2%로 나타났다. 가족 등 비공식 수발자에 의해 보호를 받는 경우에 청소 등 가사와 식사서비스, 외출동행에서는 배우자, 딸, 아들의 순으로 높게 나타나며, 특히 목욕 지원 등에서는 배우자, 딸, 큰며느리의 비율이 높은 것으로 나타났다(보건복지부 · 한국보건사회연구원, 2017).

2. 노인 장기요양정책

1) 장기요양(Long-term Care)의 정의

일반적으로 장기요양(Long-term Care) 서비스는 질병, 사고, 장애 등으로 인하여 일상적인 생활기능에서 제한을 겪고 있는 개인들에게 일상생활을 유지하고 독립성을 최대한 보장하기 위해 장기간에 걸쳐 지속적으로 필요한 광범위한 서비스를 제공하는 것으로 정의된다(Kane, Kane, & Ladd, 1998; Stone, 2006; 정순둘 외 2020 재인용).

이러한 서비스들은 대체로 독립적인 신체적 · 정신적 기능의 상실을 최소화하고, 재활하거나 보충하고자 설계되어 있다. 장기요양서비스들은 기본적 일상생활 수행능력(ADL : Activities of Daily Living)과 수단적 일상생활 수행능력(IADL : Instrumental Activities of Daily Living)에 대한 지원들로 구성된다.

기본적 일상생활 수행능력은 일상생활을 유지하기 위해 필수적인 활동으로서 목욕하기, 옷 입기, 잠자리에서 나오거나 들어가기, 먹기, 화장실 가기와 같은 활동들을 의미한다. 한편, 수단적 일상생활 수행능력은 독립적인 생활을 하는 데 필요한 활동들로서 식사 준비하기와 집안일 하기 뿐만 아니라, 쇼핑하기, 돈 관리하기, 약 먹기, 이동하기, 전화기 사용하기와 같은 생활 유지에 필요한 활동들을 포함한다. 서비스들은 직접적인 수발이 필요한 서비스들 또는 옆에서 지켜보거나 관리가 필요한 지원들이 모두 포함되며, 안전손잡이와 보행보조차와 같은 보조기구 지원, 응급 경보와 같은 기술적인 지원들도 포함 가능하다. 또한 지역에서 제한된 기능으로도 오래 거주할 수 있도록 집 안 환경을 변화시키는 것 역시 장기요양서비스의 하나로서 이해할 수 있다. 따라서 치료와 기능 호전 및 임상 상태의 변화를 지향하는 급성기 치료와 달리, 장기요양은 치료와 일상생활과의 통합을 통해 인간으로서의 위엄과 자유, 삶의 질 향상을 추구하며(WHO, 2017), "의료적, 사회적, 또는 대인수발적 서비스"가 포괄되는 다학제적 접근이 필요한 분야이다(권순만 · 박건희, 2006).

현재 우리나라의 「노인장기요양보험법」에서도 위의 정의와 유사하게 장기요양의 필요성을 기술하고 있다. 「노인장기요양보험법」 제1조에서 "고령이나 노인성 질병 등의 사유로 일상생활을 혼자서 수행하기 어려운 노인 등에게 제공하는 신체활동 또는 가사활동 지원 등의 장기요양급여에 관한 사항을 규정하여 노후의 건강증진 및 생활안정을 도모하고 그 가족의 부담을 덜어줌으로써 국민의 삶의 질을 향상하도록 함을 목적으로 한다."라고 규정하고 있다. 여기에서 장기간으로 규정되는 일상생활 수행능력의 손상 기간은 6개월 이상이며, 일상생활 수행능력의 제한은 주로 기본적 일상생활 수행능력에 초점을 맞추고 있어 옷 벗고 입기, 세수하기, 양치질하기, 목욕하기, 식사하기, 체위 변경하기, 일어나 앉기, 옮겨 앉기, 방 밖으로 나오기, 화장실 이용하기가 장기요양의 욕구가 존재하는지 판단하는 주요 활동들이다.

또한, 장기요양급여 제공의 기본 원칙(제3조)을 살펴보면 노인 등이 자신의 의사와 능력에 따라 최대한 자립적으로 일상생활을 수행할 수 있도록 서비스를 제공하여야 하고, 노인 등의 심신 상태 · 생활환경과 노인 등 및 그 가족의 욕구 · 선택을 종합적으로 고려하여 필요한 범위 안에서 이를 적정하게 제공하여야 하며, 장기요양서비스는 노인 등의 심신상태나 건강 등이 악화되지 아니하도록 의료서비스와 연계하여 이를 제공하여야 한다고 명시하고 있다. 이는 장기요양 서비스가 일상생활 수행능력이 제한된 개인들에게 독립생활을 최대한 보장할 수 있도록 일상생활의 맥락에서 의료서비스와 연계되어 다양한 서비스를 제공하여야 한다는 의미를 「노인장기요양보험법」에서도 반영하고 있는 것으로 볼 수 있다.

2) 노인장기요양보험

노인장기요양보험이란 고령이나 노인성 질병 등의 사유로 일상생활을 혼자서 수행하기 어려운 노인 등에게 신체활동 또는 가사활동 지원 등의 장기요양급여를 제공하여 노후의 건강증진 및 생활안정을 도모하고, 그 가족의 부담을 덜어줌으로써 국민의 삶의 질을 향상하도록 함을 목적으로 시행하는 사회보험제도이다.

〈표 7-2〉 노인장기요양보험제도의 연혁(추진 경과)

연 도	추 진 내 용
2001.08.15.	대통령 경축사에서 노인요양보장제도 도입 제시
2002.	대통령 공약사항 포함
2003.03.~2004.02.	공적노인요양보장추진기획단 설치, 운영
2004.03.	공적노인요양보장제도실행위원회 구성, 운영
2005.10.19.~11.08.	노인장기요양보험법(안) 입법예고
2006.02.16.	정부입법 국회제출
2007.04.02.	국회통과 – 국무회의 의결(04.17.)을 거쳐 04.27. 공포
2008.07.01.	노인장기요양보험제도 시행

연 도	추 진 내 용
2014.07.	노인장기요양 등급체계 개편 – 5등급(치매특별등급) 신설 등 3등급에서 5등급체계로 개편
2014.11.	서울요양원 개원 – 공단직영 장기요양시설 운영
2018.01.	인지지원등급 신설 – 신체적 기능 상태와 관계없이 모든 치매질환노인까지 대상자 개선
2018.08.	장기요양 본인일부부담금 감경대상자 확대 – 저소득계층 수급자의 경제적 부담 완화
2019.12.	장기요양기관 지정제 · 지정갱신제 시행 – 장기요양기관 진입기준 강화로 부실기관에 대한 관리

출처 : 노인장기요양보험 홈페이지(www.longtermcare.or.kr)

(1) 도입 배경

우리나라는 유례없는 빠른 고령사회로의 진입을 겪으면서 노인인구가 크게 증가하고 있는 한편, 출산율 감소 등의 인구학적 변화로 장기요양서비스를 필요로 하는 대상자가 빠르게 증가해 왔다. 또한 핵가족화, 전통적으로 노인수발의 역할을 맡았던 여성의 노동 참여 증가, 가족의 해체, 가족의 역할에 대한 인식 변화 등으로 노인에 대한 가족 부양기능이 현저히 약화되면서 장기요양에 대한 사회적 책임과 부담 역시 급격히 증가하는 추세이다(이광재, 2012). 장기요양의 사회적 책임에 대한 요구가 증가함에도 불구하고 이에 대한 제도가 부재할 때 기존의 건강보장제도와 공공부조제도가 본래 목적과 달리 장기요양에 대한 재정 부담을 떠안게 되는 비효율성도 나타나게 된다(권순만 · 박건희, 2006). 예를 들어, 장기요양서비스가 필요한 상황임에도 불구하고 돌봄제공자가 없어 급성기 질병을 치료하기 위한 의료기관에 조기 혹은 지속적 입원을 한다든지, 과도한 의료비 지출로 공공부조 대상자가 증가하는 것과 같은 현상이 나타나 정부의 재정을 압박하기도 한다.

이러한 문제에 대응하기 위해 2000년 1월 보건복지부 내 '노인장기요양보호 정책기획단'이 설치되어 10월에는 '노인장기요양보호정책안'에 관한 공청회를 개최한 후 12월 '노인장기요양보호의 종합대책 수립방안연구'라는 보고서를 발간하게 된다. 이를 바탕으로 정책수립을 위한 장기요양 욕구파악을 위한 전국적인 규모의 실태조사를 실시하였다(윤희숙 외, 2010).

2003년 참여정부가 수립되며 보건복지부 내 '공적노인요양보장추진기획단'이 중심이 되어 장기요양보장정책은 구체화단계에 접어들었다. 2004년 2월에 이르러 장기요양보험제도의 기본 골격인 재정, 관리운영주체, 대상자, 시설인력방안이 수립되어 기획단으로부터 보건복지부장관에게 보고되었다. 보다 구체적인 제도의 시행방안을 검토하기 위해 '공적노인요양보장제도 실행위원회'를 구성하고, 관계공무원, 학계전문가, 의료보험자단체, 노인단체 등이 참여하였다. 실행위원회에서는 자체 회의, 보건복지부와의 정책토론회, 공청회 등을 개최하여 보고된 안에 따라 시범사업 모형 및 법률안을 마련하였다. 이후 2005년 7월부터 2008년 6월 말까지 3차에 걸쳐 시범사업을 시행하였으며, 시범사업을 통해 등급판정체계, 급여 및 수가체계, 제도운영에 대한 사항들을 점검 및 평가하여 제도 시행을 준비하였다. 시범사업을 통해 현실적합성을 검증하면서 동시에 장기요양보험제도의 법적 근거를 마련하기 위한 노력들도 이루어졌다. 정부는 실행위원회의 활동 결과를 토대로 법안시안을 마련하였고, 2006년 2월에 노인수발보험법안을 국회에 제출하게 되었다. 이를 계기로 각 당의 국회의원들이 의원입법으로 대표 발의한 법안을 국회에 제출하였고, 보건복지위원회에서 공청회와 간담회 등을 거쳐 법안 명칭을 바꾼 후 2007년 2월에 「노인장기요양보험법」으로 2007년 4월 2일 국회 본회의를 통과하여 4월 27일에 공포되었다(이광재, 2012).

2008년 7월부터 노인장기요양보험제도가 시행되어 보험료 부과 및 급여 제공이 개시되었으며, 2009년 7월부터 본인부담 경감 대상자를 확대하고, 2011년 6월부터 치매중증도가 낮아도 문제행동이 빈발하여 가족 수발부담이 큰 경증치매노인 등도 장기요양서비스를 이용할 수 있도록 별도의 점수 척도를 적용하였다. '2013~2017 제1차 장기요양 기본 계획'에 따라 2013년 7월 장기요양 3등급 인정기준을 완화하여 적용대상자를 확대하였고, 2014년에는 기존 3등급으로 운영되던 등급체계를 5등급으로 확대하여 개편하였다. 2016년 9월부터 치매노인(장기요양 1, 2급 수급자)을 돌보는 가족이 일시적으로 돌보기 어려운 경우 요양보호사가 가정을 방문하여 24시간 돌봄서비스를 제공하는 서비스를 개시하였다. 2018년 1월에는 인지지원등급을 신설하여 신체적 기능 상태와 관계없이 치매질환을 앓고 있는 노인들도 장기요양서비스 대상자가 될 수 있도록 하였다. '2018~2022 제2차 장기요양 기본 계획'에 따라 8월에는 장기요양 본인일부부담금 감경대상자를 확대하여 저소득계층 수급자의 경제적 부담을 완화할 수 있도록 하였다(국민건강보험공단, 2019).

(2) 특징

우리나라 노인장기요양보험제도는 건강보험제도와는 별도로 도입 · 운영되고 있어 노인에 대한 요양필요성에 적합하게 새로운 제도 도입이나 확대에 유리한 측면이 있다. 건강보험과 별도로 운영되고 있으나 관리 및 운영은 기존의 국민건강보험공단이 보험자이자 관리운영기관으로 설정되어 있어 운영의 효율성을 높였다. 국민건강보험이 치매 · 중풍 등 질환의 진단, 입원 및 외래치료, 재활치료를 목적으로 주로 병 · 의원 및 약국에서 제공하는 서비스를 급여대상으로 한다면, 노인장기요양보험제도는 노인을 주 대상으로 하며, 서비스의 내용이 목욕, 간병 등의 신체활동 지원과 가사지원의 비의료적인 서비스에 중점을 두는 차이점이 있다.

또한 〈표 7-3〉과 같이 노인장기요양보험제도는 기존의 「노인복지법」에 의거하여 저소득층 노인을 대상으로 한정적으로 제공되었던 노인복지서비스와도 서비스 이용자의 기여금과 선택권을 존중하는 사회보험 방식이라는 점에서 차이를 보인다.

〈표 7-3〉 노인장기요양보험제도와 기존의 노인복지서비스의 차이점

구 분	노인장기요양보험제도	기존 노인복지서비스체계
관련 법	노인장기요양보험법	노인복지법
서비스 대상	– 보편적 제도 – 장기요양이 필요한 65세 이상 노인 및 치매 등 노인성 질병을 가진 65세 미만자	– 특정 대상 한정(선택적) – 국민기초생활보장 수급자를 포함한 저소득층 위주
서비스 선택	– 수급자 및 부양가족의 선택에 의한 서비스 제공	– 지방자치단체장의 판단(공급자 위주)
재 원	– 장기요양보험료 + 국가 및 지방자치단체 부담 + 이용자 본인부담	– 정부 및 지방자치단체의 부담

출처 : 노인장기요양보험 홈페이지(http://www.longtermcare.or.kr) 제도 소개.

(3) 장기요양보험제도 운영

① 장기요양서비스 전달체계

노인장기요양보험제도 운영과 관련한 전달체계는 [그림 7-1]과 같이 보건복지부, 국민건강보험공단, 지방자치단체로 크게 구분된다. 보건복지부는 노인장기요양보험제도의 운영 · 관리에 대한 총괄적 책임과 권한을 가지며, 보건복지부장관 소속의 장기요양위원회를 두도록 규정하고 있다. 국민건강보험공단은 관리운영기관으로서 장기요양보험료의 부과 · 징수, 등급판정위원회의 운영, 장기요양등급 판정 등의 역할을 수행하며, 지방자치단체는 장기요양기관 인프라 구축에 대한 책임 및 지도감독, 장기요양기관의 지정 · 취소 등을 수행하고 있다.

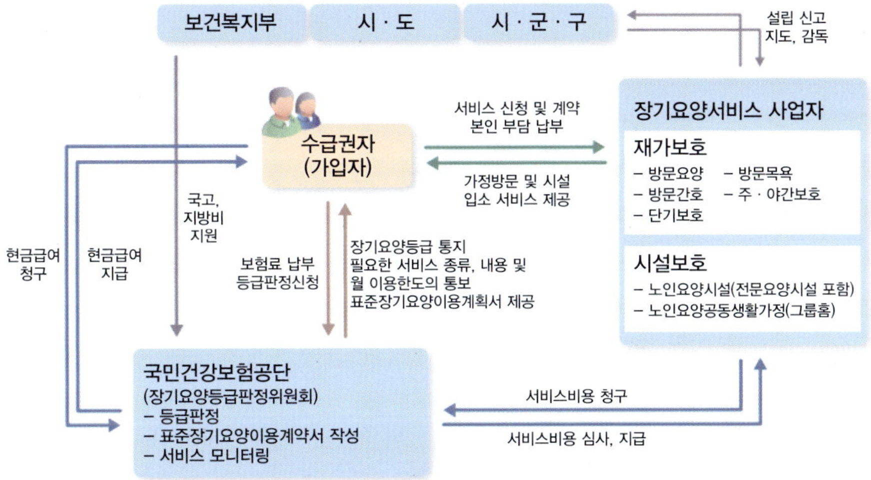

[그림 7-1] 노인장기요양서비스 전달체계

출처 : 보건복지부(2019). 2019년 요양보호사 양성 표준교재

② 장기요양인정 및 이용절차

장기요양서비스는 신청→방문조사→등급판정→결과통지(송부)→서비스 이용의 순서로 진행된다.

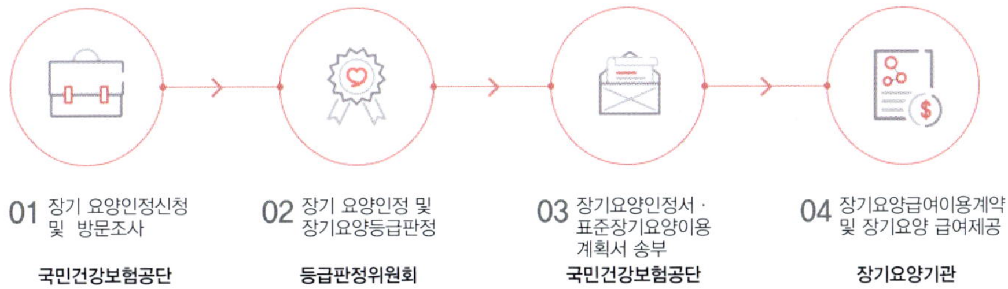

[그림 7-2] 장기요양인정 및 이용절차

출처 : 노인장기요양보험 홈페이지(http://www.longtermcare.or.kr) 제도소개

장기요양인정 신청을 하게 되면 간호사, 사회복지사, 물리치료사 등으로 구성된 소속 직원이 직접 방문하여 장기요양인정조사표에 따라 다음의 항목을 조사한다. 작성된 심신상태를 나타내는 52개 항목 〈표 7-4〉에 대한 조사를 하게 된다.

〈표 7-4〉 요양인정 52개 조사항목

영 역	항 목		
신체기능 (기본적 일상생활기능) (12항목)	– 옷 벗고 입기 – 세수하기 – 양치질하기 – 목욕하기	– 식사하기 – 체위 변경하기 – 일어나 앉기 – 옮겨 앉기	– 방 밖으로 나오기 – 화장실 사용하기 – 대변 조절하기 – 소변 조절하기
인지기능 (7항목)	– 단기 기억장애 – 날짜 불인지 – 장소 불인지 – 나이 · 생년월일 불인지	– 지시 불인지 – 상황 판단력 감퇴 – 의사소통 · 전달 장애	
행동변화 (14항목)	– 망상 – 환각, 환청 – 슬픈 상태, 울기도 함 – 불규칙수면, 주야 혼돈 – 도움에 저항	– 서성거림, 안절부절못함 – 길을 잃음 – 폭언, 위협행동 – 밖으로 나가려 함 – 물건 망가트리기	– 의미 없거나 부적절한 행동 – 돈 · 물건 감추기 – 부적절한 옷 입기 – 대소변 불결행위
간호처치 (9항목)	– 기관지 절개관 간호 – 흡인 – 산소요법	– 욕창 간호 – 경관 영양 – 암성통증간호	– 도뇨관리 – 장루 간호 – 투석 간호
재활 (10항목)	운동장애(4항목)		관절제한(6항목)
	– 우측상지 – 우측하지 – 좌측상지 – 좌측하지		– 어깨관절, 팔꿈치관절, 손목 및 수지관절, 고관절, 무릎관절, 발목관절

출처 : 보건복지부 고시 제2018-146호(2018.07.23.). 장기요양등급판정기준에 관한 고시.

신청인의 심신상태를 나타내는 52개 항목의 조사결과를 입력하여 장기요양인정점수를 산정한다. 이후 등급판정위원회는 방문조사 결과, 의사소견서, 특기사항 등을 기초로 신청인의 기능상태 및 장기요양이 필요한 정도 등을 등급판정 기준에 따라 심의 · 판정한다.

③ 장기요양등급 판정

현재 장기요양등급은 요양 필요 정도에 따라 장기요양 인정점수를 바탕으로 1~5등급 + 인지지원등급(경증 치매)으로 구분하며, 자세한 내용은 〈표 7-5〉와 같다.

〈표 7-5〉 장기요양등급

등 급	심신 상태	장기요양 인정점수
1등급	일상생활에 **전적으로 도움**이 필요한 상태	95점 이상
2등급	일상생활에 **상당 부분 도움**이 필요한 상태	75점 이상 95점 미만
3등급	일상생활에 **부분적으로 도움**이 필요한 상태	60점 이상 75점 미만
4등급	일상생활에 **일정부분 도움**이 필요한 상태	51점 이상 60점 미만
5등급	치매환자(노인성질병에 한함)	45점 이상 51점 미만
인지지원등급	치매환자(노인성질병에 한함)	45점 미만

공단은 판성 결과에 따라 장기요양인정서와 표준장기요양 이용계획서를 수급자나 보호자에게 제공한 후 서비스 이용에 대해 교육하며, 장기요양인정 유효기간은 최소 1년 이상으로 한다. 다만 유효기간을 갱신할 때 직전 등급과 같은 등급으로 판정을 받는 경우는 1등급 4년, 2~4등급 3년, 5등급과 인지지원등급은 2년으로 한다. 유효기간 이후 장기요양급여를 계속하여 받고자 하는 경우 유효기간이 만료되기 90일 전부터 30일 전까지 공단에 장기요양인정의 갱신을 신청하여야 한다.

④ 급여의 종류 및 내용

장기요양급여는 6개월 이상 동안 혼자서 일상생활을 수행하기 어렵다고 인정되는 자에게 신체활동 · 가사활동의 지원 또는 간병 등의 서비스나 이에 갈음하여 지급하는 현금 등을 말한다. 장기요양급여는 크게 재가급여, 시설급여, 특별현금급여로 분류되며 그 내용은 〈표 7-6〉과 같다.

〈표 7-6〉 장기요양급여의 종류 및 내용

급여의 종류		내 용
재가급여	방문요양	장기요양요원이 수급자의 가정 등을 방문하여 신체활동 및 가사활동 등을 지원
	방문목욕	장기요양요원이 목욕설비를 갖춘 장비를 이용하여 수급자의 가정 등을 방문하여 목욕을 제공
	방문간호	장기요양요원인 간호사 등이 의사, 한의사 또는 치과의사의 지시서에 따라 수급자의 가정 등을 방문하여 간호, 진료의 보조, 요양에 관한 상담 또는 구강위생 등을 제공
	주 · 야간보호	수급자를 하루 중 일정한 시간 동안 장기요양기관에 보호하여 신체활동 지원 및 심신기능의 유지 · 향상을 위한 교육 · 훈련 등을 제공
	단기보호	수급자를 일정 기간 동안 장기요양기관에 보호하여 신체활동 지원 및 심신기능의 유지 · 향상을 위한 교육 · 훈련 등을 제공
	기타 재가급여	수급자의 일상생활 · 신체활동 지원 및 인지기능의 유지 · 향상에 필요한 용구를 제공하거나 가정을 방문하여 재활에 관한 지원 등을 제공하는 장기요양급여
시설급여	노인요양시설	치매 · 중풍 등 노인성 질환 등으로 심신에 상당한 장애가 발생하여 도움이 필요한 노인을 입소시켜 급식 · 요양과 그 밖에 일상생활에 필요한 편의를 제공하는 시설
	노인요양공동생활가정	치매 · 중풍 등 노인성 질환 등으로 심신에 상당한 장애가 발생하여 도움이 필요한 노인에게 가정과 같은 주거 여건과 급식 · 요양, 그 밖에 일상생활에 필요한 편의를 제공하는 시설
특별현금급여	가족요양비	도서 · 벽지 등 장기요양기관이 현저히 부족한 지역, 천재지변, 수급자의 신체 · 정신 또는 성격상의 사유 등으로 인해 가족 등으로부터 방문요양에 상당한 장기요양급여를 받은 경우 지급
	특례요양비	수급자가 장기요양기관이 아닌 노인요양시설 등의 기관 또는 시설에서 재가급여 또는 시설급여에 상당한 장기요양급여를 받은 경우 수급자에게 지급
	요양병원간병비	수급자가 요양병원에 입원했을 때 장기요양에 사용되는 비용의 일부가 지급되는 급여

출처 : 보건복지부(2019). 2019년 요양보호사 양성 표준교재.

한편, 2021년 기준 1등급 노인의 재가급여 월 한도액은 1,520,700원이고, 노인요양시설을 이용하는 1등급자 시설급여 1일당 비용은 71,900원(1개월 이용 시 급여비용 2,157,000원, 본인부담 431,400원)이다.

⑤ 노인장기요양보험 재원

노인장기요양보험 운영에 소용되는 재원은 가입자가 납부하는 장기요양보험료 및 국가 및 지방자치단체 부담금, 장기요양급여 이용자가 부담하는 본인일부부담금으로 조달된다.

장기요양보험 가입자는 건강보험 가입자와 동일하며, 장기요양보험료는 건강보험료액(2021년 건강보험료율 6.86%)에 장기요양보험료율(2021년 기준 11.52%)을 곱하여 산정한다. '장기요양보험료율'은 매년 재정상황 등을 고려하여 보건복지부 소속 '장기요양위원회'의 심의를 거쳐 대통령령으로 정하고 있다. 장기요양보험 가입자가 지역가입자인 경우 100% 본인이 부담하지만 직장가입자인 경우 근로자와 그 사용자가 각 50%씩 분담한다.

「노인장기요양보험법」(제58조)에 따르면 국가는 매년 예산의 범위 안에서 해당 연도 장기요양보험료 예상 수입액의 100분의 20에 상당하는 금액을 공단에 지원한다. 국가와 지방자치단체는 의료급여수급권자에 대한 장기요양급여비용, 의사소견서 발급비용, 방문간호지시서 발급비용 중 공단이 부담해야 할 비용 및 관리운영비의 전액을 부담한다.

또한 재가 및 시설 급여비용 중 수급자의 본인일부부담금을 장기요양기관에 직접 납부하여야 한다. 재가급여는 장기요양급여비용의 100분의 15, 시설급여는 장기요양급여비용의 100분의 20을 부담하되, 국민기초생활보장법에 따른 의료급여 수급자는 본인일부부담금 전액을 면제한다. 또한 의료급여 수급권자이거나 천재지변 등의 사유로 인하여 생계가 곤란한 자, 보험료 순위가 0~25% 이하에 해당되는 경우는 본인일부부담금의 60%를 감경하고, 보험료 순위 25% 초과~50% 이하에 해당되며, 직장가입자는 재산이 일정기준 이하인 경우에는 본인일부부담금의 40%를 감경해 준다.

(4) 장기요양 실태조사

보건복지부는 「노인장기요양보험법」 제6조의2(실태조사)에 따라 장기요양사업의 실태를 파악하기 위하여 3년마다 정기적인 실태조사를 실시하고 그 결과를 공표하여야 한다.

이에 2019년 처음 실시된 '2019 장기요양 실태조사 결과(보건복지부, 2020)'에 따르면 수급자 중 여성비율(72.8%)이 높고, 80세 고령 수급자가 전체의 65% 이상인 것으로 나타났으며, 대부분 고혈압, 치매, 당뇨 등 평균 3.4개의 만성질환을 갖고 있는 것으로 나타났다. 또한 등급을 받고도 서비스를 이용하지 않는 경우가 22.5%이며, 미이용 사유는 병원 입원 중이거나 가족이 아닌 사람의 도움을 꺼리는 경우이거나 가족 돌봄으로 충분하다는 이유로 조사되었다.

장기요양 수급자 가족 관련 조사에서는 장기요양 정보를 대부분 이웃이나 지인, 가족 또는 인터넷 등을 통해 얻는 경우로 나타났고, 장기요양서비스에 대한 전반적 만족도는 84%로 높게 조사되었다. 불만족 이유로는 재가는 이용시간 불충분(47.4%), 시설은 비용부담(54.5%)이 가장 높게 나타났다.

한편 장기요양요원 관련 조사에서는 여성이 94.7%로 월등히 많고, 종사자 연령대는 60대(40.4%), 50대(39.4%)가 대다수이며, 수급자나 가족으로부터 폭력을 경험한 비율은 언어적 폭력(25.2%), 신체적 폭력 위협(16%), 성희롱이나 신체 접촉이 9.1%로 나타났다. 또한 전반적 만족도는 54%로, 유형별로는 일에 대한 보람(75.8%)이 가장 높았으며, 임금수준(45.4%), 법정수당과 휴게 · 근로시간 보장(18.3%), 처우개선이 가장 높게 조사되었다.

따라서 향후 장기요양 이용자와 가족의 서비스 개선 요구를 반영한 이용시간 확대 및 비용부담 완화, 장기요양요원에 대한 실질적인 처우개선 방안 등이 요구된다.

3. 에이징 인 플레이스(Aging in Place) 정책

1) 에이징 인 플레이스(Aging in Place)의 개념

일반적으로 에이징 인 플레이스(Aging in Place)라고 하면 지역사회 계속 거주라는 개념으로 해석할 수 있는데, 아직까지 명확히 합의된 정의는 없다. Aging in Place란 노인들이 지역사회에서 신체적 · 사회적으로 연결되어 활동적으로 생활할 수 있도록 하는 활동적 노화(active aging)를 위한 가장 기본적인 요건이 된다(WHO, 2002; 정순둘 외, 2020 재인용). 즉, 연령과 소득, 능력수준과 무관하게 노인을 포함하여 누구나 자신의 집 또는 공동체에서 안전하게, 독립적으로, 그리고 편하게 사는 지역사회를 말한다. 1982년 유엔 비엔나 국제 고령화 계획에서는 Aging in Place에 대한 직접적인 언급은 없었지만, 돌봄과 주거의 기본적 노인정책방향으로 이와 유사한 방향은 제시되었다. 즉, "노인돌봄 기본 원칙은 가능한 한 지역사회에서 독립적으로 생활하도록" 하는 것이며, "노인에게 있어 집은 물리적인 것에 더해 심리적, 사회적 중요성을 갖는다."는 원칙이다.

Aging in Place의 실천모형은 초창기에 건강이 서서히 나빠지는 노인의 주거지 불편을 해소하고자 하는 것이며, 주거지의 개념이 노인의 집에 국한되지 않고 지역사회로 확장되는 모형으로 변화하고 있다. 예를 들어, 초창기에는 내부주택의 개조나 새로운 노인특화주거모형을 강조하였지만, 최근에는 이보다 더 나아가 지역사회를 고령친화적으로 개편하는 것에 관심을 갖게 되었다. Aging in Place의 기간과 공간의 범위에 대한 정의는 학자마다 다르지만, 고령자의 "존엄과 자율성에 대한 존중"(조아라, 2013)이라는 이념에는 합의가 되어 있다. 최근의 Aging in Place는 시간적으로는 "가능한 한 오래", 공간적으로는 "자신이 살던 집과 지역사회"에서, 그리고 관계의 측면에서는 "친숙한 관계"가 강조된다. 최근 정책과 연구에서 활용되는 Aging in Place의 개념 역시 일반적으로 가능한 한 노인이 살아온 지역사회에서 익숙한 사람들과 관계를 맺으면서 계속 살아가는 것이다(이윤경 외, 2017). 따라서 Aging in Place는 존엄한 노년을 위한 수단으로 노인의 독립적이고 자율적인 선택을 강조한다. 그런데 여기서 주의해야 할 점은 Aging in Place를 돌봄비용 절감의 입장에서만 해석하는 점이다. 이로 인해 노인을 지역사회에 고립시킬 수 있으며, 노인을 돌보는 가족의 부담을 높일 수도 있다는 점에서 주의가 필요하다(정순둘 외, 2020).

2) 에이징 인 플레이스(Aging in Place) 정책 및 실천방안

에이징 인 플레이스(Aging in Place) 정책 및 실천방안을 살펴보면, 지역사회에서 거주하다 건강이 악화되었을 때 이를 극복할 수 있는 서비스 체계를 구축하는 것이 핵심이라고 볼 수 있다. 이를 위해서는 의료와 장기요양 간의 벽을 허무는 것이 중요하며, 복지에 테크놀로지를 활용하는 문제에 대해서도 관심이 높다. 에이징 인 플레이스의 초창기에는 주거에 대한 관심이 높았으며, 안전한 주거는 지금도 에이징 인 플레이스의 중요한 관심사가 되고 있다. 또한 최근에는 지역을 기반으로 한 장기요양 돌봄 체계 구축에 더 큰 관심을 갖는다. 해외 사례를 보면 네덜란드는 고령자용 주거에 관심을 가지고 있는 나라이며, 독일과 네덜란드는 가족자원을 적극적으로 활용하는 데 관심을 가지고 있다. 반면, 일본은 주거와 케어가 결합된 형태의 서비스를 제공하는 데 관심을 가지고 있다(정순둘 외, 2020).

우리나라에서도 노인이 시설이나 병원보다는 살던 곳에서 건강하게 생활하기(healthy aging in place)를 지원하는 것에 관심을 가지고 있다. 최근 일본과 같이 주거와 케어가 결합된 형태에도 관심을 가지고 있다. 지역사회 통합돌봄(community care)은 에이징 인 플레이스의 실현 방안 중 하나인데, 여기서 플레이스는 물리적 집, 공간에 국한하지 않고 지역사회 차원을 강조하며, 지역사회 안에서 지역사회의 자원을 활용하는 커뮤니티 케어가 중요한 실천방안으로 제시된다(이윤경 외, 2017). 결국 커뮤니티 케어가 활성화되기 위해서는 사례관리의 체계화가 중요한 과제라 할 수 있다.

따라서 에이징 인 플레이스는 지역사회 돌봄의 차원에서 주거의 중요성, 커뮤니티 케어의 역할, 노인에게 필요한 돌봄서비스 등의 역할을 강조하는 개념이라고 볼 수 있다. 또한 노인에 대한 차별적 시각을 탈피하고, 노인을 존중하는 지역사회의 분위기가 중요하며, 노인이나 모든 연령이 물리적인 장벽 없이 지낼 수 있도록 하는 고령친화도시의 개념과도 연결된다(정순둘 · 박애리, 2018). 여기에서는 기존의 노인돌봄서비스(6종)를 통합 · 개편한 노인맞춤돌봄서비스와 지역사회 통합 돌봄(커뮤니티 케어) 선도사업을 중점적으로 살펴보고자 한다.

(1) 노인맞춤돌봄서비스

「노인복지법」 제27조의2(홀로 사는 노인에 대한 지원)에 따르면 "국가 또는 지방자치단체는 홀로 사는 노인에 대하여 방문요양과 돌봄 등의 서비스와 안전확인 등의 보호조치를 취하여야 한다."고 명시하고 있다.

돌봄이 필요한 고령 · 독거노인의 급속한 증가와 가족돌봄의 약화, 노인의 사회적 관계망 악화로 돌봄의 사회화 요구가 지속적으로 증대되고 있으며, 건강한 노화(Healthy aging), 지역사회 거주(Aging in Place), 장기요양 · 요양병원 등 고비용 돌봄 진입 예방을 위한 예방적 돌봄의 강화가 필요하여 정부에서는 노인맞춤돌봄서비스 정책을 추진하고 있다.

2020년 1월부터 시행된 노인맞춤돌봄서비스는 노인의 욕구에 따라 맞춤형으로 다양한 서비스를 제공하기 위해 기존 노인돌봄서비스를 통합 · 개편한 것으로 현재 약 30만 명의 어르신이 전국 647개 수행기관에서 서비스를 이용하고 있다(보건복지부, 2020).

〈표 7-7〉 노인맞춤돌봄서비스 시행 전 · 후 비교

	기 존	개 편	비 고
사업 종류	돌봄기본, 돌봄종합, 단기가사, 자원연계 등 6종	'노인맞춤돌봄서비스'로 통합	6→1개 사업으로 통합
제공 기관	2,805개 민간시설 개별 수행	647개 권역별 책임기관제 (사회복지 · 비영리법인 위탁)	책임성 강화
대상 노인	독거노인 등 35만 명	돌봄 필요 노인 45만 명	+10만 명
예산 (국비)	2,458억 원	3,728억 원	+1,270억 원, 52% 증
제공 방식	단순 안부확인 · 가사지원	욕구별 맞춤형 서비스 제공 (안전 · 건강 · 참여 · 가사)	서비스 다양화, 욕구 중심 맞춤 제공
제공 인력	1.2만 명 *돌봄종합(장기요양 겸직 26,664명) 제외	2.8만 명* 전담사회복지사 1,984명 생활지원사 26,401명	신규 창출 일자리 수 +1.6만 명

출처 : 보건복지부(2020.06.07.). 노인맞춤돌봄서비스 집중 신청기간 운영 보도자료.

대상은 65세 이상 국민기초생활수급자, 차상위계층 또는 기초연금수급자 중 독거 · 조손가구 등 돌봄이 필요한 노인으로 신체 · 정신 · 사회참여 영역의 취약 요인을 조사하여 대상자 선정여부를 결정하고, 서비스 제공시간의 범위 등을 산정하고 있다.

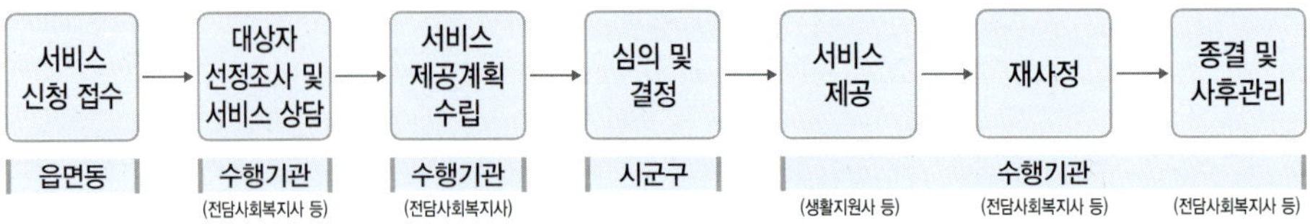

[그림 7-3] 서비스 제공 절차

출처 : 보건복지부(2020). 2020년 노인맞춤돌봄서비스 사업안내.

서비스 내용으로는 안전지원 · 사회참여 · 생활교육 · 일상생활분야의 다양한 서비스를 서비스 제공계획에 따라 직접 또는 연계 제공하고 있으며 방문형, 통원형(그룹형 프로그램) 등 제공형태의 다양화를 모색하고 있다. 일부 도시형 지역에서는 은둔형 · 우울형 노인을 대상으로 특화서비스도 제공하고 있으며, 자세한 서비스 내용은 아래 〈표 7-8〉과 같다.

〈표 7-8〉 서비스 내용

구 분	대분류	중분류	소분류
직접 서비스 (방문·통원 등) ※ 4개 분야	안전 지원	▶ 방문 안전 지원	– 안전·안부 확인 – 생활안전점검(안전관리점검, 위생관리점검) – 정보제공(사회 · 재난안전, 보건 · 복지 정보제공) – 말벗(정서 지원)
		▶ 전화 안전 지원	– 안전·안부 확인 – 정보제공(사회 · 재난안전, 보건 · 복지 정보제공) – 말벗(정서 지원)
		▶ ICT 안전 지원	– ICT 데이터 확인 · 점검 – 유사 시 방문 확인 – 유사 시 전화 확인
	사회참여	▶ 사회관계 향상 프로그램	– 문화여가활동 – 평생교육활동 – 체험여행활동
		▶ 자조모임	– 자조모임
	생활교육	▶ 신체건강분야	– 영양교육 – 보건교육 – 건강운동교육
		▶ 정신건강분야	– 우울예방 프로그램 – 인지활동 프로그램
	일상생활 지원	▶ 이동·활동 지원	– 외출동행 지원
		▶ 가사 지원	– 식사관리 – 청소관리

구 분	대분류	중분류	소분류
연계 서비스 (민간후원자원)		▶ 생활 지원 연계	– 생활용품 지원 – 식료품 지원 – 후원금 지원
		▶ 주거 개선 연계	– 주거위생개선 지원 – 주거환경개선 지원
		▶ 건강 지원 연계	– 의료연계 지원 – 건강보조 지원
		▶ 기타 서비스	– 기타 일상생활에 필요한 서비스 연계

출처 : 보건복지부(2020). 2020년 노인맞춤돌봄서비스 사업안내.

서비스 제공체계는 시 · 군 · 구에서 지역 내 노인인구, 접근성 등을 고려, 권역을 설정하여 직영 또는 수행기관 선정 · 위탁하며, 수행기관에서는 전담사회복지사, 생활지원사를 채용하여 사업을 운영하고 있다.

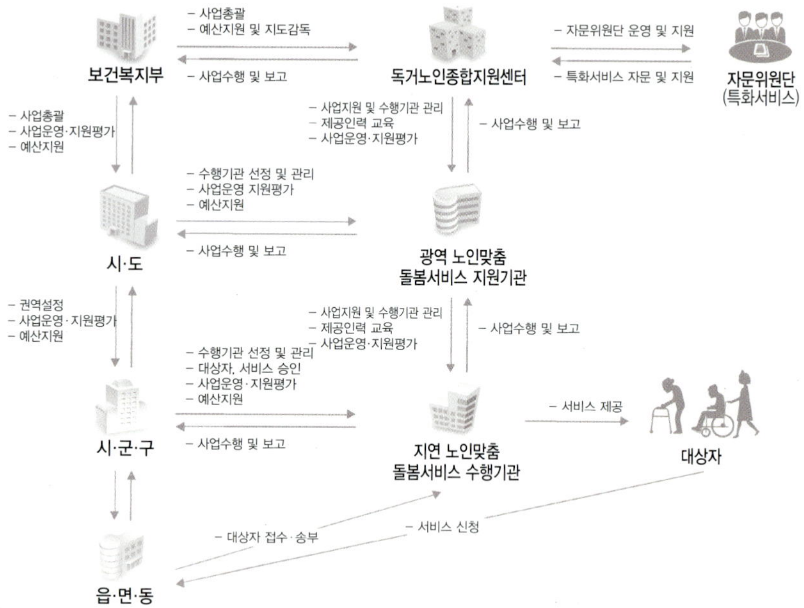

[그림 7-4] 서비스 제공 절차

출처 : 보건복지부(2020). 2020년 노인맞춤돌봄서비스 사업안내.

(2) 지역사회 통합 돌봄(커뮤니티 케어)

정부는 2019년 6월부터 2년간 전국 8개 지방자치단체(노인 4개, 장애인 2개, 노숙인과 정신질환자 각 1개)에서 지역사회 통합돌봄 선도사업을 실시하고 있다. 이번 선도사업은 2026년 지역사회 통합돌봄의 보편적 제공을 앞두고 지역의 실정에 맞는 다양한 모델을 발굴 · 검증하기 위하여 추진한다(보건복지부, 2019).

지역사회 통합돌봄(커뮤니티 케어)란 돌봄이 필요한 주민(노인, 장애인 등)이 살던 곳(자기 집, 그룹홈 등)에서 개개인의 욕구에 맞는 서비스를 누리고 지역사회와 함께 어울려 살아갈 수 있도록 주거 · 보건의료 · 요양 · 돌봄 · 독립생활 지원이 통합적으로 확보되는 지역주도형 사회서비스 정책이다.

노인 통합돌봄 모델 선도사업은 노인이 살던 곳에서 가능한 오래 건강하게 지낼 수 있도록(Healthy aging in place) 욕구에 맞는 서비스를 연계 · 통합 제공하는 모델을 마련하는 데 목적이 있다.

주된 대상은 요양병원에 입원하고 있는 환자 중에서 지역사회 복귀를 희망하는 노인이다. 급성기병원에서 입원 치료를 마치고 퇴원을 준비 중인 노인과 지역사회에 거주하고 있으나 사고나 질병, 일상생활의 어려움 등으로 병원 입원(시설 입소)이 불가피할 수 있는 노인도 포함된다.

지자체는 노인의 욕구를 조사하여 퇴원계획 또는 개인별 지원계획을 수립하고 서비스를 연계 · 통합 제공하여야 한다. 퇴원을 준비 중인 노인의 경우 병원의 '지역연계실(의사, 간호사, 사회복지사 등)'에서 퇴원계획을 수립하고 케어안내창구 등과의 연계를 통해 퇴원 전에 미리 각종 서비스를 연결해 준다. 신체 움직임이 불편한 노인은 집 안에서 불편 없이 독립적으로 지낼 수 있도록 집을 수리(안전바닥재 설치 등)해 준다. 거처가 없는 노인에게는 국토교통부, 한국토지주택공사와 협력하여 케어안심주택을 제공한다. 저소득층 퇴원환자를 대상으로 재택의료, 돌봄, 가사 등의 재가서비스를 지원하는 재가 의료급여와 가사간병서비스를 지원한다. 식사배달서비스와 함께 병원 외래를 갈 때 차량을 지원하는 등 다양한 신규 서비스를 함께 제공할 예정이다. 24시간 안심하고 지낼 수 있도록 사물인터넷(IoT), 인공지능(AI) 기반의 '스마트홈 서비스'를 민간기관과 협력하여 제공한다.

그리고 선도사업 지역에서 빅데이터 기반의 집중형 지역사회건강관리 모델을 개발하는 실증사업을 함께 실시한다. 즉, 동의한 사람에 한하여 국민건강보험공단이 보유한 빅데이터 정보 등을 활용하여 건강 · 의료 측면에서 통합돌봄이 필요한 대상자를 발굴하고, 방문진료(왕진), 동네의원 만성질환관리, 보건소 방문건강관리서비스, 재가 의료급여 등을 집중적으로 활용하여 대상자의 건강을 관리할 계획이다(보건복지부, 2019).

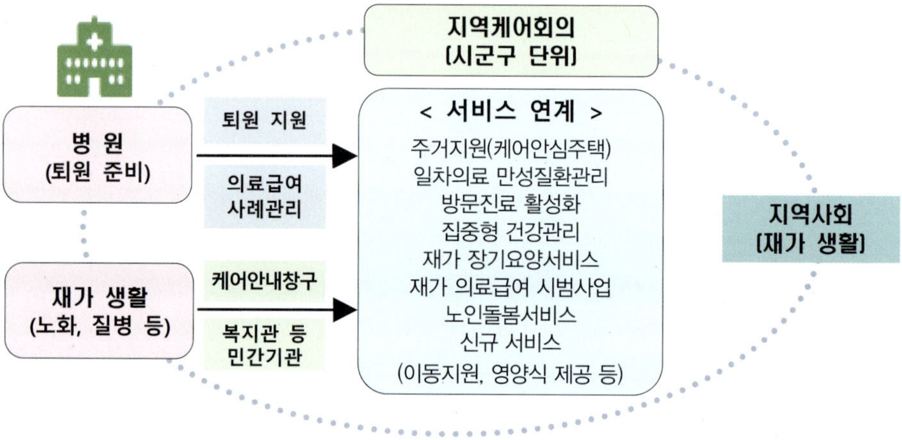

[그림 7-5] 노인 지역사회 통합돌봄 모델

출처 : 보건복지부(2019). 지역사회 통합 돌봄(커뮤니티 케어) 선도사업 추진계획

구분				
❶ 커뮤니티 케어 목표	'25년 커뮤니티 케어 제공기반 구축			
	심증검토과제 연구	↑	종합계획 수립	
❷ 선도사업 목표	커뮤니티 케어 모델 개발			
❸ 4대 선도사업	노인 통합돌봄 모델 (4개 시군구)	장애인 자립생활 지원 모델 (2개 시군구)	정신질환자 지역사회 정착 지원 모델 (1개 시군구)	노숙인 자립 지원 모델 (1개 시군구)
❹ 공통 제공기반	• 읍면동 케어안내창구 • 시군구 지역케어회의	→ 민 · 관 협력체계 구축		
❺ 서비스 흐름도	대상자 발굴: 신청 또는 발굴·동의 → 욕구 사정: 수요자 욕구평가 → 지원 계획(케어 플랜): 개인별 맞춤형 지원계획 수립 → 서비스 제공: 민관이 협력하여 지원계획에 따른 서비스 제공 → 모니터링 사후관리: 제공현황 모니터링 및 지원계획 보완·변경			
❻ 통합 욕구사정 및 사례관리	• 퇴원 전 종합적 환자평가, 퇴원계획 수립 • 의료급여 사례관리 • 재가노인 종합평가	• 개인별 맞춤형 지원계획 수립	• 퇴원 전 종합적 환자평가, 퇴원계획 수립 • 의료급여 사례관리 • 개인별 지원계획 수립	• 개인별 자립지원계획 수립
❼ 서비스 제공	• 케어안심주택 – 공공임대+서비스 – 자가+서비스 • 주거환경 개선 (집수리 서비스) • 재가서비스 등	• 자립체험주택 – 공동주거(임대)+서비스 • 케어안심주택 – 공공임대+서비스 – 자가+서비스 • 주거환경 개선 (집수리 서비스)	• 자립체험주택 – 공공주거(임대)+서비스 • 케어안심주택 – 공공임대+서비스 – 자가+서비스	• 자립체험주택 – 공동주거(임대)+서비스 • 케어안심주택 – 공공임대+서비스

[그림 7-6] 커뮤니티 케어 선도사업 개념도

출처 : 보건복지부(2019). 지역사회 통합 돌봄(커뮤니티 케어) 선도사업 추진계획.

"거동 불편한 어르신 집 찾아가서 맞춤형 케어"

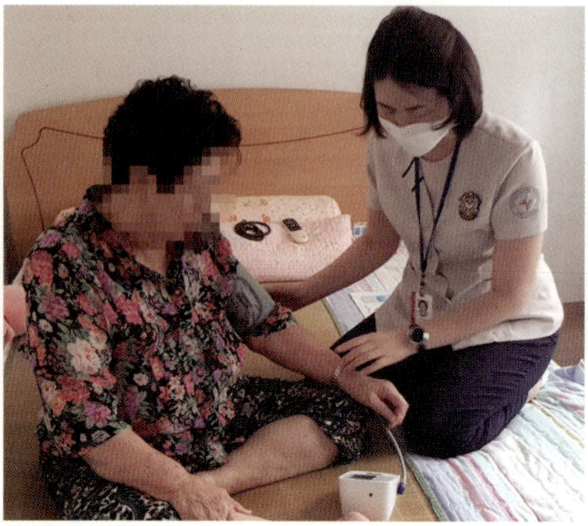

경남 김해시에서 혼자 사는 김모 씨(80 · 여)는 하지관절 지체장애와 척추 협착, 허리디스크로 인한 족하수로 거동이 힘들다. 여기에 고혈압과 당뇨병 등 만성질환까지 앓고 있다. 형편이 어려운 자녀들과는 연락이 끊긴지 오래다. 하루 세끼 식사부터 병원 진료까지 모두 혼자 감당해야 한다. 김 씨는 지난해 12월 입원한 병원에서 '지역사회 통합돌봄(커뮤니티 케어)' 서비스가 있다는 걸 알게 됐다. 김 씨의 사정을 알게 된 병원 관계자가 지방자치단체 복지 담당자에게 도움을 청한 것이다. 커뮤니티 케어는 노인이나 장애인이 살던 곳에서 의료와 요양 등 다양한 복지서비스를 제공받는 프로그램이다. 3월 말 김 씨가 퇴원한 이후 김해사랑병원 간호사와 물리치료사가 매주 방문의료서비스를 실시하고 있다. 물리치료로 관절을 풀어주고 혈압과 당뇨수치 체크, 식단 조절을 병행하는 것. 정기 내원 때는 종합재가센터가 이동과 진료 접수, 귀가까지 도맡고 있다. 또 매주 밥과 반찬, 국 등을 배달하고 집 안 청소도 맡는 가사 지원이 이뤄진다.

보건복지부는 2018년 11월 '지역사회 통합돌봄 기본계획'을 발표하고 지난해 6월부터 전국 16개 지자체와 함께 시범사업을 진행하고 있다. 각 지역 실정에 맞는 돌봄서비스를 발굴하고 모범 사례를 선정해 전국으로 확대하려는 것이다. 서비스 대상자 중 노인들의 경우 독거 51.5%, 자녀와 거주 24.1%, 노인 부부 17.5%, 기타 6.9%로 독거노인 비율이 가장 높았다.

【동아일보, 2020-08-20】

생 · 각 · 해 · 보 · 기

- 노인장기요양보험제도의 특징과 장기요양등급, 이용절차 등을 설명하여 봅시다.
- 노인맞춤돌봄서비스의 대상 및 서비스 내용에 대해 설명하여 봅시다.
- 지역사회 통합돌봄(커뮤니티 케어) 중 노인 선도사업에 대해 설명하여 봅시다.

CHAPTER 08

노년기의 주거보장

학습목표

1. 노인 주거복지정책에 대하여 이해하고 설명할 수 있다.
2. 의존적 주거, 비의존적 주거 형태에 대하여 이해하고 설명할 수 있다.
3. 노인 주거보장제도의 문제점에 대하여 이해하고 설명할 수 있다.

1. 노인 주거보장의 개념

저출산 고령화가 사회문제로 나타난 현대사회에서 노년기를 보내는 노인들에게 노인주거보장정책은 단순한 노인주택의 보급을 의미하지는 않는다. 노년기 주거보장은 노인들의 사회적 권리인 주거권의 개념으로 '안전하고 평화롭고 품위 있게 생활할 장소에 대한 권리'이다. 또한 노년기 주거보장은 노인의 생활에 적합한 주거환경 및 독립적 공간의 제공, 안전한 공간의 욕구 해결, 의료서비스와의 연계 등 노년기 생활 전반에 관한 삶의 질 향상을 의미하는 중요한 개념이다.

노인에게 가정에서 머무르는 행위인 '주거'는 매슬로우(Maslow)의 생리적 욕구와 안전의 욕구가 충족되는 환경을 충족시키는 일차적 장소를 의미한다. 그러기에 노년기의 주거문제는 일반적인 주거문제의 심각성에 비해 훨씬 중요하다. 노년기의 주거문제는 다음 몇 가지의 요인으로 정리할 수 있다.

첫째, 노인 주거환경에서 적절한 편의시설의 부족이다. 노인 인구 대부분은 생활의 활동영역이 거의 주거시설 안이고, 노년기 신체 기능의 약화로 주거시설내 안전사고가 많이 발생하므로 노년기 편의시설이 갖추어진 주거환경은 매우 중요하다.

둘째, 간병·수발이 필요한 '의존적인 노인' 인구가 증가하면서 신체적 기능저하와 일상생활을 보조할 수 있는 노인용 복지용구의 제공이 필요하다. 대부분 환자용 침대나 화장실의 개조 등을 통해 주거환경 리모델링을 하고 있으나, 보다 전문적인 실버용품의 개발 등이 필요하다.

셋째, 노인시설의 부족, 인권, 장기수용자들의 문제 등으로 재가복지서비스가 강조되면서 노인에게 적절한 주거환경을 선택하여 생활할 수 있는 기회를 제공하여야 한다. 방문요양서비스의 효과성이 담보되려면 노인에게 적절하고 전문적인 주거환경의 제공이 선결되어야 한다.

넷째, 노년기의 주거환경은 노인의 독립적인 생활과 사회적 접근성이 보장되어야 한다. 특히 노년기의 사회활동은 매우 중요하다. 따라서 사회와 격리된 주거환경보다는 '정상화의 개념'에 부합되는 주거환경이 필요하다.

다섯째, 안정적인 주거환경이 제공되어야 한다. 노년기는 경제적으로 어려운 시기이며, 경제적 어려움은 주거안정성에 부정적인 영향을 미친다. 따라서 노년기에 주거환경에 대한 심리적 만족감과 사회적 · 경제적 안정감을 제공해 주는 주거보장은 노후 생활에 매우 중요한 측면이다.

노인주거보장에 관하여 'UN의 노인원칙(UN Principles for Older Persons, 1991)' 제5항에서는 "개인의 선호와 변화하는 능력에 맞추어 안전하고 적응할 수 있는 환경에서 살 수 있어야 한다."라고 하였으며, 제6항에서는 "가능한 오랜기간 동안 가정에서 생활할 수 있어야 한다."라고 하여 노후 주거환경의 적절성과 사회와의 연계성을 중시하여 적절한 주거를 누릴 권리를 명시하였다. 특히 강제적으로 퇴거 당하지 않을 권리를 명시하여 노인의 주거보장이 단순히 쉼터 이상의 '적절한 주거(adequate housing)'로 제공되는 것이 중요하다고 하였다.

이런 의미에서 노년기 주거보장은 노인에게 적합한 주거환경을 제공하고 소득의 여부와 상관없이 주거권을 보장함으로써 심리적 만족감과 사회적 안정감을 확보하여 인간다운 삶을 유지할 수 있도록 보장해 주는 사회보장제도라고 할 수 있다.

그러나 이와 같은 중요한 의미에 비해 우리나라의 주거보장제도는 다른 복지선진국과는 달리 단순하게 양로시설과 요양시설로 구성되어 있어, 노년기에 나타나는 다양한 욕구에 부응할 수 있는 체계화된 노인주거복지정책이 부족하다. 특히 주거약자용 주택 건설 추진, 자립 가능한 생활공간으로 변경할 수 있도록 하는 지원 정책 등은 다른 OECD 선진국과 비슷한 수준의 정책적 지원이 필요하다.

노년기에는 사회적 활동의 기회가 줄어들고 일상생활의 대부분의 시간을 주거환경에서 생활하기 때문에 주거환경의 형태와 질은 노후 생활의 편의성, 안정성, 노인복지서비스 제공 등에 영향을 준다고 볼 수 있다. 특히 노년기의 삶에서 주거환경은 노인들의 지위를 표현해 주며 심리적, 정신적인 안정에 많은 영향을 미친다. 이와 같은 주거환경의 보장에 관한 필요성은 다음과 같다.

첫 번째로 노인의 주거환경은 노화가 진행됨에 따르는 신체적 기능의 변화에 맞춰 변화해야 한다. 노화가 진행될수록 기능상의 장애를 보완할 수 있는 주거환경의 구조 및 환경적 조건을 제공하여 삶의 질이 향상되도록 하여야 한다.

두 번째로 노인의 주거환경은 소득보장과 연계되어 변화되어야 한다. 노인의 대부분은 은퇴와 직업기회의 제한으로 나타나는 경제적 빈곤으로 인해 적절한 주택을 확보할 수 없는 주거환경의 악순환을 겪고 있다. 이에 노인의 주거환경에 사회적인 개입, 즉 주거비용 지원과 적절한 노인복지서비스를 제공받을 수 있도록 정부가 도와주어야 한다.

세 번째로 노인의 주거환경은 사회적 네트워크를 제공해 주어야 한다. 노인의 삶은 이웃과 지역사회 내에서 단절된 사회적 관계로 나타나고 있다. 그러므로 지역사회에서 존경받는 사회적 지위를 유지할 수 있는, 사회적 네트워크 서비스를 제공해 주어야 한다.

2. 노인주거시설의 유형

노후 주거보장에 관련된 국내법으로는 헌법 제35조 제1항에서 "모든 국민은 건강하고 쾌적한 환경에서 생활할 권리를 가지며, 국가와 국민은 환경보전을 위하여 노력하여야 한다."라고 하였고, 제3항에서 "국가는 주택개발정책 등을 통하여 모든 국민이 쾌적한 주거생활을 할 수 있도록 노력하여야 한다."라고 하였다. 그러나 노후 주거보장에 관하여 관련된 법률은 없는 상황이고, 협의의 규정으로 「노인복지법」 제8조에 노인전용주거시설과 제31조에 노인주거복지시설 및 노인의료복지시설에 관한 규정을 두고 있다.

노인주거시설의 유형을 구분하는 것에는 여러 가지 방법이 있다. 「노인복지법」 상의 노인주거복지시설별 구분에 따라 양로시설, 노인공동생활가정, 노인복지주택으로 분류하기도 하며, 요양케어서비스, 의료간호서비스, 가정서비스의 제공 여부에 따라 의존적 주거와 비의존적 주거로 분류하기도 한다.

노년기에는 일상생활 수행능력의 저하로 사회적 활동보다는 집에서 생활하는 절대시간이 증가하게 되고, 이러한 주거 환경 속에서 삶의 질도 낮아진다. 또한 일상생활 활동을 가족 등 타인의 도움에 의존하게 된다. 따라서 이러한 노년기 주거환경의 변화는 비의존적 주거에서 의존적 주거로 진행될수록 노인들에게 필요한 의료간호서비스, 가사보조서비스, 사회활동보조서비스의 기능이 제공될 필요성이 증가되고 있음을 알 수 있다.

노인들의 일상생활의 의존도 증가에 따라 노인주거시설의 유형도 의존적 주거, 비의존적 주거로 양분되며, 최근에는 노인장기요양보험제도의 시행으로 의존적 주거 유형인 노인요양시설, 노인요양공동생활가정 등이 증가하고 있는 추세이다.

그리고 그동안 우리나라 노인 주거보장에서 취약한 부분이었던 비의존적 주거 유형에 '고령사회 보완 계획' 수립으로 주거약자용 주택 건설과 주택개조비용 융자지원 등 다양한 주거교통분야의 개선으로 향후 두 가지 주거시설의 유형에서 노인들에게 적정한 주거보장정책을 제공할 것으로 기대하고 있다.

1) 비의존적 노인주거 모델 유형

비의존적 노인주거 모델은 다른 사람의 도움 없이 독립적으로 일상생활을 영위할 수 있도록 계획된 주거형태로서, 여기서는 「노인복지법」 제31조의 노인주거복지시설이 이에 해당한다. 노인주거복지시설의 종류로는 양로시설, 노인공동생활가정, 노인복지주택 세 가지가 있으며, 이 가운데 양로시설은 입소대상별로 무료시설, 실비시설, 유료시설로 구분한다. 자세한 내용은 〈표 8-1〉과 같다.

〈표 8-1〉 비의존적 노인주거복지시설의 종류(「노인복지법」 제31조)

종류	시설	설치목적	입소(이용)대상자	설치
노인주거복지시설	양로시설	노인을 입소시켜 급식과 그 밖에 일상생활에 필요한 편의를 제공	• 다음 각 호의 어느 하나에 해당하는 자로서 일상생활에 지장이 없는 자 가. 「국민기초생활보장법」 제2조에 따른 수급권자(이하 "기초수급권자"라 한다)로서 65세 이상의 자 나. 부양의무자로부터 적절한 부양을 받지 못하는 65세 이상의 자 다. 본인 및 본인과 생계를 같이 하고 있는 부양의무자의 월 소득을 합산한 금액을 가구원 수로 나누어 얻은 1인당 월평균 소득액이 통계청장이 통계법 제17조제3항에 따라 고시하는 전년도의 도시근로자가구 월평균 소득을 전년도의 평균 가구원수로 나누어 얻은 1인당 월평균 소득액 이하인 자(이하 "실비보호대상자"라 한다)로서 65세 이상의 자 라. 입소자로부터 입소비용의 전부를 수납하여 운영하는 양로시설 또는 노인공동생활가정의 경우는 60세 이상의 자	시장 · 군수 · 구청장에 신고
	노인공동생활가정	노인들에게 가정과 같은 주거여건과 급식, 그 밖에 일상생활에 필요한 편의를 제공		
	노인복지주택	노인에게 주거시설을 분양 또는 임대하여 주거의 편의 · 생활지도 · 상담 및 안전관리 등 일상생활에 필요한 편의를 제공	단독취사 등 독립된 주거생활을 하는 데 지장이 없는 60세 이상의 자	〃

출처 : 보건복지부. 2020년 노인복지시설 현황.

(1) 노인양로시설

양로시설은 「노인복지법」 시행규칙에 의하면 노인을 대상으로 입소시켜 급식, 주거의 편의를 제공할 목적으로 민간 사업자가 전액 자부담으로 시설을 설치하고, 운영비는 입소노인의 본인부담으로 조달하여 운영하는 노인주거복지시설이다.

노인양로시설은 일상생활에 지장이 없는 65세 이상의 자로서 「국민기초생활 보장법」 제7조에 의한 수급자 및 의료급여 수급자는 무료로 이용할 수 있으며, 수급자가 아닌자 중 생계를 같이 하는 부양의무자로서 적절한 부양을 받지 못하는 자도 무료로 이용할 수 있다.

노인양로시설의 대상자로 실비입소대상자는 입소 당해연도 월평균 소득액이 도시근로자 1인당 월평균 소득액 이하인 자로 시설입소비의 50%를 감면받아 이용할 수 있다.

그 외의 대상자들은 유료로 이용 가능하며 입소비용의 전부를 부담하여야 한다. 입소대상자의 경우 60세 이상의 자이며, 입소대상자의 배우자는 60세 미만이라도 입소가 가능하다.

입소 절차는 당사자 간의 계약에 의하고, 입소대상자가 계약을 체결할 수 없다고 시,군,구청장이 인정할 경우 입소대상자의 배우자 또는 부양의무자가 계약당사자가 될 수 있다.

양로시설 및 노인복지주택에 대한 별도의 정부지원은 없다. 다만 양로시설 및 노인복지주택은 건축물의 용도상 사회복지시설로 분류되어 국토·도시계획상의 용도지역에 따른 입지 제한이 적어 부지확보가 용이하다.

(2) 노인공동생활가정

노인공동생활가정은 입소 정원 5명 이상 9명 이하이고(입소 정원 1명당 연면적 15.9㎡ 이상의 공간을 확보하여야 한다), 소규모 시설이며 운영 및 지원은 양로시설에 준한다. 노인공동생활가정의 시설기준은 양로시설보다 많이 완화되어 침실, 통합 사무실, 식당 및 조리실, 비상재해대비시설, 화장실, 통합 세면장 및 샤워실 등으로 구성되어야 한다. 직원의 배치기준도 시설의 장, 요양보호사로 단순하게 구성되어 있다.

노인공동생활가정은 다음과 같은 사업을 운영해야 한다. 첫째, 입소자의 생활의욕 증진을 도모하기 위하여 입소자의 신체적, 정신적 상태에 따라 그 기능을 회복하게 하거나 기능의 감퇴를 위한 훈련에 참가할 기회를 제공해야 한다. 둘째, 교양, 오락설비 등을 구비하고 적절한 레크리에이션을 실시하여야 한다. 셋째, 노인교실 등의 기관과 제휴하여 입소자가 교양교육 등을 받도록 함으로써 건전하고 활력있는 생활을 할 수 있도록 노력하여야 한다. 넷째, 생활지도 등을 함에 있어 입소자의 의견을 최대한 존중하여야 한다. 다섯째, 입소자의 연령, 성별, 성격, 생활력, 심신의 건강상태 등을 고려하여 수시로 입소자와 면담하거나 관찰, 지도하고, 특이사항을 기록, 유지하여 보호의 정도에 따라 다른 노인복지시설로 전원등 필요한 조치를 하여야 한다.

(3) 노인복지주택

노인복지주택은 노인을 대상으로 급식, 주거의 편의 등을 제공할 목적으로 민간 사업자가 전액 자부담으로 시설을 설치하고 운영비는 입소노인의 본인부담으로 조달하여 운영하는 노인주거복지시설이다. 노인복지주택은 단독취사 등 독립된 주거생활을 하는 데 지장이 없는 60세 이상의 노인(배우자의 경우에는 60세 미만도 가능)에게 주거시설을 분양 또는 임대하여 주거의 편의, 생활지도, 건강서비스, 상담 및 안전관리 등 일상생활에 필요한 각종 편의를 제공하여야 한다.

[그림 8-1] 노인복지주택 사이언스빌리지

출처 : 사이언스빌리지 홈페이지 참고 http://www.sciencevillage.or.kr/info/info.php

노인복지주택에 대한 별도의 정부지원은 없으며 대신 지방세(취득세, 등록세) 감면은 「지방세법」 제9조에 의거하여 시 · 도 조례로 정하도록 위임하여 운영되고 있다. 「노인복지법」 제33조에 의거하여 국가 또는 지방자치단체 및 사회복지법인, 비영리법인, 민간 기업체, 개인 등이 설치 주체이며, 국가 또는 지방자치단체 외의 자는 시설 소재지 관할 관청에 설치신고를 하여야 한다. 설치신고 시점은 노인복지주택 건축 사용검사 신청 시 시, 군, 구청의 노인복지담당부서에 신고를 하여야 하며, 신청을 받은 노인복지담당부서는 신고된 시설이 노인복지법령의 노인복지주택 관련 규정의 적합 여부를 검토하여, 주택담당 부서와 협조, 동 부서의 건축물 사용승인과 같이 이루어질 수 있도록 하여야 한다.

노인복지주택의 입소대상자는 60세 이상의 자이며, 입소대상자의 배우자는 60세 미만의 경우도 가능하다. 입소절차는 당사자 간의 임대 또는 분양계약에 의거하며, 임대 또는 분양계약 신청자가 정원을 초과하는 경우 부양의무자가 없는 자(1순위), 주민등록법상 연령이 많은 자(2순위), 배우자와 함께 입소하는 자(3순위)의 순위에 의하여 우선 대상자로 지정된다.

2) 비의존적 노인주거 모델의 현황

노인 주거보장은 두 가지 방향에서 현황을 파악할 수 있다. 먼저 보건복지부 2017년도 노인실태조사에서 나타난 것처럼 전체 노인의 주거현황을 파악하여 주택의 유형을 분석하는 방법과, 2020년도 노인복지시설 현황을 분석하여 비의존적 노인주거의 현황을 분석하는 방법이다. 첫 번째는 현재 65세 이상 노인들의 주거형태를 일상생활의 의존도 증가에 따른 유형별로 살펴보지 않는다. 노인실태조사의 노인 거주 실태를 노인단독가구, 기혼자녀 동거의 유형으로 분석하고 있다. 또한 노인의 주거지의 특성을 생활하기 불편한 구조, 생활이 불편한 구조는 아니지만 노인 배려 설비가 없는 구조, 노인을 배려한 구조를 가지고 있는 구조 등으로 구분하여 분석하고 있다.

두 번째 노인주거복지시설의 현황을 분석하면 〈표 8-2〉와 같이 나타난다. 비의존적 노인주거복지시설의 유형 중 양로시설은 2015년 265개 시설에서 노인장기요양보험제도가 시행되던 2019년 232개소에 입소대상자 13,036명으로 감소되었다. 노인공동생활가정은 2015년 131개소로 시작되어 2019년 115개소에 입소대상자 954명으로 감소되었다. 노인복지주택은 2015년 31개소에서 2019년 35개소에 입소대상자 7,684명으로 증가되었다. 그러나 세가지 유형을 모두 합쳐 382개소 21,674명으로 매년 감소하고 있으며, 우리나라 노인인구수에 비하여 그 비중이 미비한 것을 알 수 있다. 이러한 시설은 의존적 주거복지시설인 요양시설로 전원되기 전의 대기기관의 의미가 아니다. 노인의 특성을 감안한 전문적 주거보장기관으로 비의존적 주거형태라는 새로운 역할을 적립하여야 하며, 노인들의 욕구를 감안한 지원정책으로 새로운 노인주거문화를 만들어가야 한다고 할 수 있다.

향후 우리사회는 고령사회, 초고령사회로 빠르게 변화될 것이며 노인 주거보장제도의 유형도 현재의 노인요양시설 위주의 단순한 형태를 벗어나 다양한 주거형태를 보이게 될 것이다. 이 경우 가장 많이 발전하여 할 분야가 비의존적 노인주거복지시설이라 할 수 있다. 따라서 고령사회를 대비하여 필요한 노인복지시설의 적정수가 산출되고 노인주거복지시설의 적정인원, 전문적인 서비스 개발 등에 관한 학술적 연구가 진행되어야 하며, 특히 중앙정부 및 지방자치단체의 지원이 절대적으로 필요하다. 또한 비의존적 노인주거복지시설의 경우 대부분 민간중심으로 운영되고 있으므로 전문성의 확보를 위하여 정부의 지원이 강화되어야 한다.

〈표 8-2〉 연도별 비의존적 노인주거복지시설 현황

(단위 : 개소, 명)

종류	시 설	2019		2018		2017		2016		2015	
		시설 수	입소 정원	시설 수	입소 정원	시설 수	입소 정원	시설 수	입소 정원	시설 수	입소 정원
노인 주거 복지 시설	합 계	382	21,674	390	19,897	404	19,652	425	19,993	427	19,909
	양로시설	232	13,036	238	12,510	252	12,562	265	13,283	265	13,446
	노인공동생활가정	115	954	117	998	119	1,092	128	1,062	131	1,087
	노인복지주택	35	7,684	35	6,389	33	5,998	32	5,648	31	5,376

출처 : 보건복지부. 2020년 노인복지시설 현황.

3) 의존적 노인주거 모델 유형

의존적 노인주거 모델은 장기간 요양보호서비스가 필요한 노인들을 위한 시설이다. 이러한 시설은 노인의료복지시설로 구분되고 노인의료복지시설은 "특별한 사회문제를 가지고 있거나 그러한 사회문제를 가지게 될 가능성이 있는 사람들에게 일정한 범위 내의 사회복지서비스를 제공하기 위하여 노인복지분야 전문 인력으로 구성되고 전문적인 노인복지서비스를 제공할 수 있는 시설"로 정의할 수 있다. 입소대상 노인들은 다른 사람의 도움이 없이는 독립적으로 일상생활을 영위할 수 없는 중증의 증상을 갖고 있으며, 「노인장기요양보험법」 제15조에 따른 수급자 중 시설급여 대상자로서 이는 장기요양 1~2등급 및 장기요양 3~5등급자 중 불가피한 사유, 치매 등으로 등급판정위원회에서 시설급여 대상자로 판정을 받은 자이다.

장기요양수급자가 아닌 노인들도 아래의 사유에 해당하는 노인들은 관할 시 · 군 · 구청장의 판단하에 별도로 노인요양시설로 입소 보호할 수 있다.

- 노인보호전문기관에서 학대피해노인으로 입소를 의뢰한 노인
- 기초수급자(생계급여나 의료급여)나 긴급조치 대상자로서 거주지가 없어 가정에서 생활이 불가능하거나, 부양의무자가 부양을 거부하거나 실종되는 등의 사유로 수발을 들 사람이 없는 경우

4) 노인의료복지시설의 입소 절차

장기요양인정을 받지 않은 노인들은 먼저 국민건강보험공단에 장기요양 인정을 신청하면 아래와 같이 공단에서 방문조사와 등급판정위원회의 판정을 거쳐 장기요양인정서가 발급된다.

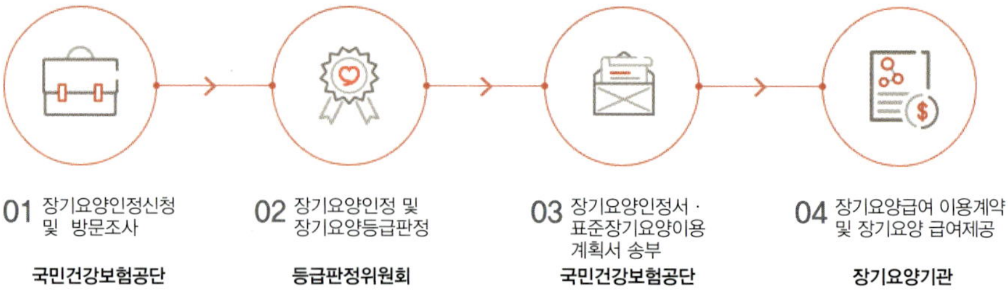

[그림 8-2] 장기요양인정 및 이용절차

출처 : 노인장기요양보험공단 홈페이지: http://www.longtermcare.or.kr/

장기요양등급 1~2등급 또는 시설입소 판정을 받은 후 수급자는 [그림 8-2]와 같이 장기요양급여 이용절차에 따라 장기요양인정서에 적힌 '장기요양등급', '장기요양인정 유효기간'과 '급여종류 및 내용'에 따라 적절한 장기요양기관을 선택하여 급여계약 체결 후 장기요양급여를 이용할 수 있다. 장기요양인정서의 유효기간은 1등급의 경우 4년이고, 2~4등급의 경우 3년, 5등급 및 인지지원등급의 경우 2년이다. 장기요양인정서의 갱신은 유효기간 90일 전부터 신청할 수 있다.

입소대상자는 다시 「의료급여법」에 따른 수급자와 일반노인으로 구분하며, 「의료급여법」에 따른 수급자는 입소 · 이용신청서를 작성하여 장기요양인정서와 함께 주소지 관할 시 · 군 · 구에 입소 신청을 한다.

일반노인은 공단의 이용지원 담당자로부터 관내 입소 가능한 시설명단을 수령한 후 입소를 희망하는 시설을 선택하여 시설장과 입소 요건(비급여항목별 비용, 입소 계약조건) 등을 협의하여 입소 절차를 진행한다.

이러한 노인들이 질병, 장애, 치매 등 기타의 이유로 가족들에 의한 부양을 받지 못하게 될 때 이들의 기본적인 삶의 질을 유지할 수 있도록 포괄적인 서비스를 제공해 주는 주거 형태로 「노인복지법」 제31조의 노인의료복지시설이 이에 해당한다. 노인의료복지시설의 종류로는 〈표 8-3〉에서처럼 노인요양시설과 노인요양공동생활가정이 이에 해당한다. 이와는 별도로 의료적인 서비스 위주로 제공하는 의존적 노인주거복지시설은 종합병동의 노인병동, 노인병원, 재활시설을 갖춘 요양시설 등이 있다.

〈표 8-3〉 의존적 노인주거복지시설의 종류(「노인복지법」 제31조)

<table>
<tr><th>종류</th><th>시설</th><th>설치목적</th><th>입소(이용)대상자</th><th>설치</th></tr>
<tr><td rowspan="2">노인 의료 복지 시설</td><td>노인 요양 시설</td><td>치매 · 중풍 등 노인성 질환 등으로 심신에 상당한 장애가 발생하여 도움을 필요로 하는 노인을 입소시켜 급식 · 요양과 그 밖에 일상생활에 필요한 편의를 제공</td><td rowspan="2">• 노인성 질환 등으로 다음 각 호의 어느 하나에 해당하는 자
가. 「노인장기요양보험법」 제15조에 따른 장기요양급여수급자
나. 기초수급권자로서 65세 이상의 자
다. 부양의무자로부터 적절한 부양을 받지 못하는 65세 이상의 자
라. 입소자로부터 입소비용의 전부를 수납하여 운영하는 노인요양시설 또는 노인요양공동생활가정의 경우는 60세 이상의 자</td><td rowspan="2">시장 · 군수 · 구청장에 신고</td></tr>
<tr><td>노인 요양 공동 생활 가정</td><td>치매 · 중풍 등 노인성 질환 등으로 심신에 상당한 장애가 발생하여 도움을 필요로 하는 노인에게 가정과 같은 주거여건과 급식 · 요양, 그 밖에 일상생활에 필요한 편의를 제공</td></tr>
</table>

출처 : 보건복지부. 2020년 노인복지시설 현황.

(1) 노인장기요양기관 주거시설 서비스

장기요양기관은 「노인장기요양보험법」 제31조에서 "재가급여, 시설급여를 제공하는 장기요양기관을 운영하려는 자는 보건복지부령으로 정하는 장기요양에 필요한 시설 및 인력을 갖추어 소재 관할 지자체장으로부터 지정을 받아야 한다."라고 정의하고 있다. 이처럼 노인장기요양기관에서 제공하는 주거시설 서비스는 「노인장기요양보험법」 시행규칙 제23조에 의하여 노인의료복지시설을 운영하고 있는 자가 노인장기요양보험법에 따른 장기요양기관으로 지정받아 장기요양급여 수급자에게 장기요양급여(재가급여, 시설급여)를 제공하는 것이다. 여기서 시설급여란 장기요양기관이 운영하는 노인요양시설 및 노인요양공동생활가정에 장기간 입소하여 신체활동 지원 및 심신기능의 유지 · 향상을 위한 교육 · 훈련을 제공받는 장기요양급여로, 고령화사회에서 대표적인 노인주거복지서비스이다.

시설급여를 제공하는 장기요양기관의 지정 절차는 [그림 8-3]과 같다.

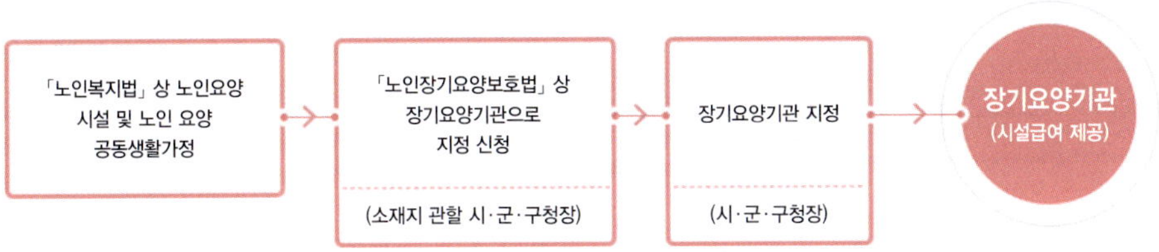

[그림 8-3] 시설급여를 제공하는 장기요양기관의 지정

출처 : 노인장기요양보험공단 홈페이지: http://www.longtermcare.or.kr/

(2) 장기요양기관의 현황

「노인복지법」 제34조에 의하면 장기요양기관을 의미하는 노인의료복지시설은 노인요양시설과 노인요양공동생활가정으로 정의하고 있다. 노인요양시설의 법적 정의는 "치매 · 중풍등 노인성 질환 등으로 심신에 상당한 장애가 발생하여 도움을 필요로 하는 노인을 입소시켜 급식 · 요양, 그 밖에 일상생활에 필요한 편의를 제공함을 목적으로 하는 시설"이다. 또한 노인요양공동생활가정은 "치매 · 중풍 등 노인성 질환 등으로 심신에 상당한 장애가 발생하여 도움을 필요로 하는 노인에게 가정과 같은 주거여건과 급식 · 요양, 그 밖에 일상생활에 필요한 편의를 제공함을 목적으로 하는 시설"로 정의하고 있어 두 기관의 차이를 가정과 같은 주거여건으로 구분하고 있다.

2008년 노인장기요양보험제도가 도입된 이후 1,385개소의 노인요양시설은 2018년 기준 3,389개로 145% 증가하였으며, 입소자 정원이 29명 이하인 소규모 요양시설이 2008년 550개에서 2018년 1,679개로 큰 폭으로 증가하여 2018년 전체 시설의 50%를 차지하고 있다.

〈표 8-4〉 규모별 노인요양시설 수(2008~2018년)

(단위: 개)

구분	'08년	'09년	'10년	'11년	'12년	'13년	'14년	'15년	'16년	'17년	'18년
소계	1,385	1,694	2,408	2,489	2,588	2,489	2,713	2,935	3,185	3,289	3,389
10명 이상 29명 이하	550	700	1,184	1,232	1,276	1,153	1,284	1,424	1,539	1,647	1,697
30명 이상 49명 이하	233	292	386	406	434	429	460	499	585	585	594
50명 이상 69명 이하	334	356	389	389	356	333	325	327	337	300	293
70명 이상	268	346	449	449	522	583	644	685	724	757	805

출처 : 감사원(2020).

보건복지부는 2008년 장기요양보험제도 도입 당시 인력 · 시설 인프라를 확충하기 위해 민간의 참여를 유도하여, 현재 2018년 기준 노인요양시설 중 개인 · 영리법인 등 민간운영시설이 전체 97%를 차지하는 등 거의 모든 노인요양시설의 장기요양서비스는 민간 위주로 수급자에게 제공되고 있다(감사원, 2020).

〈표 8-5〉를 보면 전체 시설 3,389개소 중 국공립시설은 100개소 2.9%에 불과하고, 노인요양시설은 개인이 운영하고 있는 노인요양시설이 2,120개소 62.6%로 가장 많은 부분을 차지하고 있다. 사회복지법인이 운영하는 노인요양시설은 779개소 23%를 보이고 있다. 영리법인도 159개소 4.7%이며, 재단법인, 학교법인, 종교법인 등 기타 비영리법인도 231개소 6.8%의 노인요양시설을 운영하고 있는 것으로 나타나고 있다.

〈표 8-5〉 설립주체별 노인요양시설 현황

구분	계	국공립	민 간			
			개인	영리법인	사회복지법인	기타 비영리법인*
시설 수	3,389	100	2,120	159	779	231
비중	100	2.9	26.6	4.7	23.0	6.8

* 기타 비영리법인의 경우 법인등록번호를 기준으로 재단법인, 의료법인 등의 법인

출처 : 감사원(2020).

노인요양시설의 중요한 지표 중 하나는 이용률이다. 보건복지부에 따르면 우리나라의 노인장기요양시설은 OECD 평균 7배에 이르는 시설 수를 보유하고 있다(이석연, 2020). 그럼에도 민간노인요양시설의 증가로 인하여 전체 이용률은 84.3%에 달하는 수준으로 고령화율 및 노인증가율에 비하여 시설 이용률은 낮은 수준을 보이고 있다. 이를 지역별로 구분하면 노인요양공동생활가정을 포함하여 서울시가 94.5%로 가장 높고 세종시가 70.3%로 가장 낮은 이용률을 보이는 것으로 나타났다. 전체 장기요양기관(시설+재가) 이용률은 84.9%로 요양시설(공생포함)의 84.3%보다 다소 높은 것으로 나타나 이제는 양적 확대보다는 질적 향상에 치중하는 정책을 도입해야 하는 것이 필요한 시점이라 할 수 있다.

(3) 의존적 주거보장제도의 과제

① 노인장기요양기관의 시설환경 및 서비스의 질 향상

의존적 주거보장제도의 핵심시설인 노인요양시설의 과제 중 가장 큰 문제는 노인요양시설 간의 서비스 격차이다. 노인장기요양제도에서 공공부문의 시설 인프라가 갖추어지지 않은 상태에서 시장부문의 노인요양시설 인프라 위주로 공급체계가 구축되어 이윤추구에 급급한 민간노인요양시설들의 요양인력에 대한 실력 저하로 인한 서비스의 질 저하 문제가 심각하게 나타나고 있다.

이러한 민간노인요양시설의 양적 팽창은 수요보다 공급이 많아지는 현상을 보이고 있으며, 이제 더 이상 민간노인요양시설의 인프라 수급 확대정책보다는 시설환경 및 서비스의 질에 대한 통제가 주요한 과제로 부상하고 있다. 또한 민간노인요양시설의 경우 수익성에 입각한 설치로 인해 특정지역에 편중되어 지역 간의 편차가 매우 심한 것으로 나타났다.

② 요양보호사 등 인적자원의 질 저하 문제

노인장기요양기관에서 서비스 제공 인력은 요양보호사이다. 노인요양시설과 노인요양공동생활가정에서 노인들에게 직접적으로 생활지원서비스를 제공하는 노인장기요양 전달체계의 서비스 접점(service encounter) 조직구성원이다. 하지만 이러한 필수적인 인력이 제공하는 서비스의 질과 처우의 문제는 항상 지속적으로 제기되어 왔다. 요양보호사 교육기관 난립의 문제는 2008년에 시작되어 1년도 안 된 기간에 208개소 설립 · 운영되는 것으로 나타나고 있다. 특히 수요에 대한 과학적 예측 없이 요양보호사 인력을 배출하여 요양보호사의 취업률도 매우 낮은 것으로 나타나고 있다. 또한 요양보호사의 교육시간이 총 240시간에 불과한 것은 타 전문직종인 간호조무사 등과의 비교에서도 낮은 것으로 보여지고 있다.

③ 노인요양시설의 질 관리체계 구축

노인요양시설에서 제공하는 장기요양서비스에 대한 표준화되고 객관화된 서비스 지침 및 서비스 매뉴얼 개발이 필요하다. 이를 통하여 노인장기요양서비스의 최저기준을 정하고, 노인요양시설 환경의 표준화 작업을 진행하여야 한다. 현재 「노인복지법」이나 「노인장기요양보험법」에서 규정하고 있는 기준은 최소한의 설치기준이다. 이 또한 포괄적으로 정의되어 있어 세부적인 시설환경 기준과 시설환경의 표준화 작업이 필요한 것이다.

④ 집단적 케어방식에 대한 문제점

민간노인요양시설에서 가장 큰 문제점이라 할 수 있는 것은 수익창출을 위한 집단적 케어방식의 적용이다. 현재 민간노인요양시설은 주로 100명 이상 입소자 위주의 대형기관으로 운영되고 있다. 또한 생활실의 구획에 대한 개념이 적고, 호텔식, 복도식의 구조를 가지고 있는 환경이 대부분이다. 이는 독자적인 노인요양시설을 설치 · 운영하는 것보다는 기존의 대형건물에 입주하여 운영하는 것이 경제적 효율이 높아 선호되고 있는 것에 원인이 있으며, 노인친화적인 개념을 적용하여 노인요양시설을 신축하는 것보다는 기존 건축물에 리모델링이나 내부 인테리어 공사를 통해 노인의료복지시설 설치기준을 갖추는 것이다. 또다른 중요한 문제는 시설의 위치이다. 노인요양시설 용도의 노유자시설 건축용도변경은 도시계획상 대부분 상업지역에 허가되고 있다. 노인요양시설이 학원, 노래방 등과 같은 건물에 입주해 있는 모습은 더 이상 낯선 모습이 아니다. 이는 노인의 삶에서 안락한 주거 서비스와는 상당히 거리감이 있는 현재의 우리나라 노인장기요양 서비스의 민낯이다.

노인장기요양서비스는 병원서비스와는 달리 가정과 같은 주거환경에서 안락한 삶을 유지하는 것이 가장 효과적임에도 불구하고, 우리나라 노인요양시설은 개인의 주거환경보다는 중복도식의 배치방식과 식사, 목욕, 프로그램 등에서 중앙집중화가 우선 적용되고 있다. 이는 입소대상자의 개인성보다는 집단적 케어구조를 우선시하는 문제점을 보여준다고 할 것이다.

이에 대한 대안으로 우리나라보다 노인장기요양시스템을 먼저 도입한 일본에서는 집단적케어에 대한 대응책으로 입소자 정원을 그룹으로, 즉 유니트로 나누어 생활하는 방식의 유니트케어(Unit Care)를 도입하였다. 이를 처음 도입한 특별양호노인홈 카제노무라(風の村)는 6~8개의 거실이 하나의 유니트로 구성되어 독립된 운영을 하고 있으며, 유니트 간의 상호교류를 통해 입소자들의 사회화와 개개인의 생활습관, 개성 등 개인 프라이버시를 중요시한 서비스를 제공하고 있다.

유니트케어를 도입하는 것은 대형시설의 시설병 예방에 도움이 된다. 유니트케어를 구성하고 있는 소규모의 유니트들은 시설 중앙부의 공공적인 공간을 중심으로 배치되고 이러한 유니트들은 각각 독립형, 연계형의 구조를 가지고 있어 회랑분리형, 공용공간분리형, 회랑연계형, 공용공간연계형으로 분류하여 운영할 수 있고, 서로 상호간의 유기적인 연계망을 가지고 운영할 수도 있다.

이러한 유니트케어의 유형 중 대규모 요양시설에 적합한 유형으로는 공용공간분리형, 공용공간연계형 등의 유니트 유형이 가장 효과성이 높다고 할 수 있다(조영제, 2016).

[그림 8-4]는 우리나라의 국민건강보험공단에서 운영하는 서울요양원의 유니트케어 개념을 도입한 구조와 운영방식이다. 서울요양원에서는 가정과 같은 주거환경 속에서 독립적인 생활방식을 존중하며 '어르신들의 자립적 생활'과 '사회적 관계구축'을 지원하는 케어로 유니트케어를 도입하였다(건강보험공단,2014). 190여 명의 입소자가 거주하고 있는 대형시설에서의 집단케어의 한계를 극복하고 독립적이고 관계친화형서비스를 제공하기 위하여 서울요양원은 제공되는 주거 서

비스를 인지향상형 유니트, 관계친화형 유니트, 기능회복형 유니트 등 3종류의 유니트로 구분하여 제공하고 있다.

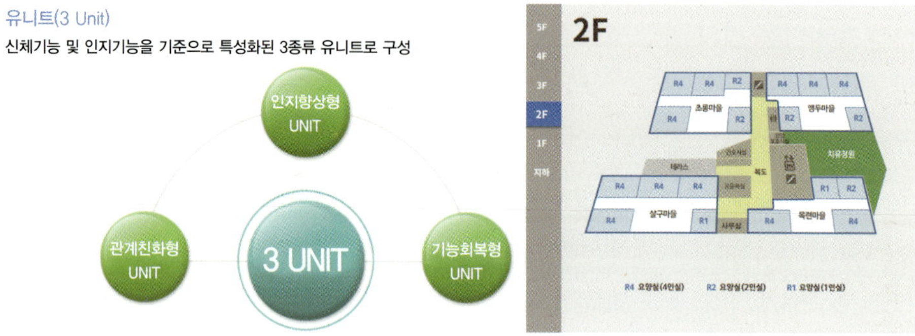

[그림 8-4] 서울요양원의 유니트 케어 구조도

출처 : 서울요양원 홈페이지 https://www.서울요양원.kr/sgcf/introduce/overview/guide/

생·각·해·보·기

- 노인 주거 환경에서 가장 필요한 것은 무엇인지 생각해 봅시다.
- 학생 주변의 노인요양시설의 위치와 형태를 보고 느낀 점이 무엇인지 생각해 봅시다.
- 노인요양시설의 시설병의 원인과 대책에 관하여 생각해 봅시다.

CHAPTER 09

노년기 사회참여 및 사회적 관계

학습목표

1. 노인의 사회적 역할을 이해하고 설명할 수 있다.
2. 노인의 관계적 자원을 탐색하고 설명할 수 있다.
3. 노인의 사회참여활동을 이해하고 다양한 사회참여 활성화 방안을 설명할 수 있다.

1. 노년기 사회적 관계와 역할 및 사회적 고립

1) 노인의 사회적 역할과 고립

노인의 역할이론(role theory)에서 힐리어(Hillier, 2010)는 사회활동으로부터 소외된 노인을 '역할 없는 역할자'로 정의하였고, 후이맨(Hooyman, 2010)은 역할이 주어지지 않은 노인들은 혼돈상태에 빠지게 되고 지역사회로부터 지지를 얻지 못하다가 사회활동의 참여에서 배제되는 결과를 가져온다고 하였다. 이는 노인이 은퇴 후 적절한 사회적 역할을 맡는다면 사회로부터 소외되지 않으면서 성공적인 노화(successful aging)를 맞이할 수 있다는 것을 의미하고 있다.

역할(role)은 개인이 집단이나 사회와 관계를 맺는 가장 중요한 수단으로, 대부분은 이 역할을 통해서 사회에 참여하고 또한 사회적으로 가치를 인정받는다. 반대로 역할상실은 곧 사회적으로는 부양부담으로 이어지고 개인적으로는 고독이나 소외의 원인이기도 하다. 대한노인회의 '부양받는 노인에서 책임지는 노인으로'라는 슬로건은 우리에게 많은 것을 시사한다. 곧 노인의 새로운 사회적 역할과 비전을 내세우고 있는 말임과 동시에 우리사회의 노인에 대한 패러다임의 전환을 의미하기도 한다. 지금까지의 다양한 연구에서도 노년기의 사회참여가 건강이나 삶의 질, 만족도 등에 미치는 긍정적인 효과들을 제시하고 있다.

아직 우리나라 은퇴 노인들의 사회참여 비율은 외국에 비해 높지 않은 현실이지만 점차 지금까지와는 다른 새로운 노년문화가 만들어질 것으로 예상이 되므로, 사회참여를 원하는 노년세대를 위한 프로그램과, 인프라, 제도 등 다양한 정책적, 사회적 준비도 필요할 것이다(이미란, 2019a). 이러한 다양한 노력들이 건강하고 역동적인 노년문화를 만들고 개인의 삶의 질과 만족을 높이는 사회적 기반이 될 것이다.

최근 시도되는 선배의 관점에서 접근하는 노인의 사회적 역할은 우리 사회에 만연한 세대 간 갈등 봉합에 큰 의미가 있고, 사회통합에 도움을 주는 원동력이 될 수 있을 것이다. 노인세대가 성공적인 노화와 사회적 역할을 수행할 수 있는 환경이 부족한 상황에서 노인들이 새로운 역할, 즉 선배시민이라는 지위와 역할로서 청장년세대에게 지식과 경험을 전수하며, 수동적인 삶의 주변부에서 삶을 정리하는 노인역할에서 벗어나, 인생경험 리더로서 선배의 역할을 맡게 된다면 개인의 사회적 정체성 및 자긍심이 높아지게 되고, 길어진 노년기를 활기차고 적극적으로 잘 적응하며 살게 될 것이다.

미국 하버드대학 노인정신의학 연구팀이 하버드 노화 뇌 연구(Harvard Aging Brain Study)에 참여한 노인 남녀 217명(63~89세)의 연구자료를 분석한 결과, 노년기 사회활동이 인지기능 저하를 억제하는 효과가 있는 것으로 나타났다(조선일보, 2019. 07. 16.).

연구 시작 당시 조사 대상 노인들의 인지기능은 모두 정상 수준이었다. 일부는 알츠하이머 치매의 원인으로 알려진 뇌 신경세포의 비정상 단백질 베타 아밀로이드 플라크(노인반) 수치가 높았다. 연구팀은 이들이 가족, 친구와 만나거나 자원봉사 활동으로 보내는 시간을 조사하고, 연구 시작 때와 3년 후 인지기능 테스트를 시행했다. 3년 후 베타 아밀로이드 플라크 수치가 높은 노인들의 경우, 사회참여 활동이 적은 그룹이 활동 많은 그룹에 비해 큰 폭의 인지기능 저하가 나타났다. 또 비록 치매 발병 고위험군에 속하더라도 사회활동을 통해 병의 진행을 늦출 수 있음을 시사하는 것으로, 노인의 사회활동참여와 인지기능에 중요한 상관관계를 보여준다.

한편, 한국보건사회연구원의 '노인의 경제활동과 사회참여' 보고서에 따르면, 한국 노인 5명 중 1명은 여행이나 종교활동, 동호회 등 사회활동을 전혀 하지 않는 것으로 나타나 외로운 고령자가 늘고 있으며, 이는 사회참여 감소로 인한 노년기 사회적 고립에 대비해야 하는 심각한 결과를 보여준다.

노인 1만여 명을 대상으로 보건복지부와 한국보건사회연구원이 조사한 '2017년 노인실태조사' 결과, 65세 이상 노인 가운데 사회활동에 전혀 참여하지 않는 노인의 비율은 20.9%였다. 이들은 여행, 학습, 동호회, 친목단체, 정치 · 사회단체, 자원봉사, 종교활동 등 어느 것도 하지 않는 사람이다.

(단위: %)

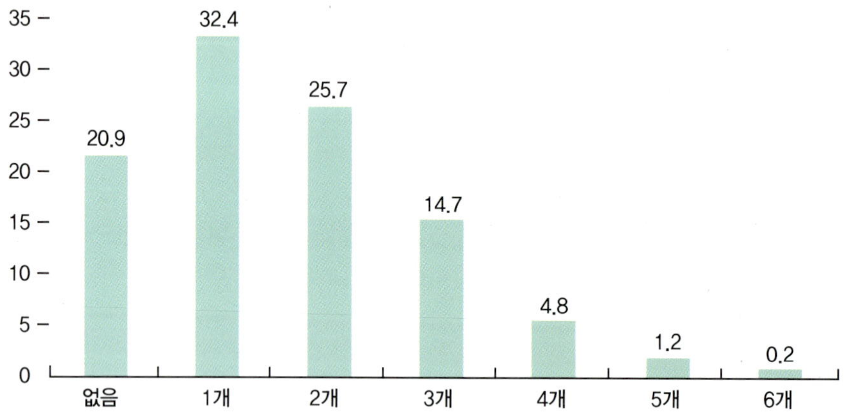

[그림 9-1] 2017년 노인의 사회참여 규모

※주: 본인 응답자 1만 73명의 자료를 분석함.
출처 : 보건복지부, 한국보건사회연구원(2017). 2017 노인실태조사. 원자료를 이용해 분석함.

성별로 보면 남성노인의 23.3%, 여성노인의 19.2%가 사회활동을 전혀 하지 않고 있었다. 남성노인의 고립 정도가 더 심한 것으로 나타났는데, 노년기의 정신건강과 고립, 고독사 등의 위험 가능성이 커지고, 고립된 고령자가 늘어나면 심각한 사회문제가 될 수 있으므로 사회적 고립 집단에 대한 중앙정부와 지방자치단체의 면밀한 발굴과 지원이 필요하다.

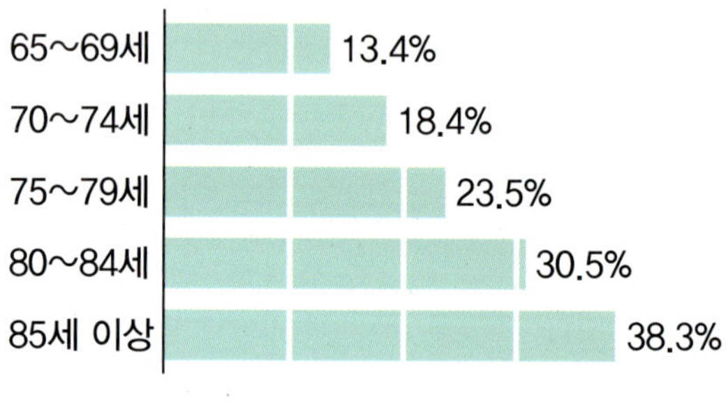

[그림 9-2] 연령대별 사회참여 '없음' 비율

※종교활동, 여행, 학습, 친목단체, 동호회, 정치 · 사회 단체 참여, 자원봉사 등 6개 영역별로 참여 여부 조사
출처 : 한국보건사회연구원.

특히, 노인들은 사회와 접점이 끊기면 일단 우울증과 치매 가능성이 높아지며,

스스로 목숨을 끊거나 고독사 할 위험도 크기 때문에 심각한 사회문제가 될 수 있다. 복지부는 '응급안전알림 서비스', '노인돌봄 기본 서비스' 등을 진행하고 있지만, 사회적으로 고립된 노인을 끌어내기 위한 정책과 제도적 장치는 아니므로, 이에 대한 제도적 보완이 필요하다. '2018년 독거노인 사회적 관계망 조사'에 따르면, 경로당이나 복지관을 다니는지, 종교활동을 하는지, 한다면 일주일에 몇 번이나 하는지 묻는 질문에 과반수가 넘는 52%가 "아무 활동도 하지 않는다"고 응답했다.

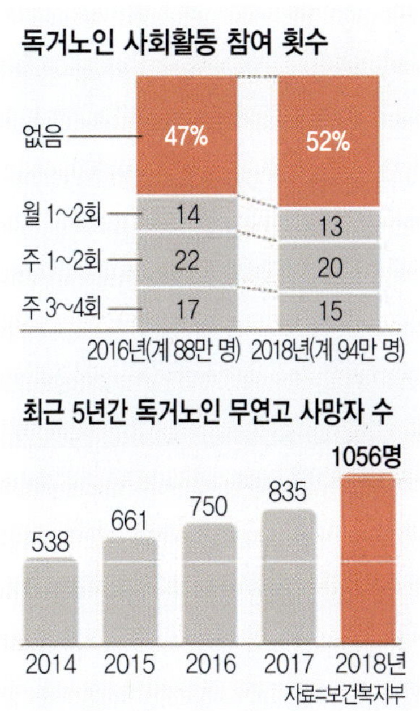

[그림 9-3] 독거노인의 사회적 관계망

출처 : 보건복지부.

문제는 이런 비율이 갈수록 증가하고 있으며, 보건복지부가 2016년 같은 조건의 노인 87만 6천여 명을 대상으로 비슷한 조사를 했을 때는 "전혀 사회활동을 안 한다"는 노인이 47%였는데, 2년 사이 5% 정도로 증가하였다. "가족과 전혀 왕래가 없다"는 노인이 10%에서 11%가 됐다. 나이가 많아질수록, 소득과 교육 수준이 낮을수록 고립이 심했다. 게다가 돌보는 사람 없이 혼자 살다 숨진 65세 이상 '무연고 사망자'가 2014년 538명에서 2018년 1,056명까지 한 해도 빠지지 않고 매년 증가하고 있다. 2018년 기준 남성(696명)이 여성(360명)의 두 배 수준이었다(조선일보. 2019.06.01.). 즉, 외로운 삶이 우울증을 부르고, 우울증이 다시 남들과 사이에 더 높은 벽을 쌓는 악순환이 저소득층뿐 아니라 모든 계층에서 일어나고 있다는 뜻이다. 이런 현상은 고독사 증가로 이어지고 있다. 따라서, 노년기의 사회적 역할 및 관계와 참여에 대한 우리사회의 새로운 해법과 다양한 시도들이 준비되어야 할 중요한 시점이라 할 수 있을 것이다.

2) 노인의 사회참여활동

사회참여활동이란 사회적 연대를 가지고 있으면서 참여활동에 자발적인 것을 의미하는 개념이며, 유사한 개념으로 사회활동과 사회통합이 쓰이기도 한다(한경혜 외, 2011). 학자에 따라 사회참여활동을 자원봉사와 같이 미시적으로 접근하기도 하고, 그와 반대로 거시적 접근으로 노인이 관련된 사회적 관계들까지 확장해서 파악하기도 한다.

노인의 사회참여는 개인적 차원으로 바라보면 직업활동이나 자원봉사하는 행위로 정의하고(윤종주,1994), 집단적 차원에서는 조직화를 통한 권익추구활동이나 노인운동이 주축이 된 정책결정활동으로 보았으며, 노인의 사회참여에 대해 사회활동과 같은 개념으로 보면서 사회적 욕구를 충족할 수 있는 활동이라고 정의(박정은,1994)하였다. 또 노인의 여가활동과 사회참여는 같은 맥락으로 바라봐야 하며, 문화적인 개념의 여가활동과 생산적 개념의 사회참여를 구분하여 정의하기도 한다(조추용, 2003).

후이맨과 키야크(Hooyman & Kiyak, 2010)는 인간이 살아가면서 얻게 되는 여러 가지 역할들을 가지고 그 시간들을 영위하며 역할에 부여된 과업을 달성하며 사는데, 청장년기의 역할 완수를 통해 노년기에 이르러서는 사회구성원으로서의 탈락의 개념이 아닌 사회적 존재로서의 역할을 갖게 되며, 이 역할을 통해 자아

개념에 대한 완성과 사회통합이 이루어져야 한다고 주장하였다.

에릭슨은 중년기에 생산성을 발휘하는 성공적인 삶이라는 과업을 달성하면 노년기에는 중년기의 생산성보다 더 큰 차원의 생성감을 추구해야 한다고 주장하면서 노인은 지나온 삶에 대한 감사함과 만족감이 있어야 하고, 거쳐 온 시간에 대한 가치를 자아통합과 연결되게 노력할 필요가 있다고 하였다(이미란, 2012).

즉, 노년기의 사회참여활동은 필요없는 활동이거나 박탈되어야 할 역할적 지위가 아니라, 사회구성원으로서 존재해야 하고, 그들에게 부여된 사회통합적 과업을 수행해야 할 시민계층이라 할 수 있다. 다시 말해, 노인은 심리적으로나 사회적으로 은퇴해서 역할이 더 이상 주어지지 않는 계층이 아니라, 사회참여활동을 활발히 하여 그들의 지식과 경험을 사회 속에 환원해야 하는 과업의 주체이며, 이를 통해 자아개념이 완성되어야 할 존재라는 것을 인식해야 한다. 또한 노인 스스로 늙어감에 대한 부정적 인식보다 사회에 필요한 구성원으로서의 역할에 대한 인식을 갖는 것이 중요하며, 선배시민의 역할과 지위는 노인에게 있어 매우 중요한 의미로 인식해야 한다.

2. 노인의 관계적 자원

인간은 수많은 사람과 사회적 관계를 맺고 살아간다. 사회적 유대관계는 정서적 지원과 경제적 도움을 제공하고 사회참여 기회를 제공하여 개인의 건강과 복지에 긍정적인 영향을 준다. 2장의 노화와 관련된 사회적 이론에서 소개된 바와 같이 사회적 관계가 부족한 사람들은 사망 위험이 높고 건강문제를 더 많이 경험하는 것으로 알려져 있다. 특히 노년기의 사회적 관계는 소외되기 쉬운 노인들을 지역사회에 참여할 수 있도록 하여 건강과 복지를 향상시키기 때문에 다른 어느 시기보다 그 중요성이 크다고 할 수 있다.

통계청의 〈2019년 사회조사 결과〉에 따르면 우리나라 국민 10명 중 7명 이상

(76.9%)이 평소에 교류하는 사람이 있으며, 하루 평균 교류하는 사람의 수는 3.9명으로 나타났다. 도움을 받을 수 있는 사람의 수는 2~3명 수준으로 나타났다. 그리고 이와 같은 결과에 따르면 연령이 높아질수록 도움을 받을 수 있다고 응답한 비율은 감소하는 것으로 나타났다.

특히, 주목할 것은 한국 장노년층의 사회적 관계망이 주요 선진국 가운데 가장 부실한 것으로 나타났다. 사회적 관계망은 여가 · 종교 등 사회적 활동을 바탕으로 쌓을 수 있기에 저소득, 저학력 독거 남성일수록 사회 단절의 가능성이 크다.통계개발원의 'KOSTAT 통계플러스'에 발표된 '고령화와 노년의 경제 · 사회활동 참여' 연구에 따르면 50세 이상 한국인의 사회적 관계망 비중은 60.9%로, 경제협력개발기구(OECD)에서 조사한 33개국 가운데 가장 낮게 나타났다.

사회적 관계망 비중은 어려운 일이 있을 때 도움을 받을 수 있는 친지 · 가족 · 이웃 · 친구가 있는지를 분석한 것이다. OECD 평균은 87.1%로 한국과 비교했을 때 매우 높았다. 고령층 가운데서도 경제활동과 사회활동을 모두 하지 않는 '비활동 인구'의 사회적 관계망 형성이 가장 취약하지만, 고령층(65~84세) 중 비활동 인구 비중은 56.6%로 가장 컸다. 남성 가운데 비활동 인구가 47.2%, 여성 가운데서는 64.0%를 차지했다.

고령인구 671만 8천 명을 분석한 결과 남성, 고령, 저학력, 사별 · 이혼한 경우일수록 경제활동과 사회활동을 모두 하지 않는 비활동 인구일 확률이 높은 것으로 나타났다(연합뉴스,2019.09.30.). 이와 같이 한국 노인은 외톨이로 분석되고, 장노년층 사회적 관계망이 OECD 최하위로 보고된 연구결과는 세계적인 고령화 추세 속에서 우리 한국사회 노인들의 관계적 자원이 극도로 빈곤함을 보여주는 근거라 볼 수 있을 것이다.

즉, 한국은 매우 빠른 속도로 급성장을 거듭하여 왔으며, 눈부신 경제성과에 몰두한 결과, 세계 속의 인정받는 다양한 성장저력을 보여주고 있으나, 그 이면에는 급변하는 문화와 정보화에 편승하지 못하는 노인의 소외와 관계의 빈곤으로 연결되는 새로운 문제점을 마주하게 된다. 그러나 미래의 대다수 인구구성원으로 살아가게 될 노인인구의 관계적 자원에 대한 사회적 관심과 국가적 대안모색은 현재를 살아가는 우리 모두에게 중요한 과제라 할 수 있을 것이다.

한국 노인들의 사회적 관계망은 여전히 가족 중심으로 이루어지는 경우가 많고, 사회참여활동도 종교활동과 사교활동 등의 수동적이고 제한적인 형태를 보이고 있다. 장수지 외(2015)는 공동체 의식을 지역성과 관계성이라는 측면에서 "지역사회에 대한 소속감, 지역사회로부터 받는 충족감, 지역사회의 타구성원들과의 연대의식과 상호영향의식"이라고 정의했다.

따라서, 가족수의 축소화, 노년기의 장기화, 거주지역의 다양화, 가족구성의 다변화, 독거노인의 지속적인 증가에 따라 한국노인의 사회적 관계와 참여는 거주 지역사회로부터 이뤄져야 하며, 지속가능한 지역공동체 안에서의 건강한 관계적 자원과 참여활동에 대한 관심으로 이어져야 한다. 또한 이를 통해 노년기의 상실과 소외를 극복하고, 신체 · 심리 · 사회적 건강성을 강화시켜 나갈 수 있는 인적 · 물적 자원과 정보적 관계적 자원의 연결 및 대체자원의 발굴로 사회적 네트워크의 융복합적 지원과 고령친화적인 사회통합의 분위기가 형성되어야 할 것이다(이미란, 2018b).

3. 노인의 사회참여 및 시민활동

1) 사회참여

사회참여(social participation)는 사람들의 사회생활에 관심을 갖고 연구하는 사회과학자에게 중요한 개념이다. 사회참여란 "다른 사람과의 상호교류와 관련된 일정한 규칙이나 형태를 띤 활동"(Palmore, 1981), "다른 사람과 친밀한 관계를 유지하는 의미 있는 활동"(Rowe & Kahn, 1998)으로 정의할 수 있다.

선행연구에 따르면 사회활동 참여와 생활만족도, 심리적 안녕(well-being)과는 긍정적 관계가 있는 것으로(Lee & Ishii-Kuntz, 1987) 나타나고, 또한 사회활동이 사망률을 낮춘다는 연구(Adamson, Lawlor, & Ebrahim, 2004; Leon, Glass,

& Berkman, 2003)도 있다.

노년기는 직장이나 가정에서 뒤로 물러서는 시기로 여러 가지 사회적 역할이 축소되고 인간관계도 좁아지는 경향이 있어 사회활동 참여는 중요한 의미가 있다. 로위와 칸(Rowe & Kahn, 1998)은 성공적 노화를 위해서는 첫째, 질병과 이로 인한 기능장애 예방, 둘째, 높은 신체적 및 정신적 기능 유지, 셋째, 사회활동에의 적극적 참여가 필요하다고 주장하고 있다. 또한 1991년 UN에서 채택한 '노인을 위한 유엔원칙' 에서도 사회활동의 참여를 언급하고 있다. 이 원칙은 노인의 지위와 관련한 5개 영역(독립, 참여, 보호, 자기실현, 존엄) 아래 18개 원칙으로 구성되어 있다. 구체적으로 참여원칙은 ① 사회의 통합, 노인복지 관련 정책 형성과 이행에의 적극 참여, ② 지역사회봉사활동, ③ 노인을 위한 사회운동과 단체 형성을 포함한다. 자기실현원칙은 ① 잠재력 개발 기회 추구, ② 교육, 문화, 여가 자원에의 접근을 규정하면서 노인의 다양한 사회활동을 촉구하고 있다. 이와 같은 경향은 노년기의 사회활동 참여가 건강하고, 행복하며 성공적인 노후생활의 주요한 근거가 됨을 보여 준다.

노인의 사회활동 참여의 의의는 다양하다. 노인은 여가활동을 통해 ① 신체적 건강의 증진, ② 사회적 접촉 기회의 제공, ③ 노후 삶에 대한 사기 및 만족감의 증진, ④ 노인 자신에 대한 신념과 자기 신체에 대한 자신감 부여, ⑤ 유용감과 자기가치성의 확신, ⑥ 자율적인 생활에 대한 기술과 기능의 증진, ⑦ 재미있고 즐거운 삶 등을 얻을 수 있다고 한다(Leitner & Leitner, 1985). 이와 같이 노후의 사회활동 참여는 은퇴 후 사회와 가족으로부터의 소외에서 벗어나 자긍심과 자신감을 주고 자기실현을 이룰 수 있는 계기를 마련해 준다. 노인은 적극적인 참여를 통해 개인적으로는 신체 및 정신건강, 삶의 만족감, 심리적 안녕 등을 얻을 수 있고, 사회적으로는 노인에 대한 긍정적 이미지 확립, 노인의 지역사회 내 통합 등 긍정적인 결과를 기대할 수 있다.

또한 노인은 건강, 교육수준, 생활수준의 향상으로 자녀에게 의존하기보다는 독립된 생활을 희망하고 있고, 경제적, 심리적, 사회적 자립 욕구도 증가하고 있어 노인의 사회활동 참여는 활발해질 것으로 보인다. 따라서 노인은 여가시간을 활용하고, 자기개발을 추구하며, 역할 상실에서 벗어나 급변하는 사회에 적응하기 위하여 여가, 문화, 교육, 체육, 자원봉사, 정치 등 다양한 사회활동에 적극적으로 참여할 필요가 있다(이미란, 2019b).

대한노인회 노인자원봉사지원본부와 백세시대가 공동으로 주관한 자원봉사활동에 참여한 회원 1,000명을 대상으로 실시한 설문조사에 따르면, 노인자원봉사 참여자 10명 중 8명 이상이 봉사활동에 만족하는 것으로 나타났다. 또한 10명 중 9명은 '앞으로도 자원봉사활동을 계속하겠다'고 응답했다(백세시대신문, 2017.4.7.). 현재 고용노동부와 지방자치단체, 민간기관이 함께 추진하고 있는 '신중년 사회공헌활동 지원사업'은 퇴직한 전문 인력의 경력이 지역사회를 위해 활용되고, 이로 인해 지역사회에서 본인의 역할을 찾으며, 이러한 활동처가 새로운 일자리가 되면서 사회적 일자리 창출에 기여하고 있으므로 노년기 사회참여를 위하여 이들을 잘 활용해야 할 것이다.

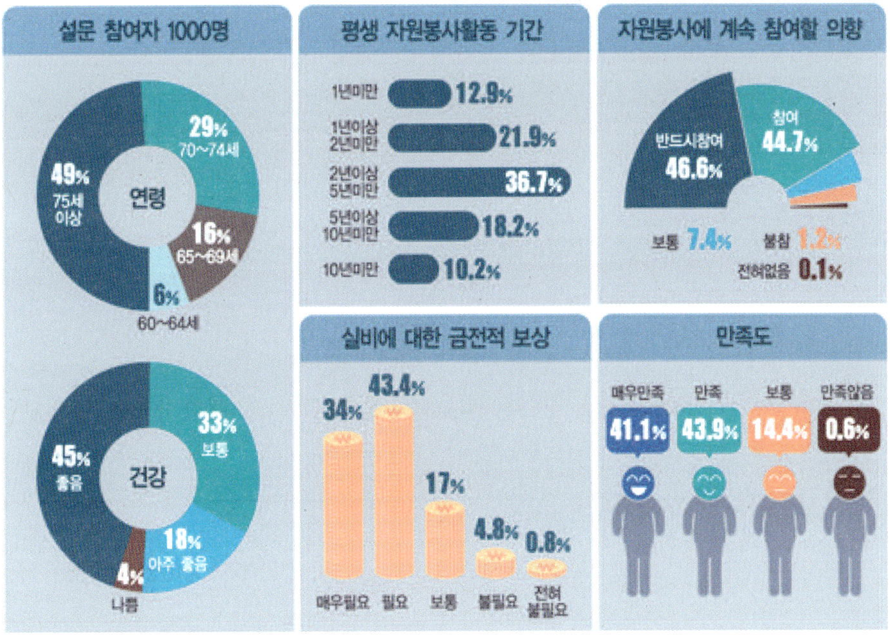

[그림 9-4] 노인자원봉사활동 만족도

출처 : 백세시대 신문(2017.4.7).

2) 선배시민활동

미국에서는 레이건 대통령 재임 당시 1988년 8월 21일을 '선배시민의 날'로 정했다. '선배시민(Senior Citizen)'이라는 말에 공동체 형성에 기여한 선배의 지혜를 후배들에게 나눠주고 헌신해야 한다는 권리와 의무를 내포했다. 이러한 시도들은 그동안 부정적으로 인식된 '노인'이라는 용어를 성숙한 시민으로서의 '선배시민'이라는 긍정적 의미 전달과 함께, 보다 적극적인 사회 구성원으로서의 참여에 대한 기대를 담은 용어라고 볼 수 있다.

시대의 변화에 따라 길어진 노년의 삶을 행복하게 누리고 싶은 노인들의 움직임이 나타나고 있다. 현재 노인일자리, 재능나눔, 노인자원봉사 및 각종 동아리 밴드활동 등도 노인들의 사회참여 욕구의 일환으로 볼 수 있다. 교육 수준이 높아진 지금의 노인들은 교육받는 것에서 그치지 않고 노인봉사단을 구성하여 지역사회활동 및 재능나눔을 함으로써 사회에 적극적으로 참여하여 영향을 끼치고 있다. 아직까지 한국사회에서 노인은 '돌봄의 대상'이라는 인식이 팽배하지만, 건강한 노년사회로 진화하기 위해서는 노인이 '돌봄의 주체'가 되어야 하고, 이를 위해선 노인에 대한 개념이 늙은이에서 성공한 노인으로, 성공한 노인에서 선배시민으로 전환되도록 사회적 문화 확산을 위해 노력해야 한다고 볼 수 있다(유해숙, 2016).

지역사회에서 노인은 돌봄의 대상으로 바라본다. 하지만 오늘날의 노인은 이전 세대보다 신체적으로 훨씬 건강하며 교육 수준 향상과 더불어 사회정보 획득의 능력이 높아졌다. 또 이들 중 많은 노인이 지나온 시간을 통해 얻은 지식과 기술을 활용하며 사회 구성원으로서의 참여를 희망하고 있다. 실제 은퇴 후 늘어난 노년기간을 보내기 위해, 사회적 역할이나 행동을 유지하고자 하는 노인의 욕구도 증대하고 있다(이미란 외, 2019).

선배시민으로서 사회참여활동이 활발해지고 역할 인식이 된다면, 우리 사회는 세대 간 갈등 없는 사회통합이 이루어질 것이며, 사회 구성원으로서 적극적인 활동을 할 수 있다는 점에서 노년기 삶의 질 향상과 세대 간 화합에 도움이 될 것이다.

이처럼 사회참여활동의 제고를 위해 노인복지관에서는 선배시민대학(Senior Citizen College)을 운영하고 있으며, 선배시민대학은 노인이 지역사회가 돌봐야 하는 대상이 아니라 지역사회 돌봄의 주체로서 인생의 후배인 후배시민을 돌보며 지역의 공동체 문제에도 적극적으로 참여할 수 있음을 보여주기 위해 노인복지관 프로그램으로 운영되고 있다(임종린, 2017).

한국노인종합복지관협회(2016)는 노인의 성공적인 노년기를 보내기 위한 사회참여활동 지원으로 후배 세대에게 선배로서 역할하며, 지역사회에서 주체적인 역할을 하도록 함으로써 노년기 문제 해결과 삶의 질 향상을 목표로 하여 2015년부터 선배시민대학을 운영하고 있다. 선배시민이란 젊은 세대보다 풍부한 지혜와 경험을 가진 노인을 일컫는 '선배'와 시민사회 구성원이란 의미의 '시민'의 합성어로, 공동체 및 지역사회 발전을 위해 자발적으로 참여하고, 적극적으로 실천하며, 시민의 권리를 누리고 의무와 책임을 다하는 시민사회 주체세력의 선배를 의미한다. 지금까지의 일반적인 노인복지 프로그램의 경향은 노인의 여가시간과 배움의 욕구를 충족시키기 위한 평생교육이 주류를 이룬 반면, 선배시민대학은 지역사회에 참여를 독려하고, 후배시민들과 상호작용하며, 사회통합적 역할 인식을 유도하는 프로그램이므로, 선배시민 사회참여를 통한 다양한 역할의 향상과 변화를 도모할 수 있다.

장수사회에서 노인은 노동시장에서 숙련된 노동인구로 보다 능력 있는 활동 가능성이 있으며, 노인의 경제적 · 사회적 자산은 실질적인 가치를 창출하는 등 노인의 시민참여 및 사회공헌은 새로운 자원의 활용을 최적화할 수 있는 기회라고 볼 수 있다.

현재 노인들의 역량은 증가하고 있음에도 사회는 여전히 노인들에게 제한된 기회만 제공하는 '구조적 지연'이 되고 있다. 이에 노인 시민참여 활성화 대책으로 개인적 · 사회적 차원의 동기부여와 아울러 공공기관의 경우 지역 프로그램을 뒷받침할 수 있는 제도적 틀을 구성하는 한편, 노인에 대한 긍정적인 이미지 제고 및 노인 시민참여를 활성화하기 위해 하향식(Top-down)이 아닌 상향식(Bottom-up) 접근을 추진해야 한다(실버뉴스, 2019.12.17).

은퇴노인들의 시민참여와 자원봉사 활성화 및 세대 연대를 위한 프로그램들이 사회적 포용을 촉진하고, 그것들에 의해서 더 이상 노인과 젊은이들이 서로를 문제 집단이 아닌 해결책으로서 인식할 수 있도록 사회적인 유대 및 융합적 복지를 강화해야 할 것이다.

http://www.seniorcitizen.or.kr/ 선배시민대학 홈페이지

참·고·할·만·한·정·보

- 노인이 행복한 나라는 있다…네덜란드 노인 정책 / YTN(2018.10.20.)
  https://www.youtube.com/watch?v=FvqO9QFQwqE
- 노인들의 사회적 참여의 중요성_웰에이징 2편 – 건강수명 100세 시대
  https://www.youtube.com/watch?v=n7zDwcDoorQ/ KBS(2012.12.08)
- 노인일자리 및 사회활동 지원사업, 한눈에 보는 복지정보, 한국사회보장정보원,
  http://www.bokjiro.go.kr/welInfo/retrieveGvmtWelInfo.do?searchIntClId=01&welInfSno=348 보건복지부(2020.07.08.)

생·각·해·보·기

- 성공적 노화의 관점에서 노인의 사회적 역할에 대한 제도적, 실천적 차원의 활성화 방안을 토론해 봅시다.
- 한국 노인의 관계적 자원이 빈곤한 원인과 해결 방안을 개인적, 사회적, 국가적 차원에서 토론해 봅시다.
- 노년기의 욕구 해결과 역량강화를 위한 선배시민활동의 활성화 방안을 거시적, 미시적 관점에서 토론해 봅시다.

C·H·A·P·T·E·R 10

노인복지서비스 및 실천

학습목표

1. 노인복지실천의 개념, 목적, 기능, 개입수준 및 구성체계를 이해하고 설명할 수 있다.
2. 노인복지실천의 과정에 대해 이해하고 설명할 수 있다.
3. 노인복지실천의 개입방법에 대해 이해하고 설명할 수 있다.

1. 노인복지실천의 이해

1) 노인복지실천의 개념

노인복지실천은 노인을 대상으로 하여 다양한 서비스를 제공하는 사회복지실천을 의미한다. 따라서 노인 대상 서비스를 다루는 실천현장의 사회복지 전문가는 일반적인 사회복지실천에 기반하되 노인 및 노인복지의 특성을 고려한 지식·기술의 이해와 적용 능력을 갖추어야 한다.

미국사회복지사협회(NASW, 2020)에 따르면 사회복지실천은 사회복지의 가치(values), 원칙(principles), 기술(techniques)로 구성되며, 사람들이 유형(tangible)의 서비스를 받을 수 있도록 돕기, 개인, 가족, 집단과의 상담 및 심리치료 제공, 지역사회나 집단이 보건복지서비스를 제공하거나 개선하도록 돕기, 입법과정 참여 가운데 하나 또는 그 이상의 목적을 갖는다. 그리고 사회복지실천은 인간의 발달과 행동, 사회적, 경제적, 문화적 제도 및 이 모든 요소들의 상호작용에 대한 지식을 필요로 한다. 이러한 지식의 기반 위에서 사회복지사는 사람들이 자신의 사회적 기능을 향상시킬 수 있도록 돕거나, 환경을 변화시키거나, 인간과 환경 간 상호작용을 촉진하고 변화시키는 방식으로 개입하게 된다. 즉, 인간, 환경 두 체계에 동시에 관심을 갖고 둘 사이의 작용을 통해 사회복지실천의 목적을 달성하는 통합적인 접근방법을 활용하는 것이다.

최성재 등(2011)이 언급한 대로 사회복지 전문영역에서 노인문제 해결을 위해 사용하는 방법은 심리상담, 정신의료, 가족치료 등 타전문직에서 노인문제를 다루는 방식인 상담과는 구분된다. 사회복지적 접근은 심리사회적 상담과 더불어 물질적, 비물질적 서비스도 제공하고, 필요할 경우 제도의 개선을 통해 문제해결을 도모한다. 권중돈(2019)은 "노인복지실천은 개인, 집단, 조직, 지역사회 수준에서 원조와 서비스를 제공해 노인의 사회적 기능을 향상시키려는 통합적인 노인복지 접근방법"이라고 정의하였다. 정순둘 등(2020)은 "노인복지실천은 노인을 대상으로 사회복지실천의 가치, 원칙, 기술을 적용해 노인이 인간다운 삶을 영위할 수 있도록 사회복지서비스를 제공하는 것"이라고 하면서, "노인복지실천의 범위에 노인이 노년기와 사회에 잘 적응하도록 돕고, 노인 스스로 필요한 자원에 접근할 수 있도록 하며, 문제해결을 위한 잠재적 역량을 발휘하도록 강화시키는 것 뿐 아니라 입법과정 참여까지도 포함된다."고 설명하였다.

이러한 내용을 종합해 볼 때 노인복지실천은 노인이 노후생활 및 사회에 보다 잘 적응하도록 돕고, 노인에게 필요한 우리 사회의 서비스와 자원을 확충하며, 노인이 자신에게 필요한 자원을 활용해 욕구와 문제를 해결하도록 역량을 강화시키는 개입활동이라고 정의할 수 있다.

2) 노인복지실천의 목적

일반적으로 사회복지실천의 목적은 삶의 질을 향상시키는 것으로 수렴된다. 인간의 삶의 질 향상은 시시각각의 사회적 변화와 상관없이 사회복지전문직이 추구하는 궁극의 목적이다. 이 목적을 달성하기 위한 구체적인 목표는 그 시대가 필요로 하는 가치나 해결과제, 기대 등에 따라 달라질 수 있다.

노인복지실천이 사회복지실천의 한 영역이라는 점에서 궁극적인 목적을 노인의 삶의 질 향상으로 단언할 수 있다. 보다 구체적으로 언급하면 노인복지실천은 노인의 삶의 질 향상을 위해 노인과 노인가족을 포함한 환경을 대상으로, 노인과 환경 간 상호작용에서 발생하는 욕구를 해소하고, 노인 관련 문제의 예방과 해결을 통해 노인의 사회적 기능을 향상시키는 것을 목적으로 한다.

NASW(1992)가 제시한 사회복지실천의 목적을 근거로 할 때 노인복지실천의 세부목표는 ① 노인의 문제해결능력, 대처능력, 발달상의 능력 향상 ② 자원, 서비스 및 기회를 제공하는 체계와 노인의 연결 ③ 자원과 서비스 제공 체계의 효과적이고 인간적인 작동 ④ 사회정책 개발과 증진 ⑤ 위험에 처한 집단의 역량강화를 통한 사회경제적 정의 증진 ⑥ 전문지식과 기술의 개발 및 검증이라고 할 수 있다(권중돈, 2019).

한편 노인인구 증가와 함께 노인집단의 연령 범위가 넓어지면서 노인복지실천에 있어 노인의 연령과 신체능력에 따라 노인집단을 구분할 필요성이 높아지고 있다. 최근 60대, 70대, 80대 이상 또는 65~74세, 75~84세, 85세 이상의 전·중·후기노인으로 3구분하기도 하지만, 통상적으로 65~74세에 해당하는 전기노인과 75세 이상의 후기노인으로 2구분해 왔다. 정순둘 등(2020)은 전통적인 2구분 방식을 적용해 각 노인집단에 대한 실천목적을 제시한다. 즉, 활동성 있는 65~74세의 전기노인에 대해서는 건강한 노후생활 영위에 필요한 서비스를 제공해 욕구를 충족시키는 동시에 노인의 자원을 사회에 제공하도록 하는 것을 목적으로 한다. 예를 들면, 보람 있는 노후생활을 위해 노인의 지식과 기술을 타인을 위해 활용하면서 활동적 노후를 보내도록 개입한다. 75세 이상으로 활동에 지장이 있는 후기노인에게는 쇠약해져 가는 신체기능 유지를 돕는 한편 기능이 악화된 노인이 인간적 존엄성과 독립성을 잃지 않고 주도적으로 자기 삶을 살아갈 수 있도록 지원하는 것을 목적으로 하게 된다.

물론 노인의 연령이나 신체기능 외에도 경제적 능력, 독거 여부 등 다양한 기준에 따라 노인복지실천 현장이 설정하는 구체적인 목표는 상이하다. 그러나 어떠한 경우라도 노인복지실천의 목적이 노인의 인간다운 생활 보장과 삶의 질을 향상시키는 데 있다는 점에는 변함이 없다.

3) 노인복지실천의 기능

노인복지실천은 노인문제의 예방, 회복, 치료적 기능을 수행하게 된다. 먼저 '예방'은 문제발생에 앞서 노인의 사회적 기능을 향상시키는 것을 가리킨다. 즉, 노인복지실천은 노인의 건강과 복리 증진을 위해 현재의 신체적, 심리적, 사회적 기능 상태를 유지하고 노년기 발달과업을 성공적으로 수행하며, 환경에 대처가능한 능력을 강화하고, 노인에게 필요한 자원을 직접 제공하거나 연결하여 문제를 예방한다. '회복'은 심신의 문제나 장애로 인해 악화된 기능을 되찾도록 지원하는 데 초점을 둔다. '치료'는 노인이 지금 이 시점에 겪고 있는 문제나 장애를 해결 또는 개선하도록 돕는 데 초점을 둔다(권중돈, 2020).

노인복지실천의 목적을 달성하고 예방, 회복, 치료적 기능을 성취하기 위해서 사회복지사들은 노인의 연령, 심신의 상태 및 사회경제적 상황 등을 정확히 파악하고, 그에 가장 부합하는 최적의 방법을 찾아 개입할 수 있는 역량을 갖추어야만 한다. 그러한 역량의 바탕 위에서 노인과 노인가족을 위한 서비스를 제공하고, 자원을 개발하거나 연계하면서 개별 노인의 특성에 부합하는 다양한 역할을 효과적으로 수행할 수 있기 때문이다.

4) 노인복지실천의 개입 수준

노인복지실천이 노인문제를 해결하는 과정이기는 하지만 그와 동시에 문제가 다음 단계로 이행하는 것을 예방하고자 하는 것이 보편적인 관점이기도 하다. 이런 점에서 비버와 밀러(Beaver & Miller, 1992)의 1차적, 2차적, 3차적 예방을 위한 개입 등 세 가지 예방적 개입을 살펴보는 것이 유용할 것으로 보인다. 여기에서는 1~3차적 예방을 위한 개입을 우리 실정에 맞추어 정리한 김미혜(2002)와 권중돈(2019)의 내용에 기초하여 살펴보기로 한다.

(1) 1차적 수준의 개입

1차적 수준의 개입은 건강하고 활동적으로 생활하는 노인을 실천의 대상으로 한다. 이들이 당장 해결해야 할 문제를 가진 것은 아니지만 삶의 질을 더욱 높이고, 발생 가능한 질병이나 문제를 예방할 목적으로 개입하게 된다. 이는 노인의 건강상태와 사회적 기능이 최적화된 상태를 가능한 한 오래 유지시키기 위한 것이다. 따라서 노인복지실천에서 1차적 수준의 개입은 '노인들이 신체적, 정신적 건강과 안녕(well- being)을 최적의 상태로 가능한 한 오랫동안 유지·향상시킬 수 있도록 돕는 활동'이라고 정의할 수 있다.

우리 사회에는 노인들은 모두 질병이 있거나 쇠약하다는 편견이 존재한다. 그러나 건강상태가 양호한 노인도 적지 않기 때문에 1차적 수준의 개입은 건강 관련 문제 발생을 예방하고 감소시키는 데 효과적이다.

1차적 수준의 개입은 주로 지역사회에서 다수의 노인을 대상으로 대중적으로 이루어지며, 건강증진 프로그램, 취미, 여가, 자원봉사와 관련된 프로그램이나 주거, 법률, 영양, 스트레스 대처, 약물 남용, 사고나 범죄 예방, 운동 등에 관한 교육, 교통 등 생활편의 서비스 등이 포함된다.

1차적 수준의 개입 현장에서 사회복지사는 노인에게 문제가 발생하기 전에 문제 발생 원인을 차단할 수 있는 정보를 제공하고 이를 실생활에서 실천하도록 지원하는 교육가, 자문가의 역할을 해야 한다. 더불어 자원을 연결하는 중개자, 노인을 대변하는 옹호자로 활동하게 된다. 또 대다수 노인이 필요로 하는 정보, 교육, 심리정서적 지지 등 직접적 개입뿐 아니라 이용 촉진을 위한 홍보 등 간접적인 개입활동도 전개한다.

'1차적 수준의 개입' 사례

지역사회에서 생활하는 김씨 노인(여, 70세)은 얼마 전 남편과 사별하고 혼자 살고 있다. 경제적으로 부유하지는 않지만 약간의 연금을 지급받고 있어 빈곤한 상태는 아니다. 무릎이 가끔 아프긴 하지만 비교적 건강한 편이고, 같은 지역에 살고 있는 차녀가 자주 왕래하는 편이다. 지금까지 혼자 살아본 경험이 없고, 노인복지관이나 경로당 등을 이용하지 않고 있으며, 주로 집에서 지내거나, 이 지역에서 알고 지내온 몇몇 이웃들과 왕래하곤 한다.

사회복지사는 김씨 노인이 심신의 건강을 유지하고 살고 있는 지역에서 가능한 한 오래 생활할 수 있도록 돕는 1차적 수준의 개입을 목표로 한다. 이를 위해 노인의 현재 생활상황과 욕구 및 예견되는 문제 등에 대해 정확히 파악하고, 노인이 스스로 이에 대처할 수 있는 능력을 유지·향상시킬 수 있는 방법을 찾아 개입한다. 노인이 사별로 인한 변화에 적응하도록 돕고, 이웃과의 왕래 외에 새로운 방식의 여가도 고려해 볼 수 있도록 노인복지관 프로그램 정보를 제공한다. 또 다양한 건강정보와 함께 김씨 노인에게 적절한 수준의 정서지원 서비스 등을 연결하는 등 중개자로서의 역할을 수행한다.

(2) 2차적 수준의 개입

2차적 수준의 개입은 심신의 변화 및 사회적인 변화로 인해 위기상황에 처한 노인, 만성질환 때문에 일상생활 수행능력에 약간의 제약과 의존성을 갖게 된 노인을 대상으로 한다. 개입은 노인의 상황이 더 악화되지 않도록 하는 것, 그리고 향후 유사상황이 발생하지 않게 대처할 수 있도록 촉진하는 것에 초점을 둔다.

이 때문에 문제의 최초 징후가 보일 때 조기진단하고 개입하는 것이 매우 중요하다. 따라서 2차적 수준의 개입은 '문제의 징후가 보이기 시작하는 초기에 개입하여 더 이상 악화되는 것을 막기 위해 조기사정, 평가, 적절한 원조를 제공하며, 문제상황에 대처하는 기술을 발달시키도록 돕는 활동'이라고 정의할 수 있다.

2차적 수준의 개입 목적은 지역사회에서 노인이 계속 독립해 생활하도록 지원함으로써 시설 조기입소를 지연시키는 것이다. 이를 위해서는 지역사회 중심의 개입이 이루어져야 하며, 심리정서적 문제에 대한 상담, 신체노화나 질병으로 인한 기능약화 관련 문제를 돕는 재가복지서비스가 필요하다.

문제 발생 초기단계에서는 자신이 직면한 문제를 인식하지 못하거나 해결 방법을 찾지 못하는 경우가 대부분이므로 심신 및 사회적 기능장애로 인해 서비스 이용에서 배제되기 쉬운 노인들이 사각지대에 머물지 않도록 찾아내는 것이 중요하다.

이처럼 문제에 직면한 노인을 대상으로 하기 때문에 사회복지사는 자신의 지식과 기술을 활용해 직접적 치료자, 임상가로 기능하거나, 정보를 제공해 노인이 스스로 자원활용에 대해 결정하고 대처하는 능력을 강화해 나가도록 돕는 역할을 하게 된다.

'2차적 수준의 개입' 사례

남편(70세)과 둘이 살고 있는 이씨 노인(여, 66세)은 몇 달 전 갑작스럽게 찾아온 뇌졸중으로 인해 우측 편마비와 언어장애가 있는 상태로 주간보호센터를 이용하기 시작했다. 이씨는 노인이라고 하기엔 아직 젊다고 생각한 자신이 예전처럼 활동할 수 없다는 것, 그리고 성에 차지 않는 가사관리로 인해 스트레스를 받고 있으며, 남편에게 미안한 마음을 갖고 있다. 이씨의 남편은 고혈압 약을 복용하고 있으나 일상생활에 지장이 없고 비교적 건강한 편으로 아내를 돌보는 것을 당연하게 받아들이고 있지만, 아내의 질병과 기능 악화로 생긴 변화에 여전히 당황한 상태이며, 아내를 돌보는 데 부담을 느끼는 날이 없지 않다.

주간보호센터의 사회복지사는 이씨 노인과 남편이 직·간접적 스트레스를 줄이고, 현재 직면한 문제를 해결함과 동시에 상황 악화를 예방하는 2차적 수준의 개입을 목표로 한다. 이를 위해 우선 이씨 노인이 느끼는 부정적인 심리상태를 개선하고자 센터 및 외부 자원을 활용한 상담과 정서적 지지를 제공하고, 신체기능 저하를 막기 위한 재활치료를 병행한다. 또 이씨 남편의 부양부담 경감을 위해 심리정서적 지지와 상담을 진행하고, 가사를 돕기 위한 자원을 연계하여 돕는다. 더불어 이씨의 남편이 아내를 부양하면서 건강이 악화되지 않고 현재의 건강상태를 유지할 수 있도록 관련 정보를 제공한다.

(3) 3차적 수준의 개입

3차적 수준의 개입은 질병 등으로 타인의 도움이 필요한 노인을 대상으로 한다. 즉, 신체적, 정서적, 사회적 기능에 심각한 장애가 있어 타인의 도움 없이는 일상생활이 불가능한 노인과 노인가족에게 개입하게 된다. 따라서 이 때는 질병이나 문제를 완전히 해결하고 회복하기보다는, 어려운 상황과 역기능이 악화되는 것을 방지하거나 재활을 돕게 된다. 이런 점에서 3차적 수준의 개입을 '노인이 가진 장애의 악화와 사회적 기능이 퇴보하는 것을 막고, 잔존기능을 최대한 끌어올려 노인이 재활하도록 돕는 장기적인 보호활동'이라고 정의할 수 있다.

1차 및 2차적 수준의 개입이 지역사회 중심으로 전개된 것에 비해 3차적 개입은 지역사회뿐 아니라 노인병원, 노인복지시설에서의 장기요양서비스 형태로 제공된다. 2차적 수준의 개입보다 강도 높은 의료적, 심리사회적 치료가 병행되고, 기능회복에 필요한 물리치료, 작업치료, 일상생활동작 훈련 등 재활서비스를 포함한다. 대상 노인이 복합적인 문제를 가진 경우가 많아 다양한 서비스를 동시에 필요로 하기 때문에 지속적인 관리도 필요하다.

따라서 사회복지사는 다양하고도 복잡한 욕구와 문제를 가진 노인, 노인가족을 발굴하고, 그들을 위해 공식적, 비공식적 자원망을 구축해 조정하는 사례관리자의 역할을 수행하며, 그 과정에서 적절한 서비스를 찾거나 개발하는 활동을 전개하게 된다.

'3차적 수준의 개입' 사례

박씨 노인(여, 80세)은 기혼의 막내딸 부부와 함께 생활해 왔으나 딸이 더 이상 부양할 수 없는 상황이 되어 노인요양시설에 입소한 지 수개월이 지난 상태이다. 박씨 노인은 파킨슨병을 앓고 있으며, 고혈압과 심장질환을 갖고 있다. 입소 후 낯선 환경에 적응하지 못하고 같은 방을 사용하는 노인과 갈등을 빚고 있으며, 막내딸이 찾아와도 냉랭한 반응을 보이는 등 전에는 없던 행동과 우울, 치매 증상이 조금씩 나타나고 있다. 또한 보행에 어려움이 발생하여 휠체어 의존도가 높아진 상태이다.

시설의 사회복지사는 박씨 노인의 심리적, 신체적, 사회적 기능수준에 대해 판단하기 위해 사정(assessment) 과정을 거친다. 사정 결과에 따라 사회복지사는 다양한 측면에서 박씨 노인의 기능이 급속히 악화되는 것을 막을 개입계획을 수립한다. 즉, 정서적 지지나 상담을 통해 심리사회적 기능을 회복하고 시설 내 노인들과 갈등 없이 잘 어울리도록 돕고, 진료, 물리치료, 작업치료 등 보건의료서비스를 활용해 일상생활동작 등 신체기능 악화를 지연시킴으로써 활동의 독립성을 최대한 유지할 수 있도록 한다. 또 가족과 지역사회의 인적 자원을 동원해 박씨 노인과 시설 밖 세상의 접점을 유지하게 지원함으로써 가족과의 거리감을 해소하고, 자신이 버림받았다고 느끼는 부정적 감정을 없앨 수 있도록 돕는다. 이러한 개입을 통해 박씨 노인이 시설에 보다 잘 적응하고, 심신의 상황과 생활환경이 바뀌어도 질 높은 삶을 유지할 수 있도록 지속적으로 사례관리한다.

이처럼 노인복지실천은 노인 및 노인의 가족이 갖는 욕구, 문제, 기능수준 및 그들만의 특성을 고려해 1차적 수준, 2차적 수준, 3차적 수준의 개입을 전개하게 되지만, 노인의 상황은 각 개입의 수준에 맞추어 분절된 것이 아니라 연속성을 갖고 서서히 때로는 급격하게 변화하는 것이다. 따라서 사회복지사는 변화하는 노인의 상황과 특성을 정확히 사정하고, 사정결과에 기초해 욕구 충족과 문제의 예방, 회복, 유지를 위해 개입할 수 있는 역량을 충분히 갖추어야 한다.

5) 노인복지실천의 구성체계

노인복지실천은 노인과 노인을 둘러싼 환경 간에 발생할 수 있는 문제에 관심을 갖고 해결하기 위해 활동하는 사회복지실천의 한 영역이라고 할 수 있다. 즉, 노인복지실천은 사회복지전문가가 노인의 욕구와 문제에 관심을 갖고, 노인이 직면하고 있는 장면이 어떤 상황인지 파악하고 사정하여 개입계획을 수립하며, 계획에 따라 각종 서비스와 원조를 제공하는 과정인 것이다. 이때 노인의 문제나 욕구에 대한 관심은 노인복지실천의 가치체계(feeling or value), 노인의 상황에 대한 사정 및 개입계획은 지식체계(thinking or knowledge), 노인에 대한 서비스와 원조는 기술체계(acting or skills)로 이해할 수 있다.

[그림 10-1] 노인복지실천의 구성체계

출처 : 권중돈(2019). 노인복지론. 학지사. p.491 [그림 13-1]의 재구성.

노인복지의 지식체계는 인간과 사회환경의 변화에 따라 그 범위가 확대되어 왔다. 그 결과 기존의 지식체계에서 다루던 기본욕구(의 · 식 · 주)뿐 아니라 인권, 정의, 분배, 불평등, 정보 등을 포괄하게 되었다. 따라서 노인복지실천을 위해 사회학, 심리학, 문화인류학, 경제학, 정치학, 법학, 의학, 역사학, 공학 등 다른 학문영역의 지식을 종합적으로 활용할 필요성이 매우 높아졌고, 이 때문에 노인복지실천의 고유 지식체계가 부재하다는 비판도 있었다. 그러나 리치몬드(Richimond,1917)의 '사회진단(Social Diagmosis)' 이후 사회복지의 전문성과 과학성이 확보되면서 노인복지와 같은 대상별 사회복지영역에서도 미시적 개입(임상적 실천)과 거시적 개입(정책)의 지식체계가 개발되고 학문적 독자성을 갖게 되었다. 이러한 독자적 전문영역 안에서 사회복지사들은 다음 세 가지 지식체계를 갖추기 위해 노력해야 한다(권중돈, 2019).

① 노인, 사회 및 그 둘 사이의 상호작용 이해에 필요한 기초지식
② 개인, 가족, 집단, 조직, 지역사회 및 전체 사회를 원조하고 변화시키는 데 필요한 실천지식
③ 현장경험을 토대로 체득한 실천지혜

보다 효과적인 노인복지실천을 위해서 전문적인 기술체계도 요구된다. 사회복지학이 과학적 학문으로 발달하기 전에는 구빈사업, 자선사업 등 비전문적인 원조행위가 지배적이었다. 그 후 개별사회사업, 집단사회사업, 지역사회조직, 사회복지정책, 사회복지 프로그램, 사회복지 자원관리 등 미시적 개입과 거시적 개입을 위해 필요한 전문기술이 개발되면서 노인복지실천에서도 노인 원조와 사회 변화를 위한 전문적 기술체계를 발전시킬 수 있게 되었다. 사회복지학 학습자들이 노인복지실천을 위해 갖추어야 할 기술은 다음과 같다(권중돈, 2019).

① 노인복지실천의 기반을 이루는 인간관계, 즉 촉진적 원조관계 형성이 가능한 기술
② 노인과 사회를 변화시킬 수 있는 개입기술
③ 실질적인 원조행위에 수반되는 서비스 기술

노인복지실천의 구성체계 중 마지막으로 기억해야 할 것은 바로 가치체계이다. 노인복지실천이 독자적 지식체계와 기술체계를 갖추고 있어도 사람, 사람들 사이의 인간관계에 기반해 이루어진 사회를 변화시키고 사회구성원인 노인들을 돕기 위해서는 가치체계에 기반한 활동이 요구된다. 권중돈(2019) 및 그밖의 전

문가들이 강조하는 바와 같이, 노인복지실천은 사람과 사람들이 살아가는 세상에 대한 합리적인 가치체계에 기반한 것이어야 하며, 그때 비로소 인간서비스 학문으로서의 의미를 유지할 수 있다.

이와 같은 사회복지학의 가치체계는 사람과 세상에 대한 애정이라고 할 수 있으며, 사회복지전문직들은 이를 실천할 수 있는 원칙으로 사회복지사 윤리강령을 갖는다. 윤리강령은 시대나 사회에 따라 다를 수 있지만 인간과 세상에 대한 헌신, 봉사, 사회정의 실현, 인간존엄성에 대한 존경, 인간관계의 중요성에 대한 인식과 실천 등이 주를 이룬다(권중돈, 2019). 또한 사회복지사로서의 사명이나 실천 방법과 관련된 지침을 규정함으로써 사회복지적 가치기준에 부합하는 실천을 전개했는지 점검하는 판단기준이 된다(이순민, 2019).

2. 노인복지실천의 과정

노인복지실천과정은 사회복지실천과정과 동일하다. 단, 실천의 대상이 노인이므로 사회복지전문가가 노인에 대해 충분히 이해하고 개입하는지가 관건이 된다. 일반적으로 사회복지실천의 과정은 접수, 자료수집 및 사정, 목표설정 및 계약, 개입, 평가 및 종결로 이루어지며(양옥경 외, 2018), 이러한 사회복지실천과정에 기초하여 노인복지실천과정을 접수, 자료수집과 사정, 개입계획 및 실행, 평가 및 종결로 구분하여 살펴보기로 한다.

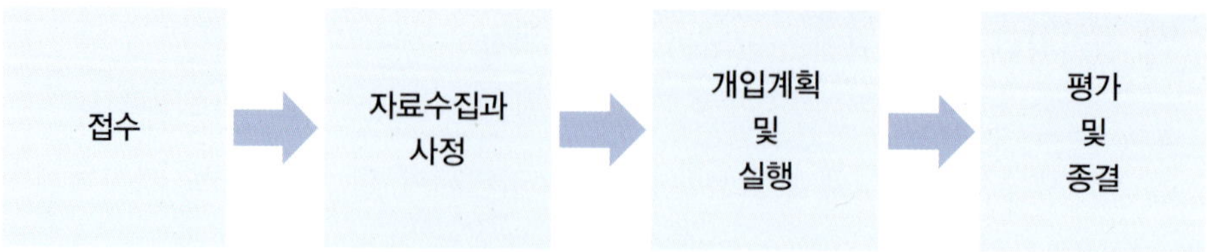

[그림 10-2] 노인복지실천의 과정

1) 접수

접수는 사회복지기관에 해결되지 않은 욕구나 문제를 가진 사람이 방문했을 때 사회복지전문가가 그의 욕구와 문제를 파악하고 기관에서 서비스 제공이 가능한지 여부를 판단하는 과정이다. 노인복지실천현장이라면 노인복지 전문기관에 찾아온 노인 클라이언트와 사회복지사가 만나 노인이 가진 욕구와 문제를 파악하고, 해당 기관이 해결을 도울 수 있는지 판단하는 단계이다.

클라이언트는 처음 만났을 때의 느낌과 감정에 따라 재방문 여부를 결정하는 경향이 있고, 기관 이용을 결정한 후에 이루어질 전문적 관계의 양상도 접수단계에서의 경험에 영향을 받는다(양옥경 외, 2018). 따라서 접수단계에서 가장 중요한 것은 노인과 사회복지사의 신뢰관계 형성의 기반을 마련하는 것이다.

접수단계에서 사회복지사는 노인 클라이언트가 기관과 사회복지사를 신뢰하고 긍정적인 라포(rapport)가 형성될 수 있는 분위기를 만들어야 한다. 이를 위해 노인이 긴장하지 않고 편안한 마음으로 이야기할 수 있게 배려해야 한다. 노인이 자신의 이야기를 하도록 돕기 위해 노인이 살아온 시절의 사회적 사건이나 개인적 경험 등을 얘기할 수 있게 유도하는 것도 하나의 방법이 될 수 있다. 그 과정에서 노인이 사회복지사 및 기관에 대해 어떻게 느끼는지 파악하고, 무엇을 기대하며 방문했는지 확인하며, 제공 가능한 서비스와 제공 방법, 기관에서 다루기 곤란하거나 제공이 어려운 서비스 등에 대해 의논해야 한다. 요약하면, 접수단계에서 사회복지사의 주요 과제는 노인 클라이언트와의 긍정적 관계형성, 욕구와 문제 확인이며, 그 결과 기관의 클라이언트로 받아들여 다음 실천단계로 이행하거나 타기관에 의뢰하는 것까지가 해당된다.

2) 자료수집과 사정

(1) 자료수집

자료수집이란 클라이언트가 가진 욕구와 문제를 이해하고 분석하여 해결책을 모색하는 데 필요한 내용을 수합하는 것이다. 이는 접수단계에서 보는, 서비스 제공 여부를 결정하는 데 필요한 정보와는 다른 것이다. 사회복지사는 수집한 자료에 기초해서 사정을 진행하며, 자료수집과 사정은 순차적이기보다는 거의 동시에 이루어진다.

자료는 사정에 필요한 모든 정보를 포함하는데, 접수단계에서 입수한 클라이언트의 기본정보에서 나아가 문제와 관련된 깊이 있는 정보, 클라이언트가 살아온 경험을 담은 개인과 가족의 역사, 클라이언트의 심신의 기능 및 인지적, 사회적 기능, 문제해결능력, 클라이언트의 현재적(顯在的) · 잠재적(潛在的) 자원, 문제해결과 관련된 클라이언트의 장단점이나 한계 등을 포함한다.

자료수집의 주요한 출처는 대개 클라이언트 당사자인 경우가 많다. 클라이언트가 접수 시 작성한 초기면접지 정보, 대화로 전해 듣는 클라이언트의 이야기 등에서 중요한 자료가 수집될 수 있다. 노인의 이야기를 통해 문제와 욕구, 원인 등에 대한 정보를 수합할 수 있다. 그러나 당사자의 주관성을 배제할 수 없기 때문에 때로는 편견이나 편향된 감정 등이 함께 전달되어 왜곡이 발생하기도 한다. 이런 경우 노인의 감정을 수용하되 객관적 정보에 대한 확인을 통해 오류를 예방해야 한다. 그런 점에서 노인의 비언어적 행동, 즉 얼굴표정, 목소리, 손동작과 행동 등에 내포된 의미도 정보로 보고 활용할 수 있을 것이다.

한편 클라이언트의 가족, 이웃, 친구, 타기관 등을 통해서도 중요한 정보가 수집되는 경우가 있다. 단, 클라이언트의 동의 없이 이러한 자료를 입수하려는 시도를 해서는 안 된다. 때에 따라서는 각종 척도나 검사지 등 전문검사 도구를 활용한 결과가 필요한 경우도 있고, 관찰을 통해 정보를 수집할 수도 있다. 수집한 자료는 사정에 사용되기 때문에 과학적 방법을 통해 객관적인 자료수집이 이루어지도록 주의해야 한다.

노인의 그림, 가계도 등 간편한 도구 및 비디오 등을 활용하거나, 회상적 대화를 통해 다양한 정보를 수집할 수 있다. 그 외에도 사회복지사는 노인과 나누는 언어적, 비언어적 의사소통 과정에서 그가 가진 표면적인 문제와 정서적인 문제를 인지해야 한다(정순둘 외, 2020). 이러한 자료수집은 노인복지실천의 초기단계에서만 이루어지는 것이 아니라 개입이 이루어지는 동안 변화하는 상황에 따라 지속적이고 반복적으로 진행된다는 점을 잊어서는 안 된다.

(2) 사정

사정은 수집한 정보의 나열에 그치지 않고 종합적으로 분석해 클라이언트의 욕구나 문제 및 원인, 해결방법을 찾는 핵심적인 단계이다. 사정에 기초하여 개입계획이 수립되고, 계획에 근거한 개입에 의해 결과도 달라진다. 또 사정결과에 따라 클라이언트에게 제공할 서비스의 유형과 양이 결정되므로 주기적으로 정확한 사정을 진행함으로써 개입의 지속이나 중단을 판단해야 한다.

사회복지실천과정에서는 가계도, 생태도, 소시오그램 등으로 정보를 수집하여 사정에 활용할 수 있으며(양옥경, 2018), 이는 노인의 경우에도 마찬가지이다. 또 노인들은 다른 사회복지실천의 대상자들에 비해 오랜 시간의 삶의 경험을 갖고 있기 때문에 사정은 더욱 복잡하고, 단일한 측정도구만으로 사정을 진행하기 어려운 측면이 있다. 노인복지실천 현장에서는 노인 클라이언트 사정 시 노인의 신체적 · 정서적 · 인지적 · 사회적 · 환경적 측면, 자기보호능력, 선호도, 제공받은 서비스, 지지체계의 부양부담 등을 다양하게 고려할 필요가 있다. 일반적으로 노인 클라이언트에 대한 사정 영역은 다음과 같다(정순둘 외, 2020:258 재인용).

① 클라이언트의 능력과 대인서비스 욕구에 대한 사정 : 교육 정도, 취업경험, 사회활동 정도, 문제해결능력, 의사결정능력, 개인적 자질과 성격, 물리적 · 재정적 자원 소유, 문제해결에 대한 동기와 의지, 성적 기능, 경험과 지혜 등

② 클라이언트의 사회적 망과 그 구성원들이 클라이언트 욕구에 부응하는 능력에 대한 사정 : 비공식적 원조자들의 발굴, 사회적 지지체계, 중요한 타자의 상실 등

③ 대인서비스 제공자 및 그들이 클라이언트 욕구에 부응하는 능력에 대한 사정 : 클라이언트와 자원 제공자의 욕구 일치 여부, 상호 불일치 시 일치시킬 방법 사정 등

④ 1차적 보호 제공자 : 1차적 보호 제공자의 경제활동이나 아동양육 등을 고려한 부양부담 파악, 노인이 함께 생활중인 사람들에 대한 사정 등

3) 개입계획 및 실행

개입계획은 클라이언트의 욕구충족이나 문제해결을 위해 목적과 목표를 설정하고 제공될 서비스를 구체화시키는 과정이다. 이 단계에서는 클라이언트의 문제와 욕구를 명확히 하고, 해결을 위해 상호 협력하는 것이 매우 중요하다. 노인복지실천의 개입계획 단계에서는 개입하려는 문제가 현재 시점에서 다룰 수 있는 문제인지 충분히 이해한 뒤 사회복지사와 클라이언트의 합의가 이루어져야 하고, 노인이 자신의 문제해결을 위해 수행할 역할도 충분히 고려한 계획이 수립되어야 한다.

계획 수립 시 목표는 사정단계에서 정의된 문제와 욕구에 영향을 미치는 요인이 무엇인지 분석한 바를 근거로 설정되며, 개입 방향이 명확해지도록 돕는 것이어야 한다. 목표는 장기목표, 단기목표로 구분해 수립할 수 있고, 클라이언트가 현재 충족해야 할 욕구나 해결해야 할 문제에 대한 직접적인 목표를 단기목표로, 단기목표의 달성과 함께 궁극적으로 도달하고자 하는 희망지점을 장기목표로 둔다. 목표가 명확할수록 개입 종료 후의 결과를 효과적으로 평가할 수 있다. 정순둘 등(2020)에 따르면 개입계획 수립 과정에서 목표 설정 시 주의할 점은 다음과 같다.

① 명료한 목표 수립 : 명료한 목표수립을 통해 클라이언트의 진전상황 보고 가능
② 실현 가능한 목표 수립 : 서비스 제공 시간, 서비스 종류, 서비스 양, 서비스 횟수 등에 대한 구체화, 클라이언트의 신체적 기능을 고려해 달성 가능한 범위 내의 현실적 목표 수립
③ 클라이언트의 동의에 의한 목표 수립 : 전문가의 일방적 결정 지양, 클라이언트의 능력 배양이 가능한 목표 수립, 클라이언트가 원하는 문제해결의 수준에 대한 합의

개입계획은 문제해결을 위해 무엇을 어떻게 할지 정하는 일이고, 자원을 어떻게 사용할지 결정하는 과정이다. 따라서 사회복지사는 활용가능한 시간, 인적·물적 자원 등을 어떻게 배분할지 충분히 검토하여 실행가능한 계획을 수립해야 한다.

개입계획이 수립되고 나면 구체적인 실천활동이 본격적으로 이루어지게 된다. 이를 통해 노인 개인, 노인가족, 그 외 노인을 둘러싼 집단들 및 지역사회 등 다양한 수준에서 개입하게 되고, 계획에 따른 서비스 제공으로 노인의 욕구충족 및 문제해결 등 변화를 경험하게 된다.

4) 평가 및 종결

평가란 개입의 결과 계획한 목표에 도달하였는가, 변화가 얼마나 유지될 수 있을 것인가를 파악하는 것이며, 평가결과에 따라 종결 여부를 결정하게 된다.

노인복지실천에 대한 평가는 결과평가와 과정평가로 구분할 수 있다. 결과평가는 계획 수립 시 설정한 목표가 얼마나 달성되었는지, 노인에게 어떤 변화가 있었는지 평가하는 것이다. 목표달성 수준이 높아 결과평가가 좋아도 과정평가가 반드시 긍정적인 방향으로 귀결되지 않을 수도 있다. 그러나 통상 노인복지실천 과정의 초기단계부터 사회복지사와 노인, 노인가족과의 라포가 긍정적으로 형성

된 상태에서 개입이 진행되면 계획수립과 서비스 제공 과정에서도 논의나 협력이 원활하고, 결과평가나 과정평가 역시 긍정적으로 이루어질 가능성이 높다.

종결은 사회복지사와 노인 클라이언트의 관계가 공식적으로 끝나는 것을 의미한다. 계획 당시의 목표가 달성되어 클라이언트의 문제가 해결되었거나 클라이언트의 문제가 사회복지사나 해당 기관의 역량 밖의 것으로 평가될 때 종결에 이르게 된다. 때로는 자원부족으로 인해 종결을 결정할 수밖에 없는 경우도 있다. 또는 사회복지사와 클라이언트 간 원만한 관계, 신뢰관계가 형성되지 않은 채 개입이 진행되다 종결하는 경우도 있다. 목표달성에 따른 종결이 아닐 경우 사회복지사는 자신의 클라이언트였던 노인을 위해 다른 전문가나 기관을 연결할 수도 있다.

종결단계에 가까워지면 사회복지사는 사례에 대한 재사정을 실시한다. 개입의 전체과정을 통해 노인의 상황이 변화하기 때문에 중간에도 재사정은 실시될 수 있으며, 종결 전 재사정은 더욱 필수적이다. 이때 재사정은 종결 여부를 결정하기 위한 평가 중 하나로 활용될 수도 있다.

종결 결정 후에 발생할 것으로 예측되는 문제에 대해 점검하고, 종결 후 주기적 사후관리를 진행하는 것도 중요하다. 따라서 사후조사 대상 여부 및 사후조사 주기를 결정하고 그에 따라 재개입이 필요한지 살펴보는 것도 종결단계에서 사회복지사가 할 일 중 하나이다.

3. 노인복지실천 개입방법

노인복지실천은 노인을 상대하는 방법에 따라 크게 개인 대상 실천(social work with individual)과 집단 대상 실천(social work with group)으로 구분할 수 있다. 개인 대상 실천이든 집단 대상 실천이든 노인복지실천이 클라이언트인 노인과 사회복지사와의 관계에 기반하여 전개되는 과정이라는 점에서는 동일하다. 따라서 여기에서는 관계론에 대해 간략히 정리하고, 개인 대상 실천 및 집단 대상 실천에서 필요로 하는 개입 방법에 대하여 살펴보기로 한다.

1) 관계론

사회복지실천에서 '관계'란 사회복지사와 클라이언트의 관계를 가리킨다. 사회복지실천은 사회복지사와 클라이언트의 관계 형성에 기반하지 않고서는 시작될 수 없다고 해도 과언이 아니다.

비에스텍(Biestek, 1957)에 따르면 개인 대상 사회복지실천의 관계는 '사회복지사와 클라이언트 사이의 태도와 감정의 역동적 상호작용'이다. 콤튼과 갤러웨이(Compton & Galaway, 1994)는 사회복지실천을 위한 관계의 기본요소로 타인에 대한 관심, 헌신과 의무, 권위와 권한, 공감, 무조건적 긍정적 관심, 진실성과 일치성, 자기노출을 제시하였고, 그 외에 성숙함, 창조성, 자기관찰 능력, 도우려는 열망, 용기, 민감성, 인간적 자질 등이 포함된다고 하였다. 최성재 등(2011)도 관계적 요소로 타인에 대한 관심, 헌신적 자세와 의무, 수용과 기대, 감정이입, 권위와 힘, 진실성과 일치성을 언급한다.

사회복지사는 '타인에 대한 관심'과 존중을 바탕으로 클라이언트와 관계를 맺는다. 타인에 대한 관심이란 클라이언트의 삶이 더 개선될 것을 바라며 클라이언트의 욕구에 반응하는 것이다. 관심과 존중에 기반한 관계에서 사회복지사는 면접시간을 정확히 지키고, 가정방문 전에 약속을 정하며, 모임 장소를 신중하게 결정하고 준비한다. 또한 수동적 청취가 아니라 깊은 경청의 태도로 의사소통하고, 클라이언트를 고유하고 가치있는 인간으로 존중하는 원조관계 안에서 자신의 전문지식과 기술을 활용할 수 있게 된다.

사회복지사의 '헌신적 자세와 의무'는 클라이언트가 안심하고 과업에 집중할 수 있게 한다. 따라서 사회복지사는 클라이언트와의 시간과 장소를 미리 준비하고, 긴급 시 함께 있어주며, 클라이언트의 문제와 관련된 활동의 초점을 유지해야 한다. 또 변화와 성장을 가져올 관계를 마련하는 등 원조과정에 필요한 조건을 충족시킬 책임을 다해야 한다.

'수용'은 사회복지사의 비심판적 태도로서, 클라이언트에 대해 판단하지 않고 능동적으로 이해하고자 하는 것을 의미한다. '기대'는 사회복지사가 클라이언트와 상호작용 하면서 고려해야 하는 잠재적인 힘이라고 할 수 있으며, 이러한 '기대'는 클라이언트의 복지상태와 행동에 영향을 미친다.

'감정이입'은 타인의 감정을 느낄 수 있는 능력이자 그 감정에서 분리되어 객관적 지식을 활용할 수 있는 능력이다. 사회복지사는 자신의 관점을 잃지 않으면서 '감정이입'을 통해 클라이언트의 느낌과 경험을 이해해야 한다. 이것은 혼자만의 세계에서 구축되는 것이 아니라 클라이언트와의 상호작용을 통해 발전하는 것이다.

'권위와 힘'은 사회복지사가 전문지식, 경험, 지위를 바탕으로 클라이언트에게 미치는 영향력이다. 이것은 기관의 목적과 프로그램을 통한 제도적 측면, 클라이언트가 사회복지사를 전문가로 받아들이면서 부여하는 심리적 측면으로 이해할 수 있다. 사회복지사가 권위와 힘을 클라이언트 원조에 어떻게 활용할 것인지가 주요 관건이 된다.

사회복지사는 클라이언트와의 관계에서 일관되고 정직한 개방성을 유지하고, 언행이 항상 일치해야 하며, 전문가로서의 가치체계 및 본질적 자아와 일치해야 한다. 사회복지사가 '일치성과 진실성'을 갖기 위해서는 자기자신에 대한 지식, 기관과 정책 및 전문가의 역할에 대한 지식, 사회복지실천 관계에 요구되는 제반 요소의 내면화 등이 필요하다.

2) 개인 대상 실천방법

사회복지실천에서 활용할 수 있는 기본적인 실천방법들은 대체로 면접기술과 관련된다. 노인 개인을 대상으로 하는 노인복지실천에 있어서도 면접은 서비스 제공 시 필요한 주요 수단이며, 무엇보다도 클라이언트가 노인이라는 점을 고려한 정확한 소통이 중요하다. 즉, 명확하고 간결하며, 직접적이면서, 오해의 소지가 있는 단어 사용은 삼가는 노력이 필요하다(Bloom, 1980). 여기에서는 개입 전반에 걸쳐 주로 활용되는 대표적인 면접기술 몇 가지에 대해 살펴보기로 한다.

(1) 관찰

사회복지사는 관찰을 통해 클라이언트가 이야기하지 않은 것, 이야기 속에 숨겨진 의미, 클라이언트의 침묵 등에 대해 해석해야 한다. 즉, 클라이언트가 보이는 몸의 긴장, 얼굴 변화, 흥분하거나 낙담하는 모습, 눈맞춤, 앉아 있는 모습, 냄새(술, 담배, 비위생적인 냄새 등), 말의 톤과 속도, 명확성, 웃음이나 웃음소리 등 비언어적인 요소들을 관찰하고 파악하는 것이다. 이때 관찰은 단순히 보는 것(seeing)이 아니라, 무엇을 볼 것인지 선택하는 기술이며, 목표지향적인 작업이다(김정진, 2016). 사회복지실천의 모든 면접에서 관찰의 기술이 사용되며, 어떤 의미에서는 면접을 통해 알고자 하는 모든 것을 관찰을 통해 파악할 수 있다(최성재 외, 2011). 그러나 사회복지사는 자신의 관찰기술이 완벽하다고 생각해서는 안 되며, 쉽게 속단하지 말고 다른 정보와의 일치성을 고려해 신중히 사용해야 한다(양옥경 외, 2018).

또한 잊지 말아야 할 것은 클라이언트도 사회복지사를 관찰하고 있다는 점이다. 그러므로 신뢰관계에 영향을 미칠 수 있다는 점을 고려해 사회복지사 자신의 비언어적 태도를 잘 관리하도록 주의해야 한다(김정진, 2016).

(2) 경청

경청은 면담에서 가장 주요한 기술이자 면접의 가장 기본적인 활동 중 하나이다. 클라이언트는 자신의 이야기를 들으며 간단하고 적절한 의견을 제시하고 질문을 하거나, 요점을 파악한 반응을 보여주며, 중요한 부분에서 미처 강조하지 못한 점에 대해 이해의 말을 덧붙여 주는 사회복지사를 선호한다(최성재 외, 2011). 반대로 여러 충고와 제안을 하거나, 클라이언트의 말이 끝나기도 전에 주제 전환 또는 질문을 하는 사회복지사는 신뢰받기 어렵다(Jonson, 1989). 유교문화가 잔존하고 있는 우리 사회의 경우 노인 클라이언트가 젊은 사회복지사의 이러한 태도에 불만을 가질 수 있으므로 주의가 필요하다.

경청은 단지 말을 듣는 것에 그치지 않고, 클라이언트가 표현하고 있는 것, 감정, 사고를 이해하며 듣는 것이다. 클라이언트가 분노 등 부정적 감정을 가졌을 때 그것을 표출하고 나면 가벼운 마음으로 빨리 전환할 수 있고, 사회복지사의 공감적 태도에 기반한 경청만으로도 감정이 정화될 수 있다. 따라서 사회복지사의 경청은 때로 그 자체만으로도 클라이언트의 변화를 위한 효과적인 개입이 되기도 한다.

(3) 질문

질문은 클라이언트로부터 필요한 정보를 얻기 위해 가장 많이 활용되는 실천기술이다. 사회복지사는 클라이언트가 계속 이야기할 수 있도록 적절한 질문을 해야 한다.

폐쇄형 질문이나 개방형 질문을 모두 적절히 사용할 필요가 있지만, 가능한 한 개방형 질문을 통해 클라이언트가 원하는 대로 대답할 수 있도록 유도해야 한다. 폐쇄형 질문에 클라이언트는 '예', '아니오' 또는 단답형으로 답하게 되는데, '자녀가 몇 명인가요?' 등이 질문의 예가 된다. 개방형 질문은 '남편과 사별한 지 얼마나 되셨나요?', '자녀들과의 관계는 어떠신가요?' 등 구조화된 형태로 주제를 제한할 수도 있고, '그밖에 힘드신 건 어떤 건가요?' 등 비구조화된 형태로 제시하여 클라이언트가 주제를 선택해 얘기하도록 할 수도 있다. 어떤 유형의 질문이든 사회복지사는 적절한 질문을 통해 이야기를 이끌어냄으로써 클라이언트를 보다 잘 이해하고 문제해결에 필요한 정보도 확보할 수 있어야 한다.

그리고 질문에 사회복지사의 편견이 반영되거나 클라이언트가 질문에 영향을 받아 편향된 대답을 하지 않도록 주의해야 한다. 예를 들어, 노인에게 '당신은 며느리가 마음에 들지 않지요?' 등을 묻는 것이 그러하다. 또 '왜'라는 질문은 가능한 한 피해야 한다. '왜'라는 질문에 클라이언트는 방어적인 자세로 대답을 하게 되는 경향이 있으므로, '40대에 실직한 후에는 무엇을 했는지 이야기해 줄 수 있나요?', '결혼한 자녀의 질병이 당신에게 어떤 영향을 미친 것 같은가요?' 등의 질문을 통해 문제나 욕구의 해결에 활용할 수 있는 이야기를 하도록 유도하는 것이 바람직하다.

(4) 초점 맞추기

사회복지사의 개방형 질문에 답하는 클라이언트가 이야기의 본질에서 벗어나는 경우가 있다. 그러면 사회복지사는 클라이언트가 대화의 주제로 돌아올 수 있도록 도와야 하는데, 이때 초점 맞추기(focusing) 기술을 사용한다.

노인들은 특히 자신의 다양한 경험을 언급하면서 대화의 주제에 집중하지 못하고 이야기를 확대하기도 하므로 사회복지사는 면접 시 초점 맞추기 기술을 적절히 활용해야 한다. 예를 들어, 노인에게 함께 살고 있는 사위와의 관계가 어떠한지 질문했는데 사돈에 대한 이야기로 확대할 경우 사회복지사는 노인에게 이야기 주제에서 벗어나고 있다고 알리고 다시 사위와의 관계에 대해 이야기해 달라고 요청할 수 있다.

초점 맞추기와 달리 '좀 더 나아가기(furthering)' 기술이 필요할 때도 있다. 폐쇄형 질문에 대한 답변을 확장할 필요가 있을 때, 또는 클라이언트가 충분한 정보를 제공하지 않을 때 이 기술을 사용하면 추가적인 내용을 포함해 더 많은 설명을 하도록 이끌어 갈 수 있다.

(5) 저항에 대한 통제

저항은 클라이언트가 개입목표와 반대되는 행동을 보이는 것을 가리킨다. 저항은 사회복지사가 클라이언트에게 접근하는 것을 막고 문제해결과 변화를 방해하기 때문에 사회복지사에게는 저항을 다루는 기술이 필요하다.

클라이언트의 저항은 단순히 사회복지사의 개입에 협조하지 않거나 거부하는 것과는 다르다. 클라이언트는 변화를 위해 도움을 원하면서도 익숙한 것을 버리고 새로운 것을 선택해야 하는 두려움을 갖는다. 특히 노인은 오랜 세월 익숙해진 자신만의 방식을 버리고 새로운 것을 선택하는 것이 쉽지 않다. 사회복지사는 클라이언트의 이러한 양가감정을 이해하고 노인이 이것을 자유롭게 표현하게 해 스스로 자신의 마음을 이해하고 저항을 줄여나가도록 도와야 한다.

먼저 클라이언트에게 서비스에 대해 충분히 설명하고, 개입과정에서 클라이언트가 해야 할 역할을 알려 주어 스스로 결정할 수 있도록 해 저항을 줄일 수 있다. 또 익숙하지 않은 행동을 선택해야 하는 클라이언트가 모델링, 행동연습 또는 실천지침 등을 통해 두려움을 극복하도록 도울 수도 있다. 클라이언트가 전이로 인한 비현실적 반응으로서 저항을 보이는 것이라면 클라이언트 감정에 대해 충분히 이야기를 나누고 현실적 관점에서 판단할 수 있도록 해야 한다(양옥경 외, 2018). 예를 들어, 노인 클라이언트가 딸과의 부정적 관계 때문에 딸의 나이와 외모가 비슷한 여성 사회복지사에게 저항을 보이는 경우, 클라이언트와 이에 대해 충분히 공유하는 것이 저항을 줄이는 데 도움이 될 수 있다.

3) 집단 대상 실천방법

(1) 노인의 집단 참여를 통한 획득 요소

노년기에 들어서면 가족, 친구, 친척, 선후배 등 가까이 지내던 사람들이 하나 둘 사라져 가고, 가장 가까이에 있던 배우자까지 상실하게 되면 노인의 고독감은 커질 수밖에 없다. 이 때문에 노인이 되면 생활의 활력이나 삶의 보람을 찾기 어렵고, 인간관계도 축소되는 위기에 직면한다. 이처럼 피할 수 없는 인간관계의 상실을 극복하도록 돕고 새로운 관계형성의 기회를 제공한다는 점에서 노인집단 대상 실천은 중요한 의미를 갖는다. 구체적으로 노인이 집단 참여를 통해 얻을 수 있는 중요한 부분은 다음과 같다(정순둘 외, 2020).

① 사회화와 집단응집력(socialization and group cohesiveness)

많은 노인들은 은퇴, 의미있고 중요한 주변 사람들의 상실 등으로 인해 고독감을 느끼게 된다. 집단활동은 이러한 고독감을 해소하고, 새로운 네트워크를 형성할 수 있기 때문에 노인들의 사회화, 집단응집력 획득에 도움이 된다.

② 보편성과 희망에 대한 주입(universality and instillation of hope)

집단에 참여한 노인들은 사회적, 재정적, 신체적 어려움이 자신만의 문제가 아니라는 것을 알게 되며, 중요한 타자의 죽음과 자신의 육체가 쇠약해져 가는 과정을 다른 노인의 문제해결과정을 통해 배울 수 있다.

③ 이타주의(altruism)

집단활동 과정에서 노인은 자신도 누군가에게 도움이 되는 존재가 될 수 있다는 것을 깨닫게 된다. 집단 내 타인의 경험을 통해 배우기도 하지만 자신의 경험을 다른 구성원에게 가르쳐 줄 수도 있기 때문이다.

(2) 집단의 과정

집단의 발달단계는 집단구성단계, 시작단계, 변화 또는 전이단계, 작업단계, 종결단계의 5단계로 구분하기도 하고(Corey & Corey, 2002), 초기단계(목표설정단계), 집단형성단계, 집단발달단계, 집단종결 및 평가단계로 구분하기도 하는 등(장인협 외, 1986) 학자에 따라 다르게 설명하고 있다. 그러나 전체적인 흐름은 집단의 형성과 발달을 거쳐 종결하는 방향으로 그 맥락을 같이한다는 점에서는 유사하다. 여기에서는 코리와 코리(Corey & Corey , 2002)의 집단구분에 따라 정순둘 등(2020)이 노인복지실천을 고려해 정리한 내용을 살펴보기로 한다.

먼저, 집단구성단계에서는 이유, 목표, 실천 시의 고려사항, 과정, 평가를 계획한다.

시작단계는 새로운 만남으로 인한 설렘과 기대가 나타나는 시기이며, 어떤 성원은 집단에 대한 저항도 있을 수 있다. 따라서 노인들이 왜 집단에 참여해야 하는지 당위성을 갖도록 도울 필요가 있다. 또한 집단활동의 내용과 목적, 목표, 활동방법, 비밀유지 등에 대한 신뢰를 바탕으로 참여할 수 있도록 주의해야 한다.

변화 또는 전이단계는 집단진행과 함께 집단역동이 생겨나는 단계이다. 이 때 노인은 집단에서 어떤 역할을 할지 결정하게 되고, 적극적 참여자와 소극적 참여자 또는 소외되는 노인이 가시화된다. 따라서 사회복지사는 노인의 상황을 잘 파악하고 조정하여 모든 노인이 집단에 참여할 수 있도록 도와야 한다.

작업단계는 본격적인 개입을 통해 변화가 나타나는 단계이다. 이 단계에서는 구성원 간 역동이 가장 활발하며, 참여 노인들은 서로 격려하면서 집단 내 자신의 역할에 충실하게 된다. 이 시기에 발생하는 집단의 응집력을 바탕으로 노인들은 서로 좋은 관계를 형성할 수 있다. 작업단계에서 사용할 수 있는 개입방법은 회상, 독서치료 등이다.

종결단계에서는 집단의 목적을 달성하고, 구성원들이 서로 헤어지는 준비를 해야 한다. 노인들은 자신들의 미래계획이나 집단참여를 통해 얻게 된 것을 나누고, 사회복지사는 종결 후에도 노인들이 서로 만나고 앞으로의 삶에 서로의 연결망, 지지자로 기능할 수 있도록 준비하는 것을 도와야 한다.

이와 같은 노인 대상 집단과정에서 고려할 점은 다음과 같다.

① 출석 관련 사항을 고려한다. 노인들의 심신의 기능, 날씨 등의 영향을 고려해 집단활동 날짜를 정하고, 참여노인들이 결석 없이 참여하도록 격려한다.
② 장소는 노인들의 이동이 편리한 곳으로 결정한다.
③ 시간은 노인들이 활동하기 좋은 시간으로 정한다.
④ 노인들의 참여의식을 높이고, 구체적인 기대를 갖고, 집단에 대한 소속감, 책임감을 가질 수 있도록 도우며, 자신을 잘 표현하도록 지원한다,
⑤ 집단 구성에 주의한다. 가능하면 비슷한 성향을 가진 노인들로 집단을 구성한다.
⑥ 집단 참여 노인은 대부분 능동적인 경우가 많으므로 초기 정신질환을 가진 노인에게 적합하다는 점을 고려한다.

(3) 노인에게 사용가능한 집단 접근법

노인 집단 대상 개입에서는 문제예방적 기능이 강조되며, 특히 적합한 것은 노인의 소외감, 상실, 발달과정상 경험하는 노년기 공통의 문제 등에 대한 개입이라고 할 수 있다. 이러한 점을 고려해 노인을 위한 집단 실천방법을 살펴보면, 보다 활동적인 내용으로 구성되는 집단, 노년기에 나타날 수 있는 문제를 다루는 집단, 노인의 치료와 성장에 더 초점을 둔 집단으로 구분해 볼 수 있다(정순둘 외, 2020).

① 활동과 흥미 집단

- 활동집단 : 댄스, 창조적 움직임, 체중 조절, 스포츠 집단 등
- 흥미집단 : 시사문제 토론, 독서, 서예, 도예, 대화, 교육 세미나, 창작, 음악 집단 등

② 문제지향적 집단

- 노년기 공통의 문제를 갖고 구성되는 집단 : 조기퇴직자 집단, 건강문제 예방 및 치료집단, 외기러기 집단 등
- 기능유지나 재생을 위한 집단 : 쇠퇴 예방 또는 지연을 목적으로 하는 집단(뇌조직 장애노인에게 게임, 신호, 감각행동을 통해 말하기, 상호작용 증진, 사회기술훈련 실시)
- 치료와 성장 집단
- 문제해결 워크숍
- 성적 매력 향상 프로그램
- 선언적 훈련집단(assertiveness training groups)
- 행동치료집단
- 지지집단
- 지금 여기 행복집단(well-being here and now groups)
- 개인적 탐험과 창조집단

(4) 사회복지사에게 요구되는 기술

트렉커(Trecker, 1972)는 집단을 운영하는 사회복지사에게 요구되는 기본적인 기술로 다음과 같은 내용을 제시한다(최성재 외, 2011). 노인 대상 집단의 사회복지사는 집단 구성원이 노인이라는 특성을 고려해 이러한 기본 기술을 적절히 활용해야 한다.

① 의도적 관계 형성 기술 : 집단 구성원과 사회복지사의 관계, 집단 구성원들 사이의 관계를 형성하도록 하는 기술
② 집단상황 분석 기술 : 집단의 발달단계에 따라 구성원들의 요구 및 집단이 지금 해야 할 일 등을 판단하고, 구성원이 의견 제시나 목적 달성을 위한 행동을 하도록 원조하는 기술
③ 집단 참가의 기술 : 구성원들이 자발적으로 집단에 참가하고, 리더십을 발휘하며 책임질 수 있도록 원조하는 기술
④ 집단 감정에 대처하는 기술 : 사회복지사가 집단에 대한 자신의 감정을 통제하고, 구성원의 감정적 표현을 돕는 기술
⑤ 집단 발전에 관한 기술 : 전체 집단으로서의 목적을 도출하고 구성원들의 관심과 요구를 명확히 하여 집단을 통해 개별 욕구가 충족될 수 있도록 집단발달을 원조하는 기술
⑥ 사회자원 활용 기술 : 집단의 목적 달성에 활용가능한 자원을 소개하고 도입하는 기술, 현재 집단에서 충족불가능한 욕구를 가진 구성원을 타기관에 의뢰하는 기술
⑦ 평가 기술 : 집단 발달과정을 적절히 기록하고, 집단활동 목표를 평가하는 기술

참·고·할·만·한·정·보

- NASW 홈페이지(2020). 사회복지실천의 구성과 목적에 대한 설명.
  https://www.socialworkers.org/practice (방문일 : 2020. 11. 1)
- 고양신문. "대화노인복지관, 집단상담 '나도 잘 살았다네!' 합니다". (한진수 기자, 2020. 6. 1)
  http://www.mygoyang.com/news/articleView.html?idxno=55111
- 새거제신문. "치매예방형 문화예술치유 프로그램 성료". (2020. 10. 22.)
  http://www.saegeoje.com/news/articleView.html?idxno=210931
- 시흥타임즈. "대야신천행정복지센터 독거 어르신 대상 프로그램 운영". (온라인편집부 기자, 2020. 11. 18.).
  https://www.shtimes.kr/news/article.html?no=12755
- 영등포신문. "영등포구노인상담센터, 어르신 심리지원프로그램 아트테라피 '마음 나누기, 행복 더하기'". (변윤수 기자, 2019. 6. 13).
  http://www.ybstv.net/news/article.html?no=30620

생·각·해·보·기

- 노인복지실천가로서 사회복지사는 어떤 능력을 갖추어야 하는지 생각해 봅시다.
- 노인집단 프로그램의 사례를 찾아보고, 프로그램에 대해서 이야기해 봅시다.

C·H·A·P·T·E·R 11

노인상담 및 실천

학습목표

1. 노인상담의 개념과 필요성을 이해하고, 노인상담 기법과 유형에 대해 설명할 수 있다.
2. 노인상담의 기본적인 원칙과 지침을 기초로 효과적인 상담환경을 조성할 수 있다.
3. 노인상담에 대한 목표설정과 개입방법을 이해함으로써 관련 업무를 수행할 수 있다.

1. 노인상담의 이해

상담(counseling)이란 어려움을 겪고 있는 사람들의 문제를 해결하기 위한 전문적 절차로, 다양한 상황에서 이루어지기 때문에 명확하게 정의를 내리기가 쉽지 않다. 그렇지만 일반적으로 상담은 전문적 훈련을 받은 상담자와 문제를 지닌 내담자 상호간에 이루어지는 전문적 협력관계로 내담자의 문제해결을 위한 변화와 바람직한 결과를 얻어내는 과정이며, 내담자 중심의 이해력과 수용이 요구되는 활동으로 내담자의 변화를 초래하는 역동적인 조력활동(helping service)으로 정의된다. 따라서 상담은 '일정한 목적과 일련의 과정을 갖고, 문제해결을 원하는 내담자(client)와 문제해결에 도움을 주는 전문적인 상담자(counselor) 간의 협력적인 관계를 통해 인간적 변화와 성장을 조력하는 과정'이라고 할 수 있다.

우리나라는 1960년대 이후 평균수명 연장, 인구고령화, 경로효친사상 감퇴, 핵가족화, 농촌공동화, 산업화 등으로 인한 노인문제가 사회적으로 대두되면서 1997년 「노인복지법」이 제정되었다. 그리고 2018년 개정한 노인복지법에는 노인 및 그 가족이 필요로 하는 상담을 지원하도록 구체적인 법적 체계를 규정하였다. 그렇지만 현대사회에서 노인은 기본적인 심리사회적 문제를 경험하는 것 외에도 2019년 11월 시작된 COVID-19와 같은 팬데믹(pandemic) 현상이 지속되면서 최고의 궁극적 관심사인 죽음에 대한 자각과 생존하고자 하는 갈망 사이에서 대응할 방법이 없는 실정이다. 따라서 노인 · 가족 · 노인집단을 대상으로 사회복지실천현장에서 사회복지사에 의해 이루어지는 개별적 · 직접적 서비스인 상담의 순기능이 더욱 강조되고 있다.

노인상담은 노년기에 직면하는 문제들을 발달적 관점으로 보고 노인의 발달적 욕구에 대한 이해, 가족과 환경에 대한 적응을 돕는 것을 일차적 목적으로 한다. 즉, 도움을 필요로 하는 노인 또는 그 가족이 전문적 훈련을 받은 상담자(사회복지사)와 원조관계를 형성하여 일상생활에서 겪는 문제를 해결하고, 감정, 사고, 행동 측면의 총체적 변화를 통한 인간적 성장을 도모하여 성공적인 노후생활을 영위하도록 노력하는 과정이다. 우리나라에서 노인상담에 대한 정의는 학자에 따라 다양하게 규정하고 있는데 대표적인 정의를 살펴보면 〈표 11-1〉과 같다.

〈표 11-1〉 노인상담의 주요 정의

주요 학자	노인상담의 정의
모선희 등 (2005)	도움을 필요로 하는 노인(가족, 노인집단)이 전문적인 훈련을 받은 사회복지사와의 관계에서 일상생활에서 경험할 수 있는 문제를 보다 효과적으로 해결하는 과정
이호선 (2005)	사회적 약자인 노인들이 겪고 있는 육체적 · 정신적 · 경제적 · 사회적 어려움에 관하여 다양한 상담을 통해 훈련된 상담자와 감정적 · 내용적 · 이해적 상호작용을 거쳐 기대했던 관심사에 대한 바람직한 결과를 얻는 모든 과정
서혜경 등 (2006)	노인문제에 관한 전문적인 지식과 훈련을 받은 상담자가 노인들이 당면한 제반 문제를 의논하고, 그 해결점을 찾을 수 있도록 도와주는 과정으로 노인문제 해결의 기초이자 노인문제 해결에 공통적으로 사용하는 매개적 방법
김동환 (2008)	도움을 구하는 노인 및 가족과 상담자 간의 전문적 대면관계를 통하여 일상생활의 부적응 문제를 해결하고 감정 · 사고 · 행동 측면의 인간적 성장을 위하여 노력하는 과정
김희수 · 이은숙 (2009)	정서적 문제를 갖고 있는 노인, 기본적으로 자신의 삶의 방식에 문제의식을 갖고 있는 노인들에게 심리적 커뮤니케이션을 통해 도움을 주는 인간적 노력
김태현 등 (2011)	도움을 필요로 하는 노인이 상담자와 전문적 원조관계를 형성하여 은퇴문제, 개인 및 가족, 경제 및 건강상의 문제를 해결하고, 감정 · 사고 · 행동적 측면의 성장을 도모하여 성공적인 노후생활을 영위하기 위하여 노력하는 과정

노인상담에 대한 정의에서 나타난 공통적인 특성을 정리해보면, 첫째, 상담활동이 성립되기 위해서는 도움을 필요로 하는 노인(가족, 노인집단)과 상담자 간 상호적 관계가 갖추어져야 한다. 둘째, 상담자는 노인상담에 관한 지식을 습득하고 훈련을 받은 전문가이어야 한다. 셋째, 내담자인 노인, 그 가족, 노인집단은 자발적이건 비자발적이건 도움을 필요로 하는 사람들이다. 넷째, 노인상담은 내담자의 효과적인 문제해결, 새로운 변화가 이루어지도록 노력하는 과정이다. 다섯째, 노인상담은 바람직한 인간적 성장, 성공적인 노후생활을 영위하기 위해 노력하는 과정이다. 여섯째, 노인상담은 효과적으로 문제를 해결하도록 조력하는 과정이다.

노인상담은 심리학, 가족학, 사회복지학 등 다양한 학문분야에서 사용하는 전문적인 임상적 개입방법이다. 그중에서도 사회복지학의 지식과 기술, 가치를 기반으로 하여 이루어지는 노인복지실천에서 노인상담은 매우 중요한 위치를 차지하고 있다. 노인복지실천에서 노인상담은 노인이 직면한 심리사회적 문제를 직접 해결하는 치료적 기능뿐만 아니라 노인문제 해결을 위한 다른 서비스나 원조의 매개체 기능도 동시에 지니고 있다. 따라서 노인상담의 개념을 확장해서 정의해보면, 노인상담이란 '도움을 필요로 하는 내담자(노인, 가족, 노인집단 포함)와 도움을 주는 전문적인 상담자(사회복지사) 간의 협력관계를 통해서 내담자의 기본적인 자기이해, 문제해결 및 예방, 성공적인 노후생활 추구 등 바람직한 인간적 성장과 새로운 변화를 위하여 조력하는 과정'이라고 할 수 있다.

2. 노인상담의 목적과 기본원칙

노인상담은 행동의 긍정적 변화, 잠재력 촉진과 효율성 증진, 문제해결과 증상제거, 의사결정의 기초, 그리고 자아정체감 확립과 긍정적 자아개념 형성 등 종합적인 목적을 갖는다. 상담이 필요한 이유와 상황에 따라 노인상담의 목적은 사회복지사가 노인을 상담하는 일반적인 목적과 노년기 발달과업인 자아통합을 이루기 위한 원조과정에서 그 목적을 설명할 수 있다. 노인상담은 노인과 사회복지사 간의 관계형성에서 구체적인 목적을 갖고 일어나는 조직화된 커뮤니케이션(communication)이다. 따라서 노인상담의 목적은 노인들의 삶에 장애가 되는 다양한 문제와 욕구를 상담적 접근으로 제거하는 일련의 과정을 통해 성공적인 노후를 영위하도록 하려는 것이다.

그렇지만 노인상담은 다른 대상자에 비해 접근이 어렵다. 왜냐하면 노인의 연령이 사회복지사보다 대체로 높고, 저항이 강하며, 경험의 폭도 넓고, 새로운 삶에 대한 변화 의지가 비교적 약한 편이며, 남은 생을 죽음과 연결시키는 경향이 있고, 가족 및 보호자의 지지가 약하기 때문이다. 이러한 특징에 따라 노인상담은 소극적 목표와 적극적 목표로 구분되며, 이 두 가지 목표는 상호보완적인 관계에 있다(김춘경 등, 2010).

노인상담에서 소극적 목표를 설정하는 경우는 노인들이 고통을 경험할 때 또는 새로운 환경에 적응하지 못하거나 문제를 해결할 수 없는 상황에 직면했을 때 상담을 요청하거나 의뢰가 된다. 이러한 소극적 목표는 제거하거나 감소시킴으로써 달성될 수 있는 것을 말하며 다음과 같이 구분된다. 첫째, 노인들 스스로 문제라고 생각하는 것을 해결할 수 있도록 돕는 것이 상담의 목표이다. 사회복지사는 노인이 현재 고통받고 있거나 해결하기를 원하는 문제를 우선순위로 정하고, 집중적으로 관리할 수 있는 힘을 길러 주어 노인 스스로 다른 문제까지도 해결할 수 있도록 도와야 한다.

둘째, 노인들의 다양한 욕구를 다루어 줌으로써 삶의 변화에 적응할 수 있도록 돕는 것이다. 사회복지사는 노인들의 욕구와 환경 사이에서 또는 다양한 내적 욕구들 사이에서 발생하는 갈등과 대립을 적절히 다루고 해소하게 함으로써 노년기 삶의 장애 요인들을 제거할 수 있도록 도와야 한다.

셋째, 노인들의 심리적 상처를 치료해 주는 것이다. 노인들은 오랜 세월을 살아오면서 자연적으로 치유가 되지 않는 불안, 갈등, 좌절, 분노 등 마음의 상처를 아물지 않은 상태로 두거나 더 커지는 경우를 경험하고 있기 때문이다. 마음의 상처는 노인들의 삶의 질 전반에 부정적인 영향을 미치기 때문에 사회복지사는 이러한 노인들의 심리적 상처를 아물게 하거나 치료하는 데에 목표를 두어야 한다.

넷째, 수명의 연장, 노후의 생활보장과 불안 사이의 모순, 가족의 부양기능 약화, 공적부양으로서의 이행, 여가와 고독, 역할상실 등 노인들이 겪게 되는 문제를 사전에 예방하는 것이 노인상담의 목표이다. 사회복지사는 소득, 건강, 소외 문제, 역할 등 광범위한 삶의 문제를 예방하고, 발달과업 달성에서 제기되는 장애나 문제를 사전에 예방하여 노인이 행복한 삶을 추구하도록 돕는 데 중점을 두어야 한다.

다섯째, 노인들이 가족이나 친척 및 지역사회와의 관계에서 갈등을 극복하고 해소할 수 있도록 돕는 것이 상담의 목표이다. 사회복지사는 노인들이 가족이나 친척 및 지역사회에 의존적이 되지 않도록 태도를 변화시키며, 어른으로서의 적절한 역할과 관계가 수정될 수 있도록 상담을 통해 도와야 한다.

다음으로 노인상담의 목표 중 적극적 목표는 새롭게 형성시키거나 증가시킴으로써 달성될 수 있는 것을 말하며, 그 내용은 다음과 같다. 첫째, 가정, 지역사회 등의 생활에서 노인들로 하여금 생산적이고 만족스러운 삶을 누릴 수 있도록 적극적이고 긍정적 행동의 변화를 가져오게 하려는 것이 노인상담의 적극적 목표 중 하나이다. 사회복지사는 내담자가 증오와 의심 등의 부정적 정서를 극복하고 사랑, 믿음과 같은 긍정적 정서를 발달시킬 수 있도록 도와야 한다.

둘째, 노인들이 길어진 노년기 삶을 살아가는 데 있어서 수많은 선택과 결정은 필수적이며 계속적인 과정이므로 합리적이고 현실적이며 융통성 있는 의사결정을 할 수 있도록 지원하는 것이다. 사회복지사는 필요한 정보를 제공하고 의사결정에 개입하는 정서적 문제나 심리적 특성을 파악하고 분석하여 내담자가 인식하고 요구하는 정보를 이해 · 수용 · 수집 · 평가하는 데 있어서 적극적인 태도로 상담에 임해야 한다.

셋째, 노인상담에서 개인이 갖고 있는 잠재적 능력과 잔존능력을 발견하도록 하여 다양한 특성을 균형 있게 발달시키는 것은 상담에서 강조하는 중요한 과제 중 하나이다. 사회복지사는 노인들의 전인적인 측면이 균형 있고 조화롭게 발달할 수 있게 하여 개개인이 통합적 인격체로서 자아통합을 이루어내도록 도와야 한다.

넷째, 다양한 경험을 의미 있게 통합할 때 이루어지는 중요한 자아개념인 자아존중감을 향상시키는 것이다. 자아존중감은 성공적인 경험을 통해서만 이루어지는 것이 아니라 실패와 좌절 속에서 그것과 맞서고 강인한 자아와 마주하게 될 때 더욱 발달한다. 사회복지사는 노인들이 죽음의 순간까지도 참된 자아와 삶의 가치를 발견하도록 상담과정에서 자연스럽게 목표를 이루어나가야 한다.

다섯째, 개인적 안녕을 누릴 수 있도록 돕는 것이다. 안녕이란 건강하고 편안한 상태를 의미하며, 전반적으로 평화롭고 안정되어 있어서 흔들림이 없는 것을 말한다. 사회복지사는 노인들로 하여금 신체적 · 심리적 · 사회적 · 경제적 · 영적으로 건강하고 안정되어 있을 뿐만 아니라 평화로운 가운데 삶의 보람을 느끼며 살아갈 수 있도록 도와야 한다.

3. 노인상담의 기법과 유형

노인상담은 노인의 신체적 · 사회적 및 심리적인 관심사를 특별히 상담적인 방법으로 다루는 미시적 접근이다. 노인상담의 영역은 정서영역(고독), 경제영역(빈곤과 일), 건강영역(질병과 부양), 사회참여영역(소외와 무위)으로 구분된다. 또한 노인과 사회복지사가 만나는 형태에 따라 개별상담, 가족상담, 집단상담으로 분류할 수 있다. 이러한 상담영역별 문제해결과정에서 노인의 특징, 교육 수준, 인지력, 정서 상태 등에 따라 상황이 달라질 수 있다. 따라서 노인상담자의 기본적 자세, 노인상담의 기본기술, 노인상담 유형에 대해서 살펴보고자 한다.

1) 노인상담자의 기본적 자세

노인상담은 기본적으로 노인과 사회복지사 간의 인간적 관계를 기초로 이루어지기 때문에 사회복지사의 자질에 따라 상담의 성공 여부가 달라진다. 어떠한 이론이나 기법을 사용하든 간에 상담과정에서 노인과 직접 상호작용하면서 변화를 촉진해나가는 주체는 바로 사회복지사이기 때문이다. 그러므로 사회복지사가 어떠한 인간적 자질을 갖추고 있는가는 상담에 큰 영향을 미치게 된다. 노인상담의 효과에 긍정적으로 기여하는 사회복지사의 인간적 자질은 다음과 같다. 첫째, 노인에 대한 깊은 관심으로 사회복지사 자신뿐만 아니라 노인의 행동과 그 이면의 동기에 대해 깊이 있는 이해와 탐구를 가능하게 하는 지적 관심이 요구된다. 둘째, 기본적으로 상담은 대화를 통해서 진행되는 것으로, 사회복지사는 노인의 이야기를 듣고 말하는 것을 편안해하고 대화 자체를 즐길 수 있어야 한다. 셋째, 치료적으로 의미 있는 상담관계를 위해 사회복지사에게는 노인과의 친밀성을 유지할 수 있는 능력이 요구된다. 넷째, 사회복지사의 자기성찰적 태도는 의식적 또는 무의식적으로 노인에게 전달되면서 노인이 당면한 문제를 해결해 주는 것 외에도 더 깊이 이해하고 활용할 수 있는 상담과정을 가능하게 하며 인간적 잠재성을 제시해 주게 된다.

노인상담은 일반적인 대화방식과는 달리 노인이 호소하는 심리적 문제나 증상을 감소시켜 주기 위해서 노인 스스로 치유능력과 수많은 잠재력을 발휘할 수 있도록 성격을 재구조화하여 인간적 발달과 인격적 성숙을 도모하도록 성장촉진적 목표를 지닌다. 이러한 상담목표를 충실히 달성하기 위해서는 사회복지사가 전문적 지식과 경험을 갖추는 것이 필요하다. 노인의 문제를 해결하고 성장을 촉진하기 위해서 인간적 자질 이상으로 요구되는 전문적 자질은 다음과 같다. 첫째, 체계적이고 효율적인 상담을 진행하기 위해서 상담이론에 대한 깊이 있고 해박한 지식을 갖추어야 한다. 둘째, 실제적이고 구체적인 상담방법에 대한 숙련된 지식과 경험을 갖고 있어야 한다. 셋째, 훌륭한 상담자가 되기 위해서는 상담에 대한 지식 이외에도 상담실습과 훈련지도 경험이 필요하다.

2) 노인상담의 기본 기술

현대사회에서 노인상담의 대상은 노인뿐만 아니라 노인의 생활에 영향을 주는 가족구성원, 형식적 또는 비형식적 집단과 조직체, 지역사회 환경까지도 포함되어 있어서 다양한 상담기술을 요구하는 다학제적인 특성을 가지고 있다. 유능한 사회복지사라면 상담에 필요한 전문적 기술과 기법을 습득할 필요가 있다. 특히 상담과정 전반에 걸쳐 노인이 적극적으로 참여하도록 유도하려면 다양한 의사소통기술을 갖추어야 한다. 의사소통기술은 사회복지사와 노인 간에 치료적이거나 도움을 줄 수 있는 대화이기 때문이다(Knapp, 2015). 노인상담의 기본 기술은 학자에 따라 조금씩 다르지만 일반적으로 사용되는 기본적 기술은 비언어적 의사소통기술과 언어적 의사소통기술로 구분할 수 있다.

노인상담을 효과적으로 진행하기 위해서 사회복지사는 노인이 자유롭게 말할 수 있도록 수용적이며 지지적인 분위기를 만들어나가는 비언어적 의사소통기술과 노인의 문제나 욕구를 정확하게 파악하기 위한 정보수집과 상담계획을 수립할 수 있는 언어적 의사소통기술 두 요소를 모두 중요하게 고려해야 한다(Rogers, 1942). 노인상담 과정에서는 비언어적 의사소통기술인 공감적 일치와 존중, 적극적 경청, 관찰, 침묵과 언어적 의사소통기술인 대화를 유도하는 기술, 개방적 질문과 폐쇄적 질문, 공감적 이해의 대화기술, 반영, 명료화, 직면기술을 활용하여 사회복지사와 노인 모두가 상호작용을 통해 만들어가는 의사소통 규칙을 적용할 수 있다. 노인상담에서 이러한 비언어적 · 언어적 의사소통기술은 상호교환적인 것으로 위기개입 기술로 활용된다.

① 비언어적 의사소통의 기본 기술

비언어적 의사소통은 얼굴표정, 자세, 눈 맞춤, 접촉, 제스처, 음조, 목소리의 높낮이, 공간적 거리감 등을 포함한다. 노인이 나타내는 정서의 93%(목소리, 음조, 얼굴표정, 눈치 등)가 비언어적 의사소통으로 전달되는 반면, 언어적 의사소통은 7%만이 표현된다(Mehrabian, 1972). 인생의 풍부한 경험과 관계방식을 알고 있는 노인에게 편안한 미소를 지어주거나 악수하는 손에 애정을 담는 것만으로도 사회복지사가 자신에게 얼마나 도움을 주고 싶어 하는지를 파악할 수 있게 된다. 따라서 언어적 의사소통 능력이 떨어지는 노인에게 사회복지사가 활용하는 비언어적 의사소통기술의 활용과 관찰은 효과적인 상담을 진행하는 데 큰 도움이 된다. 비언어적 의사소통기술을 구체적으로 살펴보면 다음과 같다.

- **공감, 존중, 일치성** : 공감, 존중, 일치성은 노인상담에서 가장 핵심적인 기술이다. 일치성은 사회복지사가 노인을 향해 보이는 솔직하고 일관된 모습으로 언어적 · 비언어적 의사소통의 일치를 요구한다. 노인에 대한 공감적 이해를 바탕으로 한 일치와 무조건적인 긍정적 존중은 다양한 문제와 증상

으로 고통을 받고 있는 노인에게 상실된 가치감과 삶의 의미를 찾는 데 효과적인 상담이 되도록 촉진한다.

- **적극적 경청** : 공감적 일치와 존중을 바탕으로 사회복지사가 노인이 말하는 것에 대해 진심으로 자기관심을 나타내는 것을 의미한다. 공감적 경청은 노인에게 개방된 자세에서 모든 주의를 집중하여 경청하는 것에서부터 시작된다. 사회복지사의 적극적인 경청은 자연치유력을 활성화하여 노인 스스로 치료하는 힘을 갖게 한다.
- **관찰** : 모든 상담에서 활용하는 방법으로, 사회복지사는 관찰을 통해 노인의 문제에 대한 자료와 개입방법을 설정하게 된다. 노인이 자신의 욕구나 문제를 설명할 때보다 명확한 파악을 위해서 사용되는 관찰은 노인과 그 가족의 역동성을 이해하는 데 중요한 기법이다. 노인상담에서 관찰기법을 보다 효과적으로 사용하기 위해서 활용하는 방법이 녹화이다. 녹화는 상담과정에서 노인의 모습을 정확하게 관찰할 수 있고, 사회복지사가 녹화장면을 관찰하여 다양한 피드백을 제공할 수 있게 한다.
- **침묵** : 상담과정에서 사회복지사와 노인 모두에게 일어나는 불편한 느낌을 말한다. 이러한 침묵을 일종의 경고나 위협으로 느끼고 불편해할 수 있으나, 적절한 침묵의 사용은 상담과정에서 강력한 효과를 나타낼 수도 있다. 침묵기법의 사용을 통해 노인이 말하는 내용의 의미를 고찰해 볼 수 있는 기회를 제공할 수 있으므로, 사회복지사는 이러한 침묵을 활용할 때 적절한 시기와 단계를 고려해서 사용해야 한다.

② 언어적 의사소통의 기본 기술

언어적 의사소통기술은 상담과정에서 사용되는 대부분의 상담기술로, 사회복지사는 언어적 의사소통기술을 통해 노인이 보다 활발하게 자신의 욕구나 문제를 최대한 많이 표현할 수 있도록 도와야 한다. 언어적 의사소통기술은 다음과 같다.

- **대화를 유도하는 기술** : 노인이 자신의 문제를 이야기할 때 사회복지사가

이야기를 잘 들어주고 있다는 신호를 통해서 반응을 해주면 노인이 계속해서 말을 이어갈 수 있도록 격려가 되는 것을 말한다. 이때 "음…, 아…, 아유…, 네…, 예…, 그래요, 맞아요, 정말 그렇군요, 알겠습니다."와 같은 말을 유도하는 기술을 적절히 활용하면서 노인의 문제를 좀 더 이해하기 위해 여유를 갖고 질문을 해야 하는데, 무엇보다 중요한 것은 경청하는 자세이다.

- **질문기법** : 상담과정에서 노인에게 질문할 수 있는 권한은 사회복지사가 가진 최고의 상담 도구이다. 사회복지사가 활용할 수 있는 질문기법은 두 가지 형태로 구분되는데, 개방적 질문은 노인이 자신의 문제를 좀 더 명확하게 설명할 수 있도록 돕는 질문기법으로 노인의 진술이 보다 구체화되며 문제와 증상에 대해 정확한 의미를 제공하도록 돕는다. 폐쇄적 질문은 사회복지사의 질문에 대한 "예/아니오"식의 답변으로 사회복지사가 이야기를 끌어가기 위해서 끊임없이 질문을 하게 만들기 때문에 지루하고 힘든 상담이 될 수 있다.
- **공감** : 사회복지사가 클라이언트 관점에서 노인의 경험을 이해하고 함께 느끼면서 문제를 바라보는 것을 말한다. 이러한 공감적 이해를 통해서 노인의 문제와 증상을 보다 명확히 하고, 노인의 욕구에 어떻게 대처할 것인지를 분명하게 파악할 수 있다. 사회복지사가 노인이 진술한 내용뿐만 아니라 감정 상태를 적절히 다루게 되면 공감적 이해가 더욱 높아진다.
- **반영** : 노인이 자신의 내부에 있는 감정을 적절하게 표현하기 어려워하거나 과장 또는 억압하여 표현하는 경우에 노인을 돕기 위해 활용하는 기법이 반영(reflection)이다. 즉, 노인이 사회복지사에게 전달하는 메시지와 감정을 사회복지사가 요약하여 언어적 · 비언어적으로 표현해주는 기술이다. 이러한 반영에 대해 노인이 "맞아요.", "그런 것 같아요."라고 반응해주면 사회복지사의 반영은 성공한 것이다.
- **명료화** : 명확하지 않은 말에 질문을 던지거나 노인이 말한 부분을 새로운 말로 분명하게 이해시키는 것이 명료화(clarification) 기술이다. 사회복지사는 명료화를 통해 노인으로 하여금 스스로 요약하거나 구체적인 사례를 설

명할 수 있게 함으로써 상담의 내용을 보다 분명하게 할 수 있다.

- **직면** : 노인의 변화에 대한 동기를 더 이끌어내기 위해 사용하는 기술로, 노인이 자신의 문제를 정면으로 직시하도록 돕는 것이 직면(confrontation) 기술이다. 직면은 노인에게 힘든 경험일 수 있기 때문에 존중과 공감, 진실성을 바탕으로 활용해야 하며, 상담 초기에 사용하는 것은 원활한 상담의 저해요인이 될 수 있기 때문에 가능한 한 사용하지 않는 것이 좋다.

3) 노인상담 유형

(1) 대상자에 따른 분류

① 개인상담

노인과 사회복지사가 일대일로 만나 이루어지는 개인상담은 노인이 자신의 문제를 가족에게 알리기를 원치 않거나 가족구성원이 상담과정에 참여하기 어려울 때 활용된다. 이러한 개인상담은 노인이 경험하고 있는 문제가 위급하거나, 심리적 갈등문제의 원인과 해결 방법이 복잡하거나, 노인의 성격상 집단상담에 적합하지 않은 경우에 매우 유용하다(이장호 · 김정희, 1998). 그러나 노인은 접근성 저하로 인하여 스스로 상담실을 찾기가 어렵고, 언어표현능력의 제한으로 인하여 개인상담을 통한 문제 해결의 효율성은 높지 않은 편이다.

② 가족상담

가족상담은 노인이 경험하는 문제를 노인만의 문제가 아니라 가족 전체의 문제로 규정하고, 가족들 간의 직접적 상호작용을 통하여 문제해결과 가족관계의 변화를 도모하는 상담 방법이다. 특히 노부부 갈등, 황혼이혼, 노부모와 자녀 간의 가치갈등이나 관계 악화, 성인자녀 가족의 문제 등을 해결하는 데 적합하다. 가족상담은 전체 가족구성원 사이에 이루어지는 현재의 상호작용을 관찰하여 이를 변화시킴으로써 가족의 근본적 문제를 해결하는 방법으로 전체 가족구성원이 참여하는 것이 원칙이다. 그러나 일부 가족구성원만을 대상으로 상담할 수도 있으며, 필요에 따라서는 개인상담이나 부부상담을 동시에 활용할 수도 있다.

그동안 우리나라에서는 노인문제해결에 가족상담이 적극적으로 도입되지 못하였다. 그렇지만 가족 간의 상호의존과 가족상담이 가진 장점으로 인해 향후 가족상담의 필요성은 더욱 강조되어질 것이다(김태현,1997). 또한 가족상담을 통해 노인에 대한 가족구성원의 고정관념을 재검토하여 객관적으로 상황을 파악하게 함으로써 가족이 노인을 돌보는 방법을 발견하고 가족적 결합을 굳히는 계기가 될 수 있다는 점에서 가족상담에 대한 욕구는 점차 커질 것으로 전망하고 있다(이장호, 1996).

③ 집단상담

집단상담은 비슷한 처지나 문제를 경험하는 노인과 집단지도자가 함께 활동하면서 서로의 문제해결을 지원하는 상담 방법으로, 지역사회나 노인복지시설 등에서 자주 활용되고 있다. 노인상담에서 집단은 다음과 같은 네 가지 형태를 취한다. 첫째, 전통적인 정신분석에 근거한 통찰집단이다. 이 집단은 노인의 성격변화에 초점을 두는 회복집단으로 노인이 충동조절능력이 약하거나, 현실검증에 문제가 있거나, 정신병적 성격구조를 가졌거나, 변화에 대한 동기가 약할 때 유용하다. 둘째, 노인의 자아 및 적응능력에 초점을 두는 지지 및 안정화집단이다. 이 집단은 이혼, 사별, 경제적 무능력과 같은 삶의 위기를 경험했거나 생활환경이 스트레스를 유발하는 경우에 효과적이다. 셋째, 성장 및 교육집단이다. 이 집단은 요양원, 정신병원 같은 시설에 장기간 입소했던 경우 생활에 필요한 역할과 기능을 익히지 못해서 훈련받을 필요가 있는 경우에 적절하다. 넷째, 과제 및 활동집단이다. 여기서는 집단의 생산에 일차적인 목적과 초점을 두기 때문에 총체적인 인간보다는 개별구성원의 역할을 강조한다.

(2) 상담매체에 따른 분류

① 대면상담

대면상담은 사회복지사가 내담자인 노인과 직접 얼굴을 마주하고 자신의 문제를 내어 놓고 함께 풀어가는 상담과정이다. 대면상담의 장점은 우선 사회복지사가 노인의 언어적 표현과 함께 비언어적 표현을 직접 관찰할 수 있어서 전달되는 정보를 정확히 이해할 수 있다는 점이다. 또한 매체를 이용한 상담에 비해 사회복지사와 노인 간에 깊이 있는 이해관계의 형성과 보다 많은 정보를 얻을 수 있는 가장 이상적인 상담의 형태이다. 반면 대면상담은 노인의 익명성이 보장되지 않고 노인이 자신의 문제를 상담자 앞에서 말해야 한다는 점에서 심리적 부담이 상대적으로 높다는 단점을 갖는다. 또한 노인의 연령이 높을 경우, 상대적으로 사회복지사가 젊게 되면서 감정적 연계가 어려울 수 있다.

대면상담은 상담을 필요로 하는 노인이 상담기관을 방문하는 내방상담과 사회복지사가 노인의 거주지를 방문하여 상담을 진행하는 재가상담의 형태가 있다. 많은 노인들이 거동이 불편하거나 교통체계에 익숙하지 않으며 적극적으로 자신의 문제를 해결하려는 동기가 낮기 때문에 내방상담은 매우 제한적으로 이루어지고 있다.

② 전화상담

전화상담은 전혀 모르는 노인과 사회복지사가 전화를 통한 음성으로 만나는 것이다. 이 방법은 주로 단기상담으로 끝나기 때문에 노인에게 현재 가장 시급한 문제를 보다 효율적으로 상담하는 데 용이하다. 노인들은 자기가 전화하는 상대가 누구인지 모르면서 도움이 될까 해서 답답한 마음으로 전화를 건다. 자신을 밝히지 않고 문제를 해결할 수 있기 때문에 대면상담보다 훨씬 쉽게 문제의 핵심으로 들어갈 수 있다. 전화를 통한 인간관계는 신뢰하는 관계로 시작되어야 한다. 따라서 노인을 향한 사회복지사의 마음자세가 무엇보다도 중요하다. 상담에 대한 지식이나 기술이 많아도 보살피는 마음, 겸손한 마음이 결합될 때 노인과 사회복지사 간에 친근한 관계가 이루어진다.

전화상담의 특성으로는 첫째, 접근성, 용이성, 즉시성으로 누구나 손쉽게, 고통 받는 순간에, 즉시, 언제나, 어디서나 유효한 정보를 제공해주기 때문에 적합하다. 둘째, 익명성으로 전화상담의 익명성은 처음 상담하는 사람의 무지, 불안, 망설임, 불확신, 죄책감 등을 줄이며 노인 스스로가 선택의 여지를 넓힌다. 반면 직접 상담에 비해 이야기하기 어려운 내용이 많기 때문에 비윤리적이고, 비도덕적인 내용이 많을 수 있다. 셋째, 친밀성으로 휴대전화의 보편화로 인하여 전화가 주는 친밀성이 있다. 넷째 전화자 주도성으로 노인이 전화를 거는 것으로 상담이 시작되고 마찬가지로 노인이 일방적으로 전회를 끊을 수도 있나. 다섯째, 일회성으로 전화상담은 1회적이므로 단 몇 분 동안의 상담으로 문제가 해결될 수는 없다. 주로 단순정보 제공, 정서적 지지 등 상담자의 기초수준을 넘어서지 않는 내용이 많기 때문에 해결 방법도 스스로 찾을 수 있도록 격려와 지지가 필요하다.

③ 인터넷 상담

인터넷 상담은 대면상담이나 전화상담에 비해 상대적으로 짧은 역사를 갖고 있으나 미래형상담으로 주목된다. 웹사이트상의 상담공간을 이용한 상담, 전자 우편을 이용한 상담, 채팅 프로그램을 통한 실시간 상담, 그리고 인터넷카페를 통한 노인 동료 간 상담 등 다양한 형태가 있다. 내담자가 글을 쓰는 과정에서 자신의 문제를 정리하는 시간을 갖게 되며, 답변을 기다리는 동안 문제에 대한 대안을 생각하고 관심을 지속할 수 있다. 인터넷 상담 역시 익명성 보장과 실시간 상담이 가능하고 다양한 문제를 다양한 차원에서 호소할 수 있으며, 상담 내용이 문자로 기록되어 내용을 보관할 수 있다는 장점이 있다. 반면 컴퓨터를 비롯한 기계가 구비되어야 하고 노인이 인터넷 사용법을 숙지하고 있어야 한다는 단점이 있다. 또한 교육경험이 부족하거나 인지능력의 손상을 경험하고 있는 노인들의 경우 자신의 생각을 글로 충분히 정리해서 내는 것이 불가능할 수도 있다. 따라서 아직까지 노인들의 정보화능력 부족으로 인터넷 상담은 매우 제한적으로 이루어지고 있다.

(3) 주제에 따른 분류

주제별 노인상담은 황혼이혼문제, 우울·자살문제, 은퇴준비문제, 웰다잉문제, 성문제, 노인학대문제, 중독문제, 가족문제 등으로 분류된다.

4. 노인상담의 윤리적 이슈

상담에 대한 인식이 변화되고 상담서비스를 이용하고자 하는 요구가 증가함에 따라 상담의 영역과 범위가 점차 확장되면서 사회복지사의 전문성에 대한 관심과 함께 법적·윤리적 책임에 대한 관심 또한 증가하고 있다. 노인상담은 도움이 필요한 노인과 전문적 훈련을 받은 사회복지사의 상담관계에서 이루어지는 전문적 활동으로, 상담과정에서 일정한 윤리적 문제가 발생할 수 있다(윤영대, 2006). 사회복지사가 윤리적으로 상담에 임하기 위해서는 무엇보다 상담의 실제에서 만나게 되는 윤리적 문제들에 대한 충분한 지식과 판단기준을 가지고 의사결정을 할 수 있어야 한다. 이를 위하여 상담 관련 학회나 상담기관에서는 윤리강령을 제정하여 상담자에게 지침을 제공함으로써 클라이언트와 전문가를 보호하고, 전문가적 지위와 책임을 분명하게 밝히고 있다. 노인상담서비스를 제공하는 사회복지사의 비윤리적 행동은 상담과정과 결과에 부정적 영향을 미쳐서 노인에게 해를 끼칠 뿐만 아니라, 사회복지사의 전문성을 훼손함으로써 상담서비스를 이용할 잠재적 대상자에게 부정적 인식을 심어주어 궁극적으로 상담분야의 전문적 발전을 저해할 수도 있다(강진령 등, 2009).

사회복지사가 상담과정에서 지켜야 할 행동의 기준을 제시한 윤리규정의 내용을 살펴보면, 미국상담학회(American Counseling Association: ACA), 한국상담학회(2011)의 윤리규정에는 전문가로서의 태도와 역할, 사회적 책임, 내담자의 복지와 사생활 보호, 다른 전문가 또는 기관과의 관계, 윤리적 문제에 대한 대처, 훈련과 교육, 연구자로서의 책임 등의 내용이 공통적으로 포함되어 있다. 특히 미국상담학회(ACA)의 윤리규정 전문에는 소속 회원들의 윤리적 책임을 밝히고,

상담서비스를 이용하는 사람들에게 최선을 다해 봉사하고 전문직의 가치를 높일 수 있는 전문가로서의 행동 방향을 안내하는 지침서로서 윤리규정의 목적을 명시하고 있다(Welfel, 2015). 이는 미국상담학회(ACA)를 비롯한 미국사회복지사협회(National Association of Social Workers: NASW) 등의 윤리규정에서 공통적으로 정의하는 전문가적 정체성과도 일치한다(King, 2012). 이렇듯 상담윤리는 사회복지사의 전문적 정체성의 핵심이며, 사회복지사가 상담자로서의 역할수행에 있어서 근본이 되기 때문에 매우 민감하고 중요하게 다루어야 한다(Hill, 2004).

5. 노인상담 과정

노인상담 과정은 노인이 문제를 인식하는 단계, 관계형성 만들기, 동기화, 문제의 개념화, 해결전략의 탐색, 개입, 평가 및 종결로 노인 측면에서의 상담과정이다(Zastrow, 2006). 사회복지사 측면에서의 문제해결과정은 일반적으로 노인의 문제와 욕구 확인, 라포 형성 및 참여 유도, 상담의 구조화가 이루어지는 접수 및 관계형성단계, 사회복지사와 노인 사이의 역동적이고 상호작용적인 과정으로 정보를 분석하고 종합하는 사정단계, 사정을 통해 발견한 문제와 욕구를 해결할 목적으로 실질적인 상담이 이루어지는 개입단계, 상담의 마지막 과정으로 전문적 원조관계가 공식적으로 완료되었음을 의미하며, 개입과정 동안에 이루어진 활동의 결과를 평가하는 종결 및 평가단계로 이루어진다(Mclnnis-Dittrich, 2002).

노인복지실천에서 다루는 상담내용은 노인이 그들의 삶에 어떻게 적응하고 있는가에 관한 노년기 적응, 노인이 되면 겪게 되는 각종 상실에 대한 대처, 노년기에 스스로 생각해보게 되는 삶의 의미 등이 있을 수 있다. 다음에서는 노인상담 과정을 초기단계, 개입단계, 종결단계로 구분하여 살펴보고자 한다.

1) 초기단계

노인상담에서 초기단계는 접수 및 관계형성, 자료수집과 사정, 그리고 목표설정 및 계약으로 구성된다.

(1) 접수 및 관계형성

접수(intake)는 노인이나 가족들의 문제와 욕구를 확인하는 과정으로, 기관이나 사회복지사 입장에서는 내담자가 필요로 하는 상담서비스를 제공할 수 있는지 여부를, 그리고 내담자 입장에서는 지속적인 상담서비스를 받을 것인지를 결정하게 된다. 접수단계는 사회복지사와 노인(그 가족)인 내담자가 첫 만남을 통해 신뢰관계를 형성하는 가장 중요한 단계라고 할 수 있다. 효과적으로 내담자를 만나기 위한 사전준비로 상담실 세팅, 전문가로서 사회복지사의 준비가 철저하게 계획되어야 한다. 접수과정에서는 내담자의 문제와 욕구 확인, 상담의 분명한 목적과 기대하는 바가 무엇인지, 내담자의 욕구가 기관의 자원과 초점에 부합되는지를 파악해야 한다.

관계형성은 접수과정이 끝나고 내담자를 원조과정에 참여시키기 위해 선결되어야 하는 과제로, 사회복지사와 노인 사이의 전문적 원조관계를 의미한다. 원조관계에 필요한 관계형성의 구성요소는 감정이입, 인정, 온정, 진실성 등이 필요하다. 전문적 소양을 가진 사회복지사라면 노인의 욕구와 신체적 · 심리적 · 사회적 특성에 대한 이해를 선행으로 관계형성의 기본원칙을 준수해야 한다. 노인상담 초기단계에서 관계형성의 기본원칙은 개별사회사업에서 비에스텍(Biestek, 1957)이 제시한 개별화(individualization), 의도적 감정표현(purposeful expression of feelings), 통제된 정서적 관여(controlled emotion response), 비심판적 태도(non-judgemental attitude), 자기결정(self-determination), 비밀보장(confidentiality)의 7가지 원칙을 강조한다.

(2) 자료수집과 사정

자료수집은 사회복지사가 대상노인의 문제와 욕구를 파악하고, 분석하여 개입계획을 수립하고 문제해결을 위해 필요한 자료를 수집하는 것이다. 이러한 과정을 통해 수집된 자료를 기초로 사정이 이루어지며 자료수집과 사정은 거의 동시에 이루어진다. 자료수집에 포함되는 내용은 대상노인의 기본정보, 욕구나 문제에 대한 구체적인 내용과 개인력, 가족력, 지적 · 정서적 · 신체적 · 행동적 · 대인관계 등 현재 기능들, 활용 가능한 자원, 노인을 둘러싼 환경의 한계, 동기 등이 포함된다.

사정은 자료를 수집하여 분석하고 종합하는 과정으로, 노인이 가지고 있는 문제가 무엇인지, 문제를 해결하기 위한 변화는 어떤 것인지를 찾아내는 초기단계에서의 핵심적인 단계이다. 노인의 욕구와 문제를 분석하기 위한 사정의 내용은 다음과 같다.

- 노인이 필요로 하는 서비스와 욕구는 무엇인가?
- 노인은 자신의 문제를 어떻게 인식하고 있는가?
- 현재 직면한 문제와 관련된 사람은 누구인가?
- 노인이 직면한 문제를 해결하기 위해서 활용 가능한 자원은 무엇인가?

사정도구는 노인의 기능수행과 상황에 관련된 사회적 · 관계적 또는 상호작용적 측면에 초점을 두고 사회복지사가 작성하는 사회적 사정보고서, 2~3세대에 걸친 가족관계를 도표로 제시하여 가족에 관한 정보를 알 수 있게 해주는 가계도(genograms), 가족이나 노인의 삶에 영향을 미치는 체계들과의 관계를 그림으로 표현하여 노인문제에 대한 개입계획을 세우는 데 매우 유용한 생태도(ecomap), 노인이 다양한 유형의 사회적 지지를 구할 수 있는 사람들을 확인하는 사회적 지지사정 등이 있다.

(3) 목표설정 및 계약

목표를 설정하기 위해서는 표적문제를 찾아내야 한다. 노인이 중요하게 생각하고 최대한 빨리 해결하기를 원하며 해결가능성이 높은 문제로 표적문제를 선정한다. 이때 주어진 시간 안에 모든 문제를 다루기가 어려우므로 2~3가지 정도로 목표를 설정한다. 표적문제를 정의하고 난 후, 구체적인 목표를 설정해야 한다. 목표설정은 상담을 성공적으로 이끌기 위해 매우 중요하기 때문에 노인과 함께 측정 가능한 목표를 설정해야 한다.

계약은 목표를 설정한 후 노인과 사회복지사가 상담의 중요한 요소들에 대해 서로 동의하는 단계를 말한다. 계약의 구성요소는 서비스 종류, 수행할 목표와 개입기법, 상담자 수, 상담시간, 대상노인과 사회복지사의 역할 등 구체적인 세부사항이 포함된다. 특히 노인과 사회복지사가 동등한 관계에서 각자의 역할을 확인하고 계약서를 작성하는 것이 좋다. 계약의 형식은 구두로 계약하는 구두계약과 가장 공식적인 형태의 서면계약이 있다.

2) 개입단계

(1) 개입단계의 과제와 사회복지사의 역할

상담의 개입단계는 초기단계에 합의한 목표를 달성하기 위해서 사회복지사와 노인이 상호협력을 통해 변화를 모색해 나가는 단계를 말한다. 또한 노인이 자신의 문제에 대한 통찰을 얻고 변화를 지향해 나가는 핵심적인 단계로 작업 또는 문제해결단계라고도 한다. 상담의 개입단계에서는 문제와 증상을 구체화하는 작업, 문제와 증상에 관련된 요인의 검토 및 통찰, 노인의 성격, 문제의 원인, 처해진 환경, 사고 과정, 감정, 행동 유형 등과 관련된 저항에 대한 극복, 대안 마련, 실천과 훈습, 상담의 중간점검 등을 주요내용으로 다룬다. 이때 사회복지사의 능력과 훈련 정도에 따라 효과가 달라질 수 있으므로 다양한 상담이론이나 기법을 통합적으로 활용하되 자신이 가장 잘 알고 있는 이론이나 기술을 활용하는 것이 효과적일 수 있다.

개입단계에서 사회복지사는 상담목표를 달성하기 위해 노인의 문제를 깊이 있게 탐색하고 진행과정과 변화에 대해 끊임없이 평가해야 한다. 또한 노인이 원하는 변화를 성취할 수 있는 행동전략을 개발하도록 도와야 하며, 노인과 협의하여 행동계획을 수립하고 이를 일상생활에서 적용하도록 격려해야 한다. 따라서 노인과 상담을 진행하는 과정에서 끊임없는 점검과 지속적인 평가가 이루어져야 하는데, 사회복지사가 상담과정에서 점검해야 할 내용은 다음과 같다.

- 노인이 원하는 문제를 다루고 있는가?
- 노인의 문제에 대한 사회복지사의 평가와 사례의 개념화는 적절한가?
- 상담목표는 노인이 호소하는 문제와 잘 맞는가?
- 상담계획은 노인의 문제해결 및 목표달성에 효과적인가?
- 상담계획은 노인의 제반 특성을 고려하여 수립되었는가?
- 상담계획에 따라 실천되고 있는가?
- 목표달성을 위한 진행사항은 어떠한가?
- 목표와 계획이 노인의 변화에 맞추어 융통성 있게 조정되었는가?
- 목표를 달성하는 데 노인의 협조를 적절하게 얻고 있는가?
- 내담자인 노인의 저항을 적절하게 다루고 있는가?

(2) 개입단계에서 사용되는 기술

개입단계에서는 노인의 문제, 상담목표, 환경적 요인, 사회복지사의 이론과 경험, 사회복지사의 전문성 등 다양한 요인을 고려하여 가장 효과적인 방법을 찾아서 상담계획을 수립해야 하며, 이러한 과정에서 노인의 기대, 선호, 능력 및 자원 등이 충분히 고려되어야 한다. 노인복지실천현장에서 사용되는 개입기술은 매우 다양하고 광범위하다. 여기에서는 노인이 직접적으로 호소하는 심리적 문제의 해결에 주된 관심을 두고 인지변화를 통해 다른 모든 것을 변화시킬 수 있다고 보는 인지행동치료와 노인의 불안을 감소시키는 데 효과적인 불안감소법, 노인 스스로 구체적인 오류를 인식하여 고치게 하는 인지적 재구조화, 자동적 사고와 가정을 수정하기 위해 사용하는 새로운 행동의 학습법, 그리고 마이켄바움의 인지행동수정에 대해 살펴보고자 한다.

- **인지행동치료** : 일반노인 외에 정서문제를 갖고 있는 노인에게도 효과적인 심리사회적 치료법이다. 인지행동치료는 노인이 보다 효과적으로 기능하도록 사고의 편견이나 인지 왜곡을 제거하고, 노인의 문제행동에 바람직한 대안을 찾도록 돕는 것이다. 또한 부적절한 정서와 부적응 행동을 적절한 정서와 적응적 행동으로 변화시키는 데 목표를 두고 있다. 이러한 접근에서는 다양한 이론과 기법이 공존하며, 노인복지실천현장에서 가장 광범위하게 적용되고 있는 분야는 불안장애, 정서장애, 섭식장애, 중독장애 등이며, 각 장애의 특성에 맞추어 구조화된 또는 반구조화된 프로그램들이 개발 · 적용되고 있다. 대표적인 인지행동치료는 합리 · 정서 · 행동치료(reational emotive behavior therapy), 인지치료(cognitive therapy), 인지행동수정(cognitive behavior modification), 합리적행동치료(rational behavior therapy) 등 다양하다.

  이렇게 다양한 기법들은 다음과 같은 공통적 특징들을 갖고 있다. 첫째, 인지행동치료에서는 과학적 연구를 통해 치료기법을 개발하고 확장해 나가며 지속적으로 개선하고 있다. 둘째, 의학적 모델에서는 심리장애를 질병으로 간주하는 반면, 인지행동치료에서는 대부분의 심리장애를 일상생활 속에서 만들어진 역기능적 문제행동으로 본다. 따라서 이러한 인지행동치료 접근으로 역기능적 사고나 문제행동을 바꿀 수 있다고 가정한다. 셋째, 인지행동치료는 문제행동별로 특정한 기법을 적용하여 역기능적인 인지나 행동을 변화시키기 위해 노력한다. 즉, 노인이 갖고 있는 특정 심리문제에 대한 이론적 모델을 수립하고 그에 따른 치료기법을 개발 · 적용한다.

  넷째, 인지행동치료는 다른 치료방법에 비해 단기치료를 지향한다. 집단으로 적용하는 프로그램은 기간 한정적 치료로 이루어지며, 보통 치료기간을

15회 이내로 한정하여 진행한다. 다섯째, 인지행동치료에서는 필수적인 절차로 인지평가와 행동평가를 실시한다. 노인이 갖고 있는 문제를 이해하고, 치료목표 수립을 위해 행동적 면접, 자기관찰 및 보고, 타인관찰 및 보고, 역할연기 등의 인지행동평가가 이루어진다. 이를 통해 노인의 문제와 유발요인, 문제를 지속시키는 요인, 노인이 가진 자원과 지지요인, 그리고 노인의 강점과 약점 등을 파악할 수 있다. 여섯째, 인지행동치료에서는 전통적 상담치료와는 달리 사회복지사가 교육자이자 코치 역할을 담당한다. 이것은 사회복지사와 노인 간 이해적인 관계, 협동적인 관계를 강조하는 것으로, 사회복지사와 대상노인이 협동하여 문제를 해결해 나가는 것을 말한다.

- **불안감소법** : 불안을 감소시키는 데 도움이 되는 기법으로는 신체에 전체적으로 도움이 될 때까지 긴장과 이완을 반복하는 이완훈련(relaxation training), 전자장치를 사용하여 인체의 생리적 변화를 모니터링 하는 바이오피드백(biofeedback), 고소공포증 같은 특별한 자극에 대한 부적응적 반응을 변화시키는 체계적인 탈삼각화 또는 체계적 둔감법(systematic desensitization), 내적인 신체단서에 대해 극단적인 해석을 하는 노인을 대상으로 탈삼각화하기 위해 사용하는 노출치료인 감각기관에의 노출(interceptive exposure), 가장 불안을 많이 일으키는 자극에 즉각적으로 노출시키는 방법인 홍수요법(flooding), 공황발작을 가진 노인에게 작용하는 노출치료인 전정기관의 탈감각화 훈련(vestibular desensitization), 불안감소 반응 없이 불안을 야기하는 자극에 반복적으로 노출시키는 반응예방 또는 반응차단(response prevention)이 있다.

  인지행동치료에서 사회복지사는 노인의 자동적 사고를 유도하고, 그 사고가 갖고 있는 내면의 논리를 분석하고 역기능적 가정을 확인하며, 그 가정들의 타당성을 검토하기 위해 언어적 기법을 사용한다. 노인이 갖고 있는 인지적 왜곡을 확인시켜 주고 명시하는 것은 그 자체만으로도 치료에 도움이 된다.

- **인지적 재구조화** : 인지적 재구성법은 상황, 감정, 상황에 반응하는 자동

적 사고, 합리적인 반응을 기록하는 형식으로 노인의 생각과 감정을 통제하도록 돕는 사고와 감정의 감시법(monitoring thought and feeling), 노인과 사회복지사가 특정한 믿음을 뒷받침하기 위해 사용되는 증거를 검토하는 증거 탐문(questioning the evidence), 노인이 일어날 가능성이 적은 결과에 대해 두려워할 때 사용하는 탈비극화(decatastrophizing), 노인의 상황이나 행동에 대한 인식을 변화시키는 전략인 재구성(reframing), 역기능적인 사고의 진행을 멈추게 하려고 노인의 생각을 제어하는 방법인 사고 중지(thought stoping)가 있다.

- **새로운 행동의 학습법** : 인지행동치료는 자동적 사고와 가정을 수정하기 위해서 행동적 기술을 사용한다. 새로운 행동적 기술은 노인의 반응범주를 확장시키기 위한 기술훈련, 점진적 이완, 활동 계획하기, 회피적 상황을 준비시키는 행동적 시연, 두려운 자극에 노출시키는 노출치료를 사용한다. 이 외에도 간단한 일부터 수행에 대한 성공적 경험으로 자신감을 갖게 하는 자기신뢰훈련(self-reliance training)을 활용한다.
- **마이켄바움의 인지행동수정** : 인지행동이론의 대표적 이론가인 마이켄바움(Meichenbaum, 1985)의 '자기 지시적 치료'는 노인의 자기언어화를 변화시키는 것을 중점으로 다루며, 상담과정은 문제 상황에 보다 효과적으로 대처할 수 있도록 노인의 자기지시를 수정하는 훈련으로 이루어진다. 마이켄바움의 행동변화법은 내적 상호작용, 인지구조, 행동과 그 결과들을 포함하는 연속적 중재과정을 통하여 일어나는 것으로, 자기관찰, 새로운 내적 대화의 시작, 새로운 기술의 학습 등 혼합된 3단계 변화과정으로 실시한다. 또한 대처기술훈련의 기본원리로 인지적 경향을 수정하는 방법을 배우면 스트레스 상황을 다루는 데 효과적인 전략을 획득할 수 있다.

3) 종결단계

종결단계는 개입단계에서 얻은 통찰을 바탕으로 현실에 적용할 수 있는 새로운 행동을 시험하고 평가하는 단계이다. 종결단계의 상담은 노인이 초기단계와 개입단계를 거치면서 심리적 문제를 일으키는 자신의 사고, 감정, 행동, 생활양식의 모순과 문제를 알게 하고 활용할 수 있는 강점과 자원에 대해서 알게 함으로써 앞으로 실천할 행동과 그 실천행동에 대한 구체적인 계획을 세우는 것이다. 노인상담에서 종결단계의 중요한 활동으로 평가와 종결이 이루어지는데, 평가는 중재 또는 개입의 결과를 사정하는 것으로 상담의 마지막 단계라고 할 수 있다. 평가를 통해서 사회복지사가 의도한 대로 상담을 수행했는지, 목적이 달성되었는지를 확인할 수 있다. 종결은 사회복지사와 내담자인 노인 간의 상담관계가 끝나는 것을 의미한다.

노인상담의 종결단계는 분리의 단계로 노인이 홀로서기를 하도록 분리시키는 과정이며, 전체 상담을 끝마치는 단계로 초기단계와 개입단계에서의 모든 작업이 통합된다. 사회복지사와 노인은 상담의 과정 · 목표 · 새로운 학습 · 변화를 재검토하고, 사회복지사는 노인이 수행한 긍정적 능력을 지지해 주며 자신의 것으로 만들어 주어야 하며, 이러한 변화를 어떻게 지속할 것인지를 살펴보아야 한다.

상담과정 중 가장 어려운 단계가 종결일 것이다. 상담은 노인의 문제를 완전히 해결해 주는 도구라기보다는, 지속적인 변화와 새로운 도전을 의미하는 삶의 과정이다. 따라서 사회복지사는 상담의 마지막 단계로 접어들게 되면 서서히 종결을 준비해야 하는데, 이때 '무엇이 문제 해결인가?'를 먼저 논의해야 한다. 그리고 종결의 시기, 의뢰, 사후관리, 이별의 슬픔 등을 다룰 수 있어야 한다. 특히 노인들의 경우 본인, 배우자, 친지나 친구 등의 죽음을 준비해야 하므로 이와 유사한 감정을 잘 다루는 것이 중요하다. 초기에 설정한 상담목표가 성취되면 상담의 종결을 실행해야 하는데, 이때 종결기준은 다음과 같다.

- 노인의 문제에 아주 작더라도 긍정적인 변화가 일어났는가?
- 일어난 변화가 노인에게 계속해서 생겨날 것인가?
- 사회복지사 없이도 노인 스스로 문제를 해결할 능력이 있는가?

맥도널드와 하니(MaDonald and Haney, 2003)는 사회복지사가 상담을 종결하는 데 도움이 되는 지침을 다음과 같이 제시하였다. 첫째, 사회복지사와 노인 사이에 끝내지 못한 문제가 있다면 관계가 종결되기 전에 처리해야 한다. 만일 미해결된 감정으로 연결되면 노인은 사회복지사가 자신을 밀어낸다고 생각하여 심한 좌절감에 빠질 수 있다.

둘째, 사회복지사가 노인과의 상담관계를 종결할 때는 노인이 갖는 감정에 대해 민감하게 대처해야 한다. 종결을 준비해야 하는 시기가 다가오면 노인에게 미리 알려주고 서서히 마음의 준비를 할 수 있게 하여 노인이 겪을지도 모를 어려움에 대비하도록 도와야 한다.

셋째, 상담관계를 끝내는 것은 슬픔과 아쉬움, 상실감을 동반하기 마련이다. 사회복지사와 노인이 갖는 공통적인 감정에 대해서 살펴보아야 하며, 사회복지사는 노인이 이러한 감정을 솔직하게 이야기하도록 도와주어야 한다.

넷째, 사회복지사가 초기에 계획한 상담목표를 달성했지만, 노인이 그 이상의 상담을 원하는 경우 사회복지사는 노인에게 도움이 될 수 있는 타기관이나 전문가에게 의뢰해야 한다. 이때 노인을 타 기관에 서비스 의뢰하는 일반적인 과정은 원하는 서비스를 제공하는 하나 이상의 기관을 찾아야 하고, 그 기관과 약속하기 위해 구체적인 접촉방법을 선택해야 하며, 나중에 그 기관과 노인에게 각각 의뢰가 어떻게 되어가고 있는지를 확인해야 한다.

다섯째, 때로는 노인이 마지막 상담을 약속해 놓고 오지 않거나 연락이 되지 않는 경우도 있다. 이런 경우 사회복지사는 애도과정을 겪을 수도 있는데, 이때 슈퍼바이저에게 도움을 요청해서 이러한 상실을 이야기할 수 있어야 한다.

여섯째, 상담이 성공적으로 마무리되면 노인은 새로운 문제에 대처할 수 있는 자신감과 확신을 얻게 된다. 그렇지만 여전히 사회복지사나 상담기관이 노인에게 있어서 지지체계의 일부분이 되어야 하는 경우가 있다. 이때 노인이 상담을 필요로 할 때 사회복지사나 기관에 전화를 해도 된다고 허용한다면 훨씬 편안하고 감사하게 느낄 것이다.

여섯째, 사회복지사는 상담을 종결한 후에 노인이 어떻게 지내고 있는지를 확인하는 배려를 발휘해야 한다. 이는 노인에 대한 매우 사려 깊은 행동으로 관심의 표시이며, 다른 주제로 상담하게 될 때 노인의 상황을 이해하는 데 많은 도움이 된다.

생·각·해·보·기

- 노인상담의 필요성에 대해서 토론해 봅시다.
- 노인상담사로서 사회복지사는 어떠한 훈련을 받아야 하는지 생각해 봅시다.
- 다양한 노인상담 유형을 찾아봅시다.
- 노인상담에서 가족상담의 필요성이 강조되는 이유를 생각해 봅시다.

C·H·A·P·T·E·R 12

노인사례관리

학습목표

1. 사례관리의 필요성과 개념을 이해하고, 실천요소에 대해 설명할 수 있다.
2. 사회복지실천 맥락에서 노인대상 사례관리의 주요 모델과 개입 방법을 활용할 수 있다.
3. 노인사례관리의 실제를 이해함으로써 관련 업무를 수행할 수 있다.

1. 사례관리의 이해

1) 사례관리의 필요성과 개념

사례관리는 1970년대 중반 미국의 정신보건영역을 중심으로 활용되기 시작하였고, 이후 영국과 일본에 소개되었다. 2000년대 이후부터 한국 사회복지실천의 다양한 영역에서 사회복지서비스의 주요 전달방법으로 주목받기 시작하면서 최근 민간과 공공영역에서 사회복지서비스의 주요방법으로 자리매김하고 있다. 이러한 사례관리는 시간, 인력소모 등 비효율적 측면에서 전통적 사회복지실천 접근방법에 대한 비판적 대안으로 부각되었고, 높은 수준의 사회복지 전문성이 필요하게 되었다.

우리나라에서 사례관리에 대한 용어는 1990년 사례관리의 관리자와 실천가를 위해 출간한 보건복지부의 지침에서 케어매니지먼트(care management)라는 용어를 사용하면서 오늘날까지 지속적으로 사용되고 있다. 1970년대의 전통적 사례관리는 단순히 필요한 서비스를 클라이언트에게 연결해 주는 작업으로 인식되었다(Ballew and Mink, 1996). 1980년대에 들어서 많은 사례관리 전문가들과 클라이언트들은 관리(management)라는 용어에 대해 문제를 제기하였다. 왜냐하면 관리라는 용어에는 통제의 의미가 포함되어 있고, 클라이언트의 자발적인 참여, 역량강화와 같은 주요 요소들이 반영되지 않기 때문이다. 따라서 이러한 대안으로 영국에서는 보호관리(care management), 서비스조정(service coordination), 사례조정(case coordination)이라는 용어가 개발되었다.

최근 사례관리는 경험이 많고 실행능력이 요구되는 전문화된 방법으로 인정되고 있다(Woodside and McClam, 2006). 전통적인 사례관리 접근방법 그 이상을 전문가들과 클라이언트들은 선호하기 시작하였고, 이에 따라 사례관리는 클라이언트가 최적의 사회적 기능을 수행할 수 있도록 개별적인 상담, 사정과 컨설팅, 교육, 모델링, 그리고 치료 및 옹호를 제공하는 데 필요한 기술은 물론 창조적이고 협력적인 방법으로 개념이 확대되고 있다.

사례관리는 복합적이고 다양한 욕구를 가진 대상자에게 지지, 상담, 치료, 조언 등을 제공하는 직접적인 실천과 함께 지역사회의 공식적 · 비공식적 자원을 연계 · 조정하는 간접적인 실천까지 통합적이고 지속적인 관리의 전반을 의미한다. 사례관리에 대한 정의는 학자에 따라 다양하게 규정하고 있는데, 종합하면 〈표 12-1〉과 같다.

〈표 12-1〉 사례관리의 주요 정의

학 자	사례관리의 개념
스테인버그와 카터 (Steinberg and Carter, 1983)	재가노인 및 독립성이 상실될 위험에 놓여 있는 복합적인 상황을 지닌 사람들의 서비스 욕구를 충족시키는 유익하고 다방면적인 접근방법
존슨과 루빈 (Johnson and Rubin, 1983)	시설화의 맥락에서 복합적인 욕구를 지닌 무능력자(disabled person)를 돌보기 위한 접근방법
오코너 (O'Connor, 1988)	사회사업의 핵심기술 중 하나이며, 서비스 전달체계의 다양한 직업에 종사하는 직원에 의해 수행되는 상호관계 기능들의 복합적인 체계
목슬레이 (Moxley, 1989)	복합적인 욕구를 가진 클라이언트의 기능 향상과 복지를 위해 총체적이고 통합적인 일련의 다양한 서비스를 제공하는 것으로, 공식적 · 비공식적 지원과 활동의 네트워크를 조직 · 조정 · 유지하도록 기능하는 접근방법
마에다 (前田大作, 1990)	각종 서비스나 자원을 이용할 수 없는 취약계층이 욕구에 부합하는 서비스를 받도록 하고, 지역사회의 다양한 자원으로부터 가능한 범위의 지원을 받을 수 있도록 서비스 네트워크 내에서 상호 협력하는 활동방법
로스만 (Rothman, 1991)	정신보건, 노인, 아동, 보건 및 장애와 같은 대인서비스 분야의 중요한 실천방식으로서, 지역사회 내에 거주하는 만성적 또는 심하게 손상된 클라이언트에게 다양하고 지속적인 보호를 제공하는 수단
시라사와 (白澤政和, 1993)	대상자의 사회생활에서 발생하는 복합적인 욕구를 충족시키기 위해 대상자와 적절한 사회자원과 연결시키는 총체적인 방법
권진숙 · 박지영 (2008)	생태체계관점을 기반으로 만성적이고 복합적인 문제를 가진 개인 및 가족과 함께 일하면서 그들과 자원 제공자들의 기능을 향상시켜 환경 속에서 자신들에게 필요한 서비스와 자원을 스스로 획득하고, 사회적 기능을 원활히 수행할 수 있도록 돕는 통합적인 접근방법
한국사례관리학회 (2012)	복합적이고 장기적인 욕구가 있는 클라이언트와 가족의 사회기능 회복을 위해 서비스 운영체계를 확립하고 이를 기반으로 체계적 사정과 지역사회의 다양한 자원을 활용하여 지속적으로 효과적인 사회복지서비스를 제공하는 통합적인 실천방법

결론적으로 사례관리는 클라이언트의 다양하고 복합적인 욕구를 사정하고, 목표를 수립하며, 클라이언트가 변화할 수 있도록 도움을 제공하는 사회복지의 임상적 측면과 지역사회 내의 자원체계에 연결하고 이를 조정하는 활동의 행정적 측면이 결합된 실천방법이다. 즉, 만성적이고 복합적인 욕구를 가진 클라이언트에게 지역사회가 효과적인 서비스를 제공하려는 전략이자, 주요한 실천방법이라고 할 수 있다. 최근 사례관리의 정의는 여러 학자가 공통적으로 사용한 개념을 우리나라 사회복지실천현장의 상황에 맞게 개념화한 한국사례관리학회의 개념을 주로 사용하고 있다.

노인대상 사례관리는 2000년대 초반부터 효율적인 사회복지서비스 전달방식으로 주목받고 있으며, 실제적으로 민간과 공공영역에서 독거노인, 재가노인, 학대노인, 시설노인, 저소득층노인, 장애노인, 호스피스 대상노인 등 다양한 대상에게 적용되고 있다. 노년기는 인생의 특별한 단계이며 이에 따라 특정한 욕구와 서비스가 제공되는 단계이다. 이와 같은 욕구에 대응하기 위한 실천으로 사례관리는 지역사회 돌봄(community care)의 기초를 마련하는 것이다. 즉, 가족, 이웃, 자원봉사자, 지역사회자원이 다양하게 개입하고 서비스를 제공하거나 유지시킴으로써 노인들이 안전하고 존중받는 일상을 누릴 수 있도록 하려는 것이다. 따라서 노인사례관리는 지역사회 중심의 서비스 개념이 강조되면서 노인에게 효과적인 서비스를 제공하기 위한 활동들의 조정이라고 할 수 있다. 이상의 고찰을 바탕으로 본 노인대상 사례관리의 정의는 다음과 같다.

① 노인사례관리의 대상은 복합적 욕구나 문제를 가진 노인으로, 소득, 주택, 재활, 케어, 의료 등 두 가지 이상의 서비스를 동시에 필요로 하는 클라이언트 집단으로 볼 수 있다.
② 노인대상 사례관리 서비스의 제공 범위는 사례관리자가 속한 기관 및 시설의 서비스뿐만 아니라, 타 기관의 서비스와 지역사회의 각종 자원을 동원하는 것을 포함한다.
③ 노인사례관리는 통합적 사회복지실천방법으로 개인 · 가족 · 집단에 대한

임상적 접근뿐만 아니라 지역사회와 정책에 대한 거시적 개입활동을 포함한다.

2) 사례관리의 목적

노인사례관리는 복합적이고 장기적인 욕구와 문제를 가진 노인을 대상으로 그들의 욕구 충족, 문제해결 및 사회적 기능향상을 위한 연속적인 사회복지서비스를 제공하고 통합하는 것이다. 노인사례관리의 목적은 입장에 따라 차이가 있는데 클라이언트 입장에서는 욕구가 충족되도록 충분하고 시의적절한 서비스를 제공받는 것이고, 비용부담자 입장에서는 효율성과 효과성이 중요하며, 서비스 제공자 입장에서는 클라이언트의 만족과 기대했던 성과를 달성하는 것이다. 이러한 노인사례관리는 서비스 전달 측면과 실천적 측면에서 다양한 목적을 달성하기 위해 노력하는 사회복지적 접근으로 서비스 전달체계에서의 목적은 다음과 같다.

① 포괄적인 서비스를 보장한다. 특정 시점에서 클라이언트가 갖고 있는 욕구와 문제를 해결하기 위해 포괄적인 서비스를 조정하여 제공한다.
② 서비스의 연속성을 보장한다. 시간의 경과에 따라 변화하는 클라이언트의 욕구를 충족시킬 수 있도록 즉각적이고 포괄적인 서비스를 지속적으로 제공해 주는 등 보호의 연속성을 보장한다.
③ 클라이언트의 접근가능성에 대한 역량을 강조한다. 클라이언트가 다양한 서비스체계와 협상하는 것을 원조해 줌으로써 서비스를 쉽게 활용할 수 있는 능력을 배양한다.
④ 서비스의 책임성을 제고한다. 서비스의 단편화로 인한 서비스 접근의 장애를 극복하고 클라이언트에 대한 전반적인 책임을 짐으로써 책임성을 제고할 수 있다.
⑤ 서비스의 적정성을 확보한다. 서비스가 클라이언트의 욕구에 적합하고 적절한 방법으로 제공될 수 있도록 보장함으로써 서비스 계획의 효율성을 향

상시킨다.

3) 사례관리실천의 구성요소

사례관리를 이해하기 위해서는 사례관리실천의 구성체계를 이해하는 것이 필요하다. 일반적으로 사례관리의 실천요소는 사례관리의 대상이 되는 클라이언트, 사례관리의 주체가 되는 사례관리자, 사례관리의 도구가 되는 사회자원, 사례관리가 체계적으로 제공되도록 지원하는 운영체계, 그리고 사례관리 과정으로 구성된다. 사례관리실천의 구성요소는 [그림 12-1]과 같다.

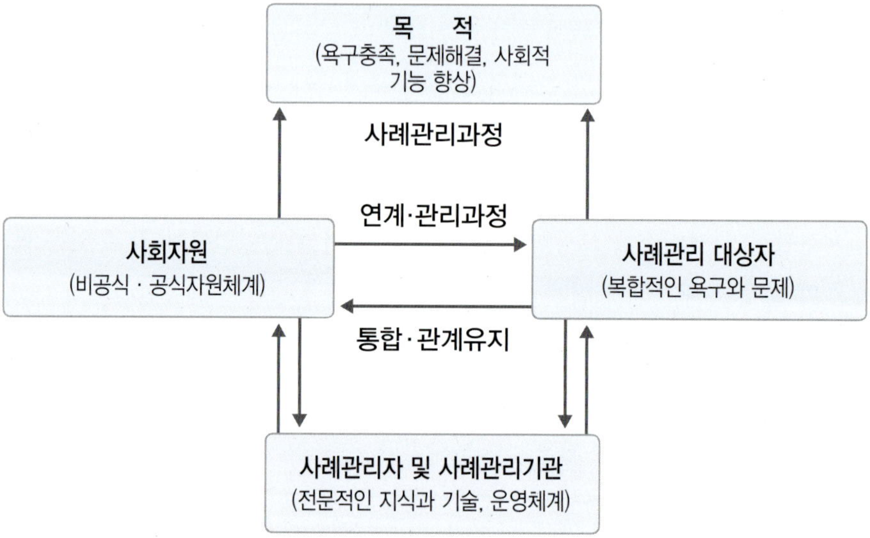

[그림 12-1] 사례관리실천의 구성요소

① 사례관리 대상자

사례관리 대상자는 사회를 구성하는 개인 · 가족 · 집단 · 지역사회로 매우 다양하고 광범위하며, 사회복지서비스에서 클라이언트로 불리는 대상자가 보편적인 용어로 사용된다. 사례관리의 대상이 되는 클라이언트는 다양하고 복합적인 문제를 갖고 있으나, 신체적 · 사회적 · 기능상의 문제로 인해 스스로 욕구를 충족하기 어려운 사람을 말한다. 노인사례관리 대상자는 다음과 같은 특징을 갖고 있다.

가. 중복 또는 복잡한 신체적 · 정신적 장애를 가지고 있는 노인
나. 중복서비스를 필요로 하는 사람, 또는 서비스를 제공받고 있는 노인
다. 시설 입소가 검토되고 있거나 또는 필요한 노인
라. 서비스를 충분히 제공받고 있지 못한 노인
마. 현재 이용하고 있는 서비스가 부적절한 노인
바. 돌봐 줄 가족이 없거나, 충분한 케어를 받고 있지 못한 노인
사. 가족만의 케어를 받고 있는 노인
아. 행정서비스 외에 비공식적인 서비스가 필요한 노인
자. 행동이나 태도가 다른 사람이 참기 어려운 정도의 노인
차. 개인적으로 대변해 줄 사람이 필요한 노인
카. 시설 및 병원에서 입 · 퇴원을 반복적으로 하면서 자신의 건강관리가 어려운 노인
타. 자신의 문제점이나 욕구에 대해 판단력이 떨어지거나, 애매한 노인
파. 금전관리가 불가능하거나 행정서비스 신청 등이 어려운 노인

② 사례관리자 및 사례관리 기관

사례관리자는 서비스 공급주체에 의한 사회자원을 클라이언트가 활용하여 욕구를 충족할 수 있도록 촉진, 조정하고 연결시켜 나감으로써 클라이언트 자신의 능력을 향상시키고, 서비스 공급주체의 능력까지 발전시키는 역할을 한다. 사례관리실천현장에서 사례관리자는 아웃리치어, 욕구사정자, 상담가, 서비스제공계획자, 자원개발자, 중재자, 중개자, 조정자, 네트워커, 평가자 등의 역할을 담당한다. 사례관리자의 자격은 사회복지사 1급 자격증 취득 후 사회복지실천 경력 2년 이상인 자, 사회복지사 2급 자격증 취득 후 사회복지실천 경력 4년 이상이 되어야 하며, 사례관리와 관련된 교육과 훈련을 받은 자이어야 한다(한국사례관리

학회, 2016).

사례관리기관은 체계적 수준에서 서비스의 조정과 연계를 책임지는 주체이다. 서비스 제공기관, 지역의 사회복지관 및 노인복지관, 병원, 민간 비영리기관, 그리고 자원기관 등의 사례관리기관은 내외부와 연결된 사례관리 운영체계이며, 서비스 전달체계로서 중요한 기능을 수행한다. 기존에는 노인 스스로 또는 가족들이 필요한 자원을 개발하거나 연계해서 생활해 왔지만, 현대사회에 와서는 도움이 필요한 클라이언트에게 필요한 자원을 연계해서 제공하는 역할을 사례관리자 또는 사례관리기관에서 수행하고 있다.

③ 사회자원

사회자원은 사례관리에서 가장 중요한 구성요소이며, 클라이언트의 복합적이고 만성적인 욕구를 충족시키고 문제를 해결하기 위해 필요하다. 사회자원은 인적·물적 서비스를 제공하고 지원하는 다양한 차원의 공급주체로써 국가 및 지방자치단체 등의 공적 부문과 사회적 연계를 통해 직접적 서비스를 제공하는 공식적인 행정체계와 정서적 지지 및 정보제공 등의 서비스를 제공하는 비공식적 체계를 포함하는 사적 부문으로 구분된다. 따라서 사례관리에서 사회자원은 인간의 욕구를 충족시키기 위해 동원되는 시설·설비·자금이나 물자 또는 개인이나 집단의 지식과 기능들을 의미한다.

④ 사례관리 과정

사례관리 과정은 사회복지실천에서 거의 공통적으로 이루어지는 과정으로 한국사례관리학회(2012)에서는 초기단계, 사정단계, 계획단계, 실행과 점검단계, 평가와 종결단계 등 5단계의 실천과정으로 구분하고 있다.

2. 사례관리의 주요 모델과 개입방법

노년기로 접어들면서 더욱 다양하고 복합적인 문제와 욕구를 갖게 되며, 이러한 특성으로 인해 노인은 사례관리의 주된 대상이 되고 있다. 의료비 지출의 증가와 사적 부양시스템 부족 및 경제적 부담, 불충분한 치료체계로 인해 노인사례관리의 필요성이 강조되고 있다. 궁극적으로 체계화된 개입과정을 통해 다양한 상황에서 노인의 개별적 욕구 충족을 위해 사례관리가 필요하다고 볼 수 있고, 특히 노인장기요양보험이 도입되면서 보건 · 복지의 통합적 측면이 더욱 강조되고 있다(한혜경 등, 2002; 정순둘 · 이선희, 2010).

사례관리는 모델에 따라 다양한 서비스 제공, 각 모델에서 추구하는 다양한 목표 설정, 클라이언트에 대한 개입기간과 특정한 관점을 제공해 준다. 이러한 모델의 특징을 이해한다는 것은 노인사례관리를 실시하는 기관이나 사례관리자에게 어떤 모델이 적합한지를 알려준다. 노인에게 적용한 사례관리 실천모델은 크게 강점관점 사례관리 모델, 팀 접근 사례관리 모델, 과제중심 사례관리 모델, 집중 사례관리 모델 등이 있다. 이 책에서는 각각의 모델에서 제시한 실천과정을 중심으로 살펴보고자 한다.

1) 강점관점 사례관리 모델

강점관점 사례관리 모델은 기존 사례관리 모델이 클라이언트의 신체적 · 정신적 손상을 지나치게 강조하여 클라이언트의 잠재된 능력을 간과하고, 클라이언트가 활용할 수 있는 지역사회자원을 충분히 고려하지 못한다는 비판에서부터 출발하였다. 따라서 클라이언트가 갖고 있는 목적 및 꿈을 실현하게 하거나, 사회복지실천의 전 과정에서 사회복지사가 클라이언트의 강점과 자원을 발견하고 드러내어 묘사, 탐색, 활용하려는 총체적인 노력이다(Saleebey, 2009).

강점관점 사례관리 모델을 구체적으로 살펴보면, 첫째, 노인들은 모두가 독특하며, 자신의 욕구와 의지를 누구보다 잘 알고 있는 전문가로 가정한다. 또한 사례관리자의 도움을 받아서 자신의 안녕을 성취하기 위해 가장 필요로 하는 것이 무엇인지를 아는 데 도달할 수 있다고 보는 인간관이 가장 큰 특징이다. 따라서 노인은 성장과 자율성에 대해 무한한 가능성을 갖고 있으며, 커다란 도전과 고통에 맞서 생존해 온 사람으로서 변화와 기대의 가능성을 만들기 위한 신체적 · 감정적 · 인지적 · 대인적 · 사회적 · 영적 에너지의 방대한 저장소로 인식된다.

둘째, 노인의 의료적 조건에 기초하여 처방된다. 강점관점 사례관리 모델에서는 다양한 서비스와 자원을 통해 일상생활지원을 필요로 하는 노인들의 욕구에 대한 전체적 그림을 가지고 접근가능한 모든 선택권을 탐색한 후 노인이 갖고 있는 강점을 사용하여 선택과 노력을 유도한다.

셋째, 클라이언트와 사례관리자 간의 인식에 차이가 있다. 강점관점 사례관리는 노인이 아무리 신체적 · 정신적으로 손상되었다 하더라도 어느 정도는 상호간의 참여와 의사결정, 협력과 책임이 가능하다고 본다. 따라서 사례관리자는 자신의 태도를 명확히 정의하고, 병리적 관점에서 강점관점으로, 문제로부터 도전과 기회로, 과거에 대한 집착에서 미래의 버전으로, 전문가이자 협력자로서 역할을 변화시켜 나간다. 결론적으로 노인대상 강점관점 사례관리는 성장과 자율성에 대한 무한한 가능성을 가진 노인관에 기초하여 노인이 갖고 있는 강점을 사용하여 선택하고 노력하도록 유도하며, 전문가로서 협력자로서의 역할을 수행하도록 지원하는 서비스로 정의할 수 있다(한혜경, 2009).

강점관점 사례관리의 실천과정은 계약, 강점사정, 개별화된 목표계획, 지속적인 협력, 점진적 종결의 6단계로 구분된다(Fast and Chapin, 2000). 계약단계에서는 라포 형성을 위한 공통의 관심사를 탐색하고, 사례관리의 목적과 상호 기대에 대해 토론하며, 클라이언트의 관심사를 확인하고 수용하도록 한다. 강점 사정단계에서는 개인적, 환경적 강점 정보를 수집하고, 클라이언트의 우선순위를 규명하고, 생활영역별 바람, 욕구, 과거 및 현재의 지역사회자원을 기록한다. 개별화된 목표계획단계에서는 클라이언트가 설정한 목표에 초점을 맞추고, 목표를 명확히 하며, 과업을 분류하고, 장기목표를 일련의 단계과제로 나누어 과제 책임과 목표를 설정한다. 자원획득단계에서는 목표를 달성하기 위한 자원과 서비스의 가

용성, 접근성, 편리성을 점검하며, 클라이언트의 욕구와 선호를 충족시키는 데 적합한지 확인하고, 서비스 및 자원제공자들과 협상하고, 적극적인 아웃리치를 시도한다. 지속적인 협력단계에서는 지속적 점검(모니터링), 과업수행, 공식 · 비공식적 지지체계와의 대화를 통해 피드백을 제공하고 갈등을 해결한다. 마지막으로 점진적 종결단계에서는 접촉 횟수를 줄이고, 비공식적 지지체계와 자원의 활용 수 및 다양성을 증가시킨다.

강점관점 사례관리 실천과정에서 단계별 활용방법을 구체적으로 살펴보면 〈표 12-2〉와 같다.

〈표 12-2〉 강점관점 사례관리 모델의 활용

단 계	활 용
계약	• 비공식적, 이야기체 형식의 대화 시도 • 라포 형성을 통한 공통의 관심사 탐색 • 서로의 기대에 대하여 이야기 나눔 • 클라이언트의 관심사를 확인 후 수용
강점사정	• 개인적 · 환경적 강점정보 수집 • 클라이언트의 우선순위 규명 • 생활영역별 바람이나 욕구 기록 • 과거 및 현재의 지역사회자원 기록 • 클라이언트에게 정보 제시
개별화된 목표계획	• 클라이언트가 설정한 목표에 초점 • 목표의 명확화 및 과업의 분류 • 책임할당, 과업의 시간별 구체화, 자원, 원조체계, 서비스 등 규명
자원획득	• 자원 및 서비스에 대한 접근 • 자원 및 서비스의 적절성 확보 • 서비스 및 자원제공자들과 협상 • 공식 · 비공식적 지지체계 및 자원들에 대한 적극적인 현장접근(아웃리치)
지속적인 협력	• 지속적인 점검(모니터링) • 과업수행 및 지속적인 접촉 • 공식 · 비공식적 지지체계에게 칭찬, 격려, 피드백 제공 • 갈등 해결, 개입과정에 대한 정기적인 재평가
점진적 종결	• 접촉 횟수 줄여가기 • 지속된 지지에 대한 재확인 • 비공식적 지지체계로 공식적 서비스 대체

2) 팀 접근 사례관리 모델

팀 접근 사례관리는 사회복지사들의 업무과중으로 인해 클라이언트에 대한 지속적인 관리가 어려운 한계를 극복하기 위한 대안적 모델로, 활용 가능한 준전문가를 동원하여 지속적인 서비스 제공과 자원연결에 효과적이며, 보건 · 복지의 통합적 팀 구성으로 실시된다. 팀 접근 사례관리에서는 로스만(Rothman, 1992)이 제시한 경험적 모델을 가장 많이 활용하는데, 이 모델은 노인복지, 정신건강, 재활 등 다양한 실무에서 수행되고 있는 사례관리의 기능들을 분석한 후 이를 토대로 수차례의 조사와 실험을 거쳐서 정립된 모델이다. 따라서 지속적인 보호를 위한 상담, 치료, 개별화된 욕구 충족과 관련된 서비스를 통합적으로 제공하는 것과 계획, 자원 확인, 점검기능을 강조하고 있다.

팀 접근 사례관리 모델의 장점은 첫째, 클라이언트 입장에서는 한 명의 사례관리자에 대한 의존을 약화시킬 수 있으며, 둘째, 사례관리자 입장에서는 특정영역에서의 심도 높은 능력개발과 직원 소진 최소화, 소외감을 방지할 수 있고, 셋째, 제공기관 입장에서는 비용효과적인 이용, 상이한 기술 이용의 최대화, 지식 또는 기술의 공유가 증대된다. 이 모델에서는 지역사회 내에서 활동하는 주요 사례관리자와 준전문가가 적절히 혼합된 사례관리팀을 형성하여 선별된 사례를 집중적으로 공략한다. 팀의 구조는 크게 2개의 세부 구조로 나뉘는데, 하나는 전문가들이 참여하는 슈퍼비전팀이고, 다른 하나는 주요 사례관리자와 준전문가가 참여하는 활동가팀이다. 전체 사례관리팀은 정기적인 모임을 통해 사례를 검토하고, 진행을 점검하도록 계획되어 있다.

슈퍼비전 체계는 일차적으로는 주요 사례관리자가 보조인력인 준전문가에게 슈퍼비전을 주고, 이차적으로는 슈퍼비전팀의 전문가들이 주요 사례관리자 또는 준전문가에게 직접 슈퍼비전을 실시한다. 사례관리팀의 슈퍼비전에서 다루어진 문제는 사례 선정기준의 설정, 클라이언트에 대한 사정양식 작성, 주요 사례관리자와 준전문가에 대한 교육, 개인사례별 계획서 검토, 지역사회자원 발굴 및 추천, 클라이언트 상담 및 옹호와 관련된 자문, 클라이언트 자원과 지지망의 개발 및 확장에 대한 자문, 사례의 재사정 및 평가로 진행된다(정순둘 · 고미영, 2003).

팀 접근 사례관리 모델의 개입과정은 사정, 목표설정, 중재계획, 연결, 점검으로 구분되며, 단계별 활용방법을 구체적으로 살펴보면 〈표 12-3〉과 같다.

〈표 12-3〉 팀 접근 사례관리 모델의 활용

단 계	활 용
사정	• 클라이언트의 신체 및 심리사회적 기능과 현재의 문제를 명확히 규정 • 클라이언트의 개인능력, 대처능력, 영향을 주고받는 체계들과의 관계 조사 • 적절한 사정도구 개발
목표설정	• 사정을 기초로 목표를 설정하는 단계 • 사례관리자의 전문적 목적에 기초하여 클라이언트의 욕구영역 파악 • 클라이언트의 개인적 목표를 설정하여 우선적으로 필요한 장 · 단기 목표 설정 • 대안에 대한 준비
중재계획	• 적극적인 서비스가 시작되는 단계 • 특정 목표를 갖고 계획 수립 • 필요한 자원 확보 • 활용 가능한 자원 유무에 따라 계획 수립 • 상담과 치료계획, 클라이언트에게 현실적인 도움을 줄 수 있는 외부기관을 연결하는 과업 강구 • 클라이언트로 하여금 자신의 욕구를 정확하게 표현할 수 있도록 격려
연결	• 사례관리자들에게 가장 많은 활동이 요구되는 단계이며 가장 중심이 되는 단계 • 적극적이고 촉진적인 역할, 구체적인 서비스와 정서적인 지지를 동시에 제공 • 세부적인 정보제공, 예상되는 어려움에 대한 토론, 모의역할 실시 • 클라이언트가 최초로 자원을 활용하고자 할 때 함께 참여해 줄 것을 권고 • 내부적인 연결과 외부적인 연결로 분류하여 실시
점검	• 제공기관과 비공식적체계의 접촉에 대한 과정과 결과를 파악하는 단계 • 클라이언트가 지역사회에서 적응할 수 있도록 제반서비스들의 안정성 사정 • 사례관리자가 전화나 방문으로 상담 실시

3) 과제중심 사례관리 모델

과제중심 모델은 1970년대 초반 레이드(Reid, 1992)와 엡스타인(Epstein, 1992)에 의해 개발되었다. 1960년대부터 단기치료에 대한 관심의 고조, 보다 집중적이고 구조화된 개입형태에 대한 기대, 전통적인 장기개입 유형의 효과성 입증의 실패 등 기존 사회복지실천의 문제점과 대안에 대한 요구에 의해 발전하게 되었다. 핵심적이고 구체적인 문제에 초점을 두고 사례관리자의 능동적 개입이 요구되며 간결하고 계획된 치료가 과제중심 사례관리 모델의 중요한 요소라고 할 수 있다. 특히 심리적인 장애에 대한 원조방법으로 정신역동이론, 인지이론, 사회학습이론, 소집단이론 등을 기초로 하여 어느 한 가지 이론이 아닌 여러 이론을 선택적으로 활용하는 통합주의를 지향하고 있다(신원우, 2001).

과제중심 사례관리 모델은 클라이언트의 자기결정을 기본전제로 하여 클라이언트가 제시한 문제에서 시작하여 문제해결을 위한 과제를 선택하고, 사례관리자와 클라이언트의 계약에 따라 진행된다. 따라서 제한된 시간 내에 문제를 해결하는 단기개입 방법으로 노인들이 갖고 있는 대부분의 문제가 만성적인 것임에도 불구하고 각각의 문제를 정해진 시간 내에 해결한다는 의미에서 유용하게 적용할 수 있다. 또한 모델의 구조가 간결하면서도 클라이언트의 참여를 중요시 여기고 클라이언트와 환경 간의 불균형으로 인하여 발생하는 문제에 대한 대처노력을 강조하는 특성을 갖고 있기 때문에 노인들을 위한 사례관리 방법으로서 적절한 모델이다(허남순, 1998).

과제중심 사례관리 모델의 개입과정은 접수, 사례에 대한 계획, 과제 실행, 과제 점검을 통한 모니터링, 종결 또는 재계약하는 과정으로 구분되며(Reid, 1992), 단계별 활용방법을 구체적으로 살펴보면 〈표 12-4〉와 같다.

〈표 12-4〉 과제중심 사례관리 모델의 활용

단 계	활 용
초기단계 (접수 및 계약)	• 사례관리 프로그램 홍보로 노인들에게 접근 • 클라이언트의 사례 접수 및 초기 접촉 • 클라이언트의 표적문제를 중심으로 구체적인 문제 규명 • 표적문제의 우선순위 결정 • 클라이언트의 목표 설정 • 계약 체결

단 계	활 용
중간단계 (과제계획 및 수행)	• 클라이언트와 함께 가능한 과제 계획 • 과제 수행 시 발생되는 장애 점검, 장애를 제거하거나 극복하는 방법 검토 • 해결 가능한 과제 구체화 • 표적문제와 과제에 대한 검토
종결단계 (평가 및 종결)	• 선정한 표적문제들과 목표에 대한 검토 및 문제 상황 전체에 대한 평가 • 종결 및 계속적인 도움이 필요할 시 재계약

4) 집중 사례관리 모델

집중 사례관리 모델은 사례관리자의 계획과 협동조직의 역할, 그리고 지지자가 함께 역할을 수행하는 것을 강조하는 모델로 복잡하고 자주 변화하는 클라이언트의 욕구에 반응하기 위해 개발되었다. 최근 고령화와 치매환자의 증가로 인해 예측할 수 없는 상태의 악화와 돌봄 과정이 장기간 지속되면서 치매노인의 삶의 질, 간병인 및 가족 케어기버의 보살핌과 사회적 환경은 모두에게 다양한 증상과 어려움을 증가시켰다. 최근 들어 재가 및 시설의 중증장애노인, 고령장애노인, 노인성장애인(치매) 등에게 더욱 차별화된 의료 및 사회복지서비스에 대한 필요성이 강조되었고, 이에 영국을 중심으로 여러 나라에서 보건복지서비스의 재구성에 대한 논의가 이루어졌다. 이러한 사회적 변화와 요구에 의해 사회복지실천현장에서 집중 사례관리 모델이 적용되기 시작하였다.

집중 사례관리 모델은 특별치료 사례관리에 대한 접근방식, 집중치료 사례관리의 계획, 소규모 클라이언트 집단을 위한 지원에 있어서 조정 역할, 복잡하고 빈번한 서비스 이용, 사용자 수, 변화하는 클라이언트와 간병인의 요구를 강조하는 특성을 갖고 있다(Challis et al., 2002). 대부분의 집중 사례관리는 특정기관에 역할을 부여하기보다는 외부계약 형태로 별도의 사례관리 프로그램에서 기관 간 조정역할과 각 기관에서 진행되는 서비스 모니터링 역할을 담당하며, 클라이언트 집단과 관련된 건강 및 사회복지서비스를 위해 집중 사례관리팀은 지역사회자원을 철저히 관리한다. 이때 주요 사례관리자는 직접적인 서비스에 관여하기보다는 다양한 서비스의 연계와 조정을 위한 서비스 관리나 서비스를 제공하는 주체들 간의 조정, 자원관리에 대한 전문적인 책임을 진다.

특히 집중 사례관리 모델은 서비스 전달체계 내에 유용한 자원이 많이 존재하지만 이를 효율적으로 전달할 수 있는 체계가 부족한 환경에서 사례관리자가 다양한 서비스 제공자들을 클라이언트에게 연결시켜 줌으로써 서비스의 효과성을 높이는 유형이다. 이 모델의 사례관리는 지역 내 필요한 자원에 대한 접근성과 서비스의 적절성을 높이며, 포괄적인 패키지를 제공하기 위한 과정을 통해 서비스 환경을 개선해 나가는 데 효과적이기 때문에 개별기관보다는 지역 내 통합된 팀 협력을 통해 가능하다.

집중 사례관리 모델의 개입과정은 학자들에 따라 다양하게 논의되어 왔지만, 우리나라 노인들에게 적용한 사례를 중심으로 접수, 사정, 기획, 실행, 점검, 평가의 6단계 기본과정과 단계별 활용방법을 살펴보면 〈표 12-5〉와 같다.

〈표 12-5〉 집중 사례관리 모델의 활용

단 계	활 용
접수	• 사례관리에 가장 적절한 사례 발견 • 사전적격심사를 통해 클라이언트 확인 • 서비스 제공에 대한 계약
사정	• 일상생활 기능상의 장애, 장기간 보호를 필요로 하는 클라이언트의 상황 파악 • 클라이언트의 욕구를 포괄적으로 파악
기획	• 클라이언트와의 공동 작업을 위한 목표 확인 • 서비스 제공을 위한 세부목표와 우선순위 결정 • 목표를 달성하기 위한 서비스 개발과 계획화
실행	• 보호계획을 완전하게 수행하는 단계 • 클라이언트에게 필요한 서비스 연결 • 개입을 통한 보호계획 수행 • 서비스를 적절하게 배열하고 정리
점검	• 서비스 실행과 지원체계의 역할에 대한 추적과 감독을 통한 재사정 실시 • 서비스가 적절하게 수행되고 있는지 확인
평가	• 서비스와 원조활동이 가치가 있는가를 결정 • 서비스 종료와 평가

3. 노인대상 사례관리의 실제

노인대상 사례관리의 과정별 분석은 지역사회에 거주하는 재외동포 독거노인을 대상으로 5단계의 사례관리 실천과정을 적용하였다. 전반적인 실천과정은 한국사례관리학회(2012)에서 제시한 ① 초기단계, ② 사정단계, ③ 계획단계, ④ 실행과 점검단계, ⑤ 평가와 종결단계로 과정별 사례분석은 〈표 12-6〉과 같다.

〈표 12-6〉 노인사례관리 실천과정

단 계	활 용
초기단계	• 사례와 클라이언트 발견 및 확인 • 사례관리자와의 관계 형성 • 정보수집 • 클라이언트 선정 • 사례관리과정 안내 • 동의 및 심사, 접수 상담 및 등록(초기면접)
사정단계	• 클라이언트와 함께 문제나 욕구에 관한 정보 수집 • 문제의 우선순위 결정과 종합화
계획단계	• 클라이언트와의 협력을 통한 목표 수립 • 적절한 서비스 유형, 보호에 필요한 시간, 지역사회자원과 가족구성원이 취할 역할을 구체화하여 계획 수립
실행과 점검단계	• 클라이언트와 함께 서비스 계획 실행 • 목표달성 여부와 변화상황 점검, 서비스 조정
평가와 종결단계	• 연 1회 이상 정기적인 평가 실시 • 평가결과에 따른 의뢰 · 사정 · 계획 · 개입 단계로의 환류 및 종결 • 종결 시 사후관리에 대한 동의 확보

출처 : 한국사례관리학회(2012).

1) 사례관리 개요[17)]

본 사례는 중국 국적 재외동포 노인의 한국 국적 취득 및 안정적인 국내 거주

17) 본 사례는 대덕구노인종합복지관의 '재외동포 독거노인의 안정적인 노후생활 및 한국 국적 취득을 위한 사례개입'을 중심으로 재구성하였음.

문제로 기관 내 「독거노인친구만들기」 사업 진행 중 탈북민 출신 참여자(새터민)의 대상자 추천으로 상담을 실시하게 되었다. 초기정보제공자에 의하면 한국 국적을 취득하려고 준비를 하고 있으나, 우리나라 언어 및 문화, 정보 등이 부족하여 국적 취득에 어려움을 겪고 있어서 지원이 필요하다며 자신과 비슷한 상황에 처한 클라이언트를 위한 개입을 의뢰하였다.

인테이크(intake)를 통해서 클라이언트의 국적 취득에 대한 욕구를 파악했으며, 그에 대한 준비사항과 어려움, 개인이력 등을 파악할 수 있었다. 현재 거주하고 있는 곳은 조카딸 명의의 전셋집으로 2008년 초기계약 이후 집주인의 배려로 재계약 없이 살고 있어서 주거에 대한 어려움은 없는 상태이지만, 건강 · 의료문제 및 응급상황 발생 시 이를 해결할 경제적 능력과 정보 등이 부족하여 위기상황으로 이어질 가능성이 높다고 판단하였다. 이에 내부 사례회의를 거쳐 클라이언트를 집중관리가 필요한 사례관리 대상자로 선정하였고, 국적 취득을 위한 행정적인 도움과 정보제공, 일상생활 유지를 위한 외부자원 연계, 정서적 안정과 지지를 위한 주변관계 개선을 목표로 사례관리를 진행하였다.

1 초기상담기록지(INTAKE SHEET)

<table>
<tr><th>사례번호</th><td>00-00</td><th>접수유형</th><td colspan="2">■방문 □내방 □전화</td><th>사례관리자</th><td>○○○</td></tr>
<tr><th>사례접수일</th><td colspan="4">0000. 00. 00.</td><th>사례종결일</th><td></td></tr>
<tr><th>접수경로</th><td colspan="6">■클라이언트 직접요청 □사례관리자가 직접 발굴
□기관 내 타 부서 의뢰( )</td></tr>
<tr><th>성명</th><td>박○○(76세)</td><th>성별</th><td colspan="2">□남 ■여</td><th>생년월일</th><td>0000. 00. 00</td></tr>
<tr><th>세대유형</th><td>독거노인</td><th>지원구분</th><td colspan="2">제외동포</td><th>주정보원</th><td>박○○</td></tr>
<tr><th rowspan="3">가족사항</th><th>성명</th><th>나이</th><th>성별</th><th>관계</th><th>직업</th><th>비고</th></tr>
<tr><td>권○○</td><td>57</td><td>남</td><td>자</td><td>일정하지 않음</td><td>재외동포</td></tr>
<tr><td>박○○</td><td>55</td><td>여</td><td>자부</td><td>무</td><td>재외동포</td></tr>
<tr><th>주소</th><td colspan="4">○○광역시 ○○구 ○○동</td><th>전화번호</th><td>000-0000-0000</td></tr>
<tr><th>의뢰된 사항</th><td colspan="6">1. 국적 취득을 위한 행정적인 도움 및 정보제공
2. 일상생활 유지를 위한 자원 연계
3. 정서적 안정과 지지를 위한 주변관계 개선</td></tr>
<tr><th rowspan="2">경제상태</th><th>월 소득</th><td colspan="3">약 20만 원</td><th>직업유무</th><td>무</td></tr>
<tr><th>소득원</th><td colspan="5">비정기적인 근로활동</td></tr>
<tr><th>건강상태</th><td colspan="6">고혈압, 관절염 등으로 심신이 허약한 상태임</td></tr>
<tr><th>주거상황</th><td colspan="6">조카 집에서 전세로 살고 있고, 화장실 노후화가 심각함</td></tr>
<tr><th>생활력</th><td colspan="6">클라이언트의 가족은 중국으로 이민을 가서 생활하였고, 클라이언트는 1940년 만주 하동에서 태어났음. 출생 후 아버지가 한국에 호적신고를 하였음. 같은 재외동포 신분의 남편과 결혼하여 슬하에 1남을 두었고, 남편이 사망한 후 55세(1994년)에 한국으로 넘어왔음. 22년 동안 한국에서 살고 있으며 이중 17년은 숨어서 지냈고, 5년은 외국인등록증을 발급받아 재외동포(F-4)신분으로 살아 왔음. 외국인등록증 발급 전 숨어서 지내는 동안 가정부, 식당, 공장 등에서 쉬지 않고 돈을 벌기 위해 일을 했지만 신분 때문에 그에 마땅한 대우를 받지 못했다고 함. 주변에 왕래하는 사람이 없어서 외롭게 지내고 있고, 고혈압과 관절염 등으로 건강이 악화되었음. 클라이언트는 외국인 신분이라 국가에서 지원을 받지 못하고 있어서 폐지를 줍는 일로 생계를 유지하고 있으며, 도움을 받을 자원이 전혀 없는 상태임. 현재 한국 국적 취득을 가장 원하며 신청서류를 준비 중에 있고, 서류신청 시 신청재산 6,000만 원 중 조카들에게 도움을 받아 4,500만 원 정도 모았다고 함</td></tr>
<tr><th>적격성 심사</th><td colspan="6">■적격 □부적격(부적격 사유 :)</td></tr>
<tr><th>서비스 동의</th><td colspan="4">■동의 □거절</td><th>계약자명</th><td>박○○</td></tr>
</table>

2 사정기록지

<table>
<tr><td>사례번호</td><td>00-00</td><td>클라이언트</td><td>박○○</td><td>사례관리자</td><td>○○○</td></tr>
<tr><td>사정일자</td><td colspan="3">0000. 00. 00 ~ 0000. 00. 00</td><td>유형</td><td>■ 신규 □ 재사정</td></tr>
</table>

<table>
<tr><td>클라이언트의 문제</td><td colspan="2">• 불법체류 및 재외동포 등 신분상의 한계로 인해 공무원(출입국사무소 관계자)에 대한 거부감이 심함
• 고혈압, 관절염 등 노인성질환으로 고생하고 있으나, 의료비 부담(약 300만원 건강보험료 연체)으로 인해 치료를 받지 못하는 상태임
• 국적 취득을 위한 과정에 오랜 시간이 소요되었음(2년 이상)
• 재외동포 신분으로 인해 자원연계 및 서비스 제공에 한계가 있음</td></tr>
<tr><td>클라이언트의 능력</td><td colspan="2">• 언어, 문화, 정보 등이 취약하지만 국적 취득을 위한 꾸준한 노력과 강한 의지를 갖고 있음
• 자신이 재외동포라고 밝히지 않으면 말투 · 외모로는 신분을 알아차릴 수 없을 정도로 동료집단과 융화가 잘되는 편임
• 다양한 비공식적 자원을 보유하여 국적 취득을 위한 서류 및 정보습득에 도움을 받기 위해 꾸준히 노력하고 있음
• 성격이 쾌활하여 정서적으로 지지해 주는 비공식적인 자원이 많은 편임</td></tr>
<tr><td>클라이언트 가족의 문제</td><td colspan="2">• 서울에 거주하는 아들내외 및 주변 가족들이 모두 재외동포 신분으로 실질적인 도움을 받지 못하고 있음
• 클라이언트 가족에게는 6촌 이내 한국 국적의 가족이 없어서 간이귀화가 아닌 일반귀화로 국적 취득을 진행해야 함</td></tr>
<tr><td>클라이언트 가족의 능력</td><td colspan="2">• 경제적으로 큰 도움을 받지는 못하지만 정서적으로 의지할 수 있는 아들이 서울에 거주하고 있음
• 중국 및 국내에 거주하고 있는 친척들이 국적 취득을 위한 경제적 지원(일시적)을 해주고 있음</td></tr>
<tr><td rowspan="2">사회자원</td><td>공식적 자원체계</td><td>• ○○○노인종합복지관 : 사례관리를 위한 인테이크 진행</td></tr>
<tr><td>비공식 자원체계</td><td>• 김○○(초기정보제공자) : 새터민으로 비슷한 처지에 있는 클라이언트가 가장 많이 의지함
• 허○○(조카) : 충남 연기군 조치원에 거주, 불법체류 당시 클라이언트를 위해 거주지 전세계약 명의 양도
• ○○한의원, ○○내과의원 : 비정기적 무료진료 제공, 일반귀화에 필요한 추천서 작성</td></tr>
</table>

<table>
<tr><td>가계도</td><td colspan="2">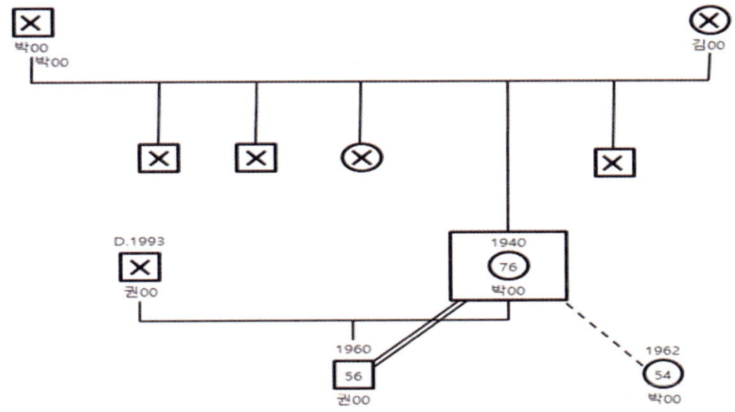
</td></tr>
<tr><td>생태도</td><td colspan="2">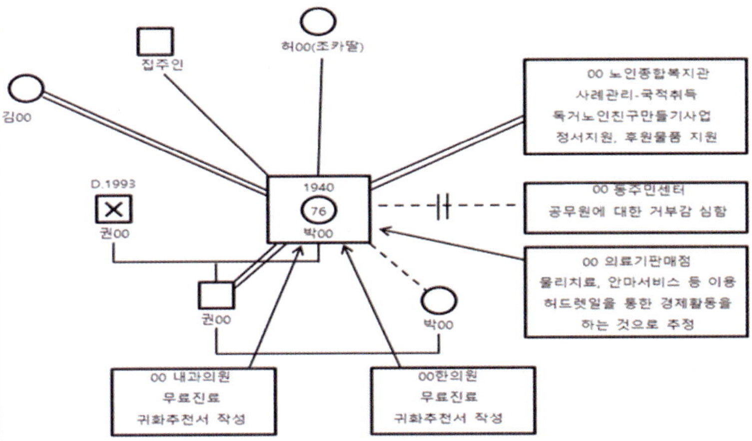
</td></tr>
<tr><td rowspan="3">사례회의</td><td>일시</td><td>0000. 00. 00. 00시</td></tr>
<tr><td>참여자</td><td>사례관리자, 평생교육팀 사회복지사, 후원자</td></tr>
<tr><td>회의내용</td><td>• 클라이언트의 한국 국적 취득과 관련된 정보 및 지원
• 경제적 지원을 위한 연계
• 고혈압, 관절염 등 치료를 위한 의료적 지원
• 사회적 관계망 확보를 위한 평생교육 참여 등이 필요함</td></tr>
</table>

3 실행계획서

사례번호	00-00	클라이언트	박○○	사례관리자	○○○
일시	0000. 00. 00.			유형	■ 신규 □ 재사정

<table>
<tr><th rowspan="3">제시된 욕 구</th><th rowspan="3">합의된 목표</th><th colspan="5">서비스</th></tr>
<tr><th rowspan="2">실천계획</th><th colspan="2">제공자</th><th rowspan="2">빈도</th><th rowspan="2">개입 기간</th></tr>
<tr><th>내부</th><th>외부</th></tr>
<tr><td>한국 국적 취득</td><td>한국 국적 취득과 관련된 각종 정보 및 행정적 진행이 원활히 이루어질 수 있도록 지원</td><td>• 법률사무소 연계를 통해 행정적인 도움을 제공
• 외국인 관련 단체, 복지기관 등과의 지원체계 구축
• 여행사와의 연계를 통해 귀화신청에 필요한 정보 제공
• 출입국관리사무소 동행을 통해 원활한 귀화신청 접수 실행</td><td>사례관리팀</td><td>출입국관리사무소 / 법률사무소 / 여행사</td><td>월1회</td><td>00. 00 ~ 00.</td></tr>
<tr><td>경제 및 건강 문제</td><td>○○동주민센터 및 공공기관, 타 복지관, 민간기관과의 연계를 통한 경제 및 의료 지원</td><td>• 주민센터 및 공공기관과 경제적 지원 연계
• 타 복지관과의 연계를 통해 정기적으로 도시락 지원
• 후원단체 및 병원과의 결연을 통해 물품지원 및 의료서비스 제공</td><td>사례관리팀</td><td>후원단체 / 의료기관 / 타복지관 / 공공기관</td><td>월1회</td><td>00. 00 ~ 00.</td></tr>
<tr><td>일상생활 유지 및 사회적 관계</td><td>복지관에서 제공하는 지원서비스 및 평생교육프로그램에 참여</td><td>• 독거노인친구만들기 프로그램 대상자 선정을 통해 관계망 형성 도모
• 평생교육 프로그램에 참여할 수 있도록 적극적인 지원</td><td>사례관리팀 / 평생교육팀</td><td>독거노인종합지원센터</td><td>월1회</td><td>00. 00 ~ 00.</td></tr>
</table>

4 과정기록지

사례번호	00-00	클라이언트	박○○	사례관리자	○○○

날짜/개입 유형(시간)	00. 00. 00. 방문(60분)	00. 00. 00. 전화상담(20분)	00. 00. 00. 방문(60분)
개입 내용	• 인테이크 실시 • 외부인에 대해 방어적인 태도를 취하다가 조금씩 호의적인 모습을 보이기 시작하였음	• 내부 사례회의, 독거노인종합지원센터 자문에 따라 클라이언트가 독거노인지원서비스 대상자로 선정되었음을 알려주었음	• 독거노인지원사업 참여를 위한 사전준비 사항을 안내했음 • 후원 병원들과 연결하여 의료서비스를 시작하였음
	00. 00. 00. 방문(60분)	00. 00. 00. 방문(60분)	00. 00. 00. 방문(60분)
	• 정서지원 상담 및 독거노인친구만들기 서비스 제공을 위해 사전조사 실시하였음 • 복지관 촉탁의를 통해 건강상담 및 진료서비스를 제공하였음 • 독거노인지원사업 생활관리사를 자원봉사자로 배치하였음	• 경제적인 도움을 제공할 후원자를 연결하였음 • 국적 회복에 필요한 서류를 점검한 후 법률상담전문기관, 외국인복지관, 이주여성쉼터와 지원 연계하였음	• 복지관과 00동주민센터에서 제공하는 후원물품을 전달하였음 • 중국여행사와 연계하여 상담서비스 제공 • 국적 회복은 어렵고, 국적 취득으로 진행하는 것을 돕기로 하였음
	00. 00. 00. 방문(60분)	00. 00. 00. 전화상담(20분)	00. 00. 00. 방문(60분)
	• 이주여성쉼터에 방문하여 국적 취득 관련정보를 제공하였음 • 복지관에서 제공하는 생필품세트를 전달하였음 • 주변에 도움을 요청하여 국적 취득에 필요한 기본자산을 확보하였음	• 기관에서 연계한 여행사를 통해 진행되고 있는 중국 공정 내용과 소요기간을 알려주었음 • 독거노인친구만들기 프로그램에서 진행하는 야외활동에 참석하도록 안내하였음	• 법률 홈닥터 ○○○변호사에게 도움을 요청하여 법률 자문을 진행하였음 • 국적 취득 또는 간이귀화에 필요한 정보를 제공받았음
	00. 00. 00. 방문(60분)	00. 00. 00. 전화상담(20분)	00. 00. 00. 방문(60분)
개입 내용	• 여행사에서 중국 공정 서류를 받아서 출입국관리사무소에 접수하였음 • 접수비용도 특별혜택으로 면제 받았음 • 출입국관리사무소로부터 면접일정에 대한 안내를 받았음	• 한국 국적 취득 신청 후 정서적으로 훨씬 편안해진 상태라고 하였음 • 현재 서울에 살고 있는 아들내외도 국적 취득 신청을 진행하고 있음	• 클라이언트가 요청한 책자를 전달하였음 • 재외동포 신분의 건강보험공단 가입에 대해 상담하였음 • 국적 취득 후 건강보험료 미납금 면제에 대한 기대감을 갖고 있음

5 평가기록지

<table>
<tr><th>사례번호</th><td>00–00</td><th>클라이언트</th><td>박○○</td><th>사례관리자</th><td>○○○</td></tr>
<tr><th>주소</th><td colspan="5">1) 전화 2) 면접 3) 점검표 4) 가정방문</td></tr>
</table>

<table>
<tr><th>사례관리 기간</th><td colspan="2">0000. 00. 00 ~ 0000. 00. 00.</td></tr>
<tr><th>주요제공 서비스</th><td colspan="2">〔국적 취득 지원〕
• 이주여성쉼터, ○○법률홈닥터 ○○○변호사, 한○○여행사와 국적 취득 관련 업무 지원
• 출입국관리사무소에 국적 취득 관련 서류 제출
〔경제 및 의료적 지원〕
• ○○동주민센터와 연계하여 공적자원 및 민간자원 지원
• 국민건강보험 ○○지사와 건강보험가입 관련 상담 및 후원물품 지원
• ○○한의원, ○○내과의원에서 무료진료 및 일반귀화에 필요한 추천서 제공
• ○○의료기 판매점에서 물리치료 및 안마서비스 제공
• 건강 및 정서지원을 위해 독거노인생활관리사를 자원봉사자로 배치
〔일상생활 및 사회적 관계지원〕
• ○○○노인종합복지관, 독거노인지원센터, ○○종합사회복지관과 연계하여 서비스 및 프로그램 지원</td></tr>
<tr><th>종결사유</th><td colspan="2">□ 클라이언트 사망 □ 거주지 이전 □ 계획목표 달성
□ 시설 입소 □ 서비스 본인 거부 ■ 기타( )</td></tr>
<tr><th rowspan="2">사례관리 평가회의</th><th>일시</th><td>0000. 00. 00.</td></tr>
<tr><th>참여자</th><td>사례관리자, 사회복지사, 상담사, 의사, 후원자</td></tr>
<tr><th>사례관리 평가회의</th><th>회의 내용</th><td>클라이언트는 사례개입을 통해 정서적 불안정이 해소되었음. 복지관 촉탁의, ○○한의원, ○○내과의원, 건강보험관리공단, 후원자의 도움으로 고혈압, 관절염 치료가 계획대로 이루어지고 있음. 동주민센터, 복지기관 및 후원자들에게 경제적 지원을 받고 있음. 한국 국적 취득을 위해 출입국관리사무소에 서류를 접수하였고, 향후 면접을 위한 준비를 도와주고 있으며, 결과가 나오기까지 장기간이 소용될 것으로 예상됨. 독거노인생활관리사를 봉사자로 연결하여 정서적 지원 및 건강관리 서비스를 제공하고 있음</td></tr>
<tr><th>사후계획</th><td colspan="2">• 한국 국적 취득을 위해 계속해서 지원할 예정임
• 지역사회자원을 통해 경제 및 의료적 서비스를 지원할 예정임
• 독거노인대상 프로그램에 적극적으로 참여하도록 격려할 것임
• 현재 국적 취득을 위한 신청서류가 접수되었고, 심사기간은 약 6개월~1년이 소요되며, 이 기간 동안 클라이언트의 안정적인 생활을 지원하기 위해 독거노인지원서비스를 지속적으로 제공할 계획임</td></tr>
</table>

생·각·해·보·기

- 노인이 사례관리의 대상이 되는 이유를 찾아봅시다.
- 노인에게 적합한 사례관리 모델을 설명해 봅시다.
- 노인사례관리 실천과정을 설명해 봅시다.

C·H·A·P·T·E·R 13

그 밖의 다양한 노인복지서비스

학습목표

1. 노년기 가족관계에 대해 이해하고 설명할 수 있다.
2. 노인인권, 학대 및 피학대노인을 위한 사회복지실천에 대해 이해하고 설명할 수 있다.
3. 노년기 성(性)에 대해 이해하고 설명할 수 있다.
4. 노인의 죽음과 호스피스 케어에 대해 이해하고 설명할 수 있다.

1. 노인과 가족

1) 가족생활주기 및 노인가족의 형태

가족은 노인에게 사회적 지지를 제공해 주고, 소속감을 느끼게 하며, 심리정서적 안정과 유대감의 기반이 되는 매우 중요한 사회관계망이자 비타산적 인간관계의 속성을 갖는다. 이 때문에 가족은 공식적, 사회적 관계가 축소되는 노년기에 더욱 큰 의미를 갖게 된다.

가족은 결혼을 통해 만들어지고, 가족을 형성한 부부가 사망해 그 가족이 소멸될 때까지 일련의 과정을 거친다. 그러한 변화과정을 가족생활주기(family life cycle)라고 한다. 가족생활주기는 연구자에 따라 다소 차이를 보이지만, 가족의 형성, 확장, 축소, 소멸로 이행하는 방향성에서는 유사하다. 그중 듀발(Duvall, 1971)의 가족생활주기 8단계는 〈표 13-1〉에서 보는 바와 같으며, 노년기 가족 단계에서는 은퇴에 적응하고, 배우자와 둘이서 또는 혼자서 생활하는 데 적응하면서 죽음을 준비하는 등의 발달과업을 갖게 된다.

〈표 13-1〉 듀발의 가족생활주기 8단계

단계	가족생활주기 구분	해당기간
1	신혼기 가족	첫 자녀 출생 이전, 2년
2	자녀출산기 가족	첫 자녀 출산~30개월, 2.5년
3	학령 전 아동기 가족	첫 자녀 2.5~6세, 3.5년
4	학령 아동기 가족	첫 자녀 6~13세, 7년
5	10대 청소년 자녀 가족	첫 자녀 13~20세, 7년
6	자녀진수기 가족	첫 자녀가 떠날 때부터 마지막 자녀가 떠날 때까지, 8년
7	중년기 가족	부부만 남는 시기에서 퇴직까지, 15년 이상
8	노년기 가족	퇴직 후 사망까지, 10~15년 이상

출처 : Duvall, E.(1971). Family development. 최성재 · 장인협(2011). p.230 [그림 9-1]을 재구성해 재인용.

한편 다른 산업사회와 우리나라에서 가장 전형적인 가족형태는 부부가족(핵가족)과 직계가족의 형태이다. 그러나 오늘날 이를 노인 중심의 가족형태로 적용하기는 어렵다. 이 점을 고려한다면 윤종주(1980)가 구분한 8가지의 가족형태 중 노인이 포함된 4~8번째 형태에 최성재 등(2011)이 한 가지를 추가하여 제시하는 〈표 13-2〉의 내용은 노인가족의 형태를 이해하는 데 도움이 된다.

〈표 13-2〉 노인가족의 형태

노인가족의 형태	가족구성원
2세대 복합가족	노부부 + 기혼자녀 + 미혼자녀
3세대 직계가족	노부부 + 기혼자녀 + 손자녀 + (미혼자녀)
3세대 복합가족	노부부 + 2명 이상의 기혼자녀 + 손자녀 + (미혼자녀)
2세대 노인핵가족	노부부 + 미혼자녀
1세대 노인핵가족	노부부
1세대 노인독신가족	노인독신

출처 : 최성재 · 장인협(2011). p.226.

한편 권중돈(2019)의 노인가족의 형태 구분은 〈표 13-3〉과 같다. 그중 전통사회에서 일반적이던 '노인+기혼자녀+손자녀'로 구성된 3세대 가구가 감소한 것은 이미 오래 전부터 나타난 현상이며, 독신노인 가구, 노부부만으로 이루어진 가구는 급격히 증가하고 있다. 즉, 노인가족은 이제 다인수가구(多人數家口)가 아닌 소인수가구(小人數家口)로서의 특성이 더욱 강해지고 있는 것이다.

〈표 13-3〉 노인가족의 형태

노인가족의 형태	가족구성원
독신가구	독신노인
부부가족	노부부 또는 노부부 + 미혼자녀
직계가족	노인(부부) + 기혼아들 + (미혼자녀) 노인(부부) + 기혼아들 + (미혼자녀) + 손자녀
방계가족	노인(부부) + 기혼딸 + (미혼자녀) 노인(부부) + 기혼딸 + (미혼자녀) + 손자녀
복합가족	노인(부부) + 기혼아들 + 기혼딸 + (미혼자녀) + (손자녀)

출처 : 권중돈(2019). p.259.

〈표 13-4〉 1인 독신노인가구의 증가 추이

구 분	2010년	2015년	2025년	2035년	2040년
혼자 사는 노인인구(천 명)	1,058	1,203	1,990	3,003	3,719
노인인구에서 차지하는 비율	19.4	18.4	18.9	19.7	21.6

출처 : 통계청(2011, 2016). 인구주택 총조사보고서; 통계청(2019. 3). 장래인구 특별추계결과; 통계청(2017. 5). 장래가구추계(2015~2045).

전통사회에서는 장남, 장손으로 이어지는 직계가족이 가장 보편적 노인가족 유형이었다. 그러나 오늘날은 직계가족뿐 아니라 방계가족, 복합가족 등도 노인가족 유형으로 명확히 제시되고 있고, 독신, 노부부 등 노인만으로 구성된 가족형태가 더 이상 낯설지 않다. 또 노인이 된 형제끼리의 동거, 노인과 손자녀만의 동거, 혈연관계가 없는 사람들끼리 동거하는 집단가구 등도 과거와는 다른 비정형적인 노인가족으로 존재한다. 이와 같은 노인가족의 형태나 구조의 변화는 과거 전통적인 가족체계 내에서의 가족관계 및 가족구성에 변화를 불러와 노인의 삶에도 영향을 미치게 되었다.

2) 노인과 가족관계

(1) 부부관계

전통적인 확대가족 내에서는 부부관계가 가족의 핵심적 관계가 아닌 주변적 관계로 머물러 있었지만, 오늘날은 부부 중심의 핵가족 형태가 일반적이다. 특히 평균수명 연장, 자녀 성장 후 부모와 별거하는 경향 등으로 노부부만 생활하는 기간도 길어지고 있기 때문에 부부관계가 노후 삶의 만족을 좌우하는 중요한 요소가 되었다.

부부의 결혼만족도에 대해서는 다양한 결론이 제기되나 U자형 만족도에 대한 연구결과가 가장 많다(White, Booth & Edwards, 1986; Atchley & Barusch, 2004). 즉, 결혼만족도는 결혼 직후 높다가 자녀출산 · 양육 등 자녀문제로 갈등하는 기간에 낮아지며, 자녀 성장 후 부부가 같이 시간을 보내면서 다시 높아진다는 것이다. 특히 자녀의 진수(launching), 본인이나 배우자의 은퇴가 자연스럽게 이루어지고 이에 잘 적응하면 노인부부는 자녀양육의 심리적, 재정적 부담에서 벗어나 부부만의 생활을 누리며 서로의 응집력을 가질 수 있다. 그러나 그러한 이행에 곤란을 겪게 되면 부부관계도 어려움을 겪을 수 있다(권중돈, 2019).

부부관계는 오랜 시간 함께해 온 생활패턴으로 형성된 것이므로, 결혼 후 중년기까지 만족스러운 생활을 해 왔다면 노후에도 만족스러운 부부관계를 유지할 수 있지만 그렇지 못한 경우 노년기에 갑자기 만족도가 높아지기는 어렵다. 그래서 지난 결혼생활의 불만과 갈등이 노년기 이후의 이혼으로 귀결되기도 한다. 일본이나 미국만큼은 아니지만 우리나라에서도 이러한 '황혼이혼'이 증가하고 있다(최성재 외, 2011). 억압받았던 여성노인이라면 이혼 후 평생의 불평등한 대우에서 벗어나 심리사회적 독립을 하면서 삶의 만족도가 높아질 수도 있다. 그러나 어떤 노인들은 기존의 사회적 관계로부터 단절되어 소외, 고독감을 느끼게 되거나 경제적 곤란을 경험할 수도 있다(권중돈, 2019). 따라서 은퇴 후 노년기의 원만한 부부관계를 위해서는 성별 구분에 따른 역할수행 경계를 고집하기보다는 융통성 있게 서로의 역할수행 변화를 수용하고 적응하면서 관계의 만족도를 높이는 것이 중요하다.

(2) 부모-자녀관계

부모-자녀관계에서 중요한 것은 관계의 질이다. 관계의 질에 따라 부양, 상호지원과 지지 등의 양상은 달라지게 된다. 부모-자녀 간 유대관계는 객관적 유대관계와 주관적 유대관계로 구분되며, 객관적 유대관계는 연락, 접촉 빈도, 자원교환 등 양적 교류를 통해, 주관적 유대관계는 애정, 친밀감, 감정교환 등 질적 교류를 통해 만들어진다. 산업화, 핵가족화, 가족기능과 규범의 급격한 변화 속에서도 우리나라 노인들은 여전히 자녀의 경제적 지원을 받거나 근거리에 거주하면서 빈번하게 연락하고 접촉한다(정경희 외, 2017). 이런 연대감은 기본적으로 애정과 상호지지적 특성을 갖기는 하지만, 자녀는 양적 유대관계를 통해 소임을 다한다고 여기는 경향을 보여 의례적인 교류에 그칠 가능성도 있다. 즉, 자녀와 양적 교류가 많아진다고 해서 반드시 주관적 유대관계가 깊어지는 것은 아니고, 노인의 삶의 질이 높아진다고 볼 수는 없다(홍숙자, 2010).

노년기의 자녀와의 관계는 이전부터의 유대감 외에도 노인이 자녀에게 갖는 부양기대, 노부모의 성별과 건강상태 및 경제적 상황, 서로의 관심사, 서로에 대한 기대 유사성 등에 따라 달라질 수 있다(권중돈, 2019). 자녀는 노인이 된 자신의 부모에 대한 중요한 부양자 역할을 하지만, 오늘날에는 노인들이 자녀의 일방적으로 부양이나 원조를 받는 것이 아니라 서로 도움을 주고받는 호혜적 교환관계로 변하고 있다(Morgan, Schuster & Butler, 1991; 권중돈, 2019). 한 예로 손자녀 양육을 지원하는 노인이 양육에 대한 적절한 보상을 받지 못할 경우 자녀와의 갈등 가능성이 높아지는 등 사회교환이론적 관점에서 노인부모와 성인자녀 관계를 설명할 수도 있다(김미혜 외, 2011). 따라서 노년기에는 자녀의 일방적 원조를 받기보다는 자녀를 위해 무엇인가 해줄 수 있음을 자각하고 교환적 입장에서 관계를 갖는 것이 더 바람직하다(최신덕, 1983).

또 노인과 자녀는 서로 다른 시대에 서로 다른 사회화 과정을 거치며 성장했기 때문에 가치관, 사고방식 등에 있어서 차이를 보일 수밖에 없다. 이러한 세대차이는 각자가 속한 연령 코호트(cohort)의 차이, 가족 내에서 나타나는 부모의 기대와 이에 대한 자녀의 수용 정도 차이로 인해 발생한다. 이 차이를 옳고 그름의 문제로 인식할 경우 부모-자녀 관계에 갈등이 초래되므로 노인이 된 부모세대와 젊은 자녀세대가 서로 다르다는 것을 이해하고 수용적 태도를 갖는 것이 중요하다.

(3) 그 밖의 가족관계

노인들은 부부관계, 부모-자녀관계 외에도 조부모로서 손자녀와 맺는 관계, 형제자매와의 관계 등을 유지하며 생활한다. 특히 평균수명 연장으로 조부모로서 살아가는 기간이 길어졌으나, 전통적 확대가족에서와 달리 조부모의 역할 유형이 명확하지 않아 혼란을 경험하는 경우가 적지 않다. 또 노인과 기혼자녀가 동거하지 않는 경우가 증가하고 손자녀 접촉기회가 줄어들어 생기는 조부모-손자녀 관계의 위축은 가정에서 노인의 소외감 증가, 손자녀가 가족문화를 경험하고 배울

기회의 상실 등 가족결속력을 약화시키는 요소로 작용할 수도 있다. 그럼에도 불구하고 우리나라에서는 조부모-손자녀 관계에서 조부모가 수행하는 역할에 대한 연구가 적어(임미혜 외, 2014) 서구의 조부모 역할 연구를 참고할 필요가 있다.

〈표 13-5〉 조부모 역할 유형

조부모 역할 유형		조부모-손자녀관계의 특성
Benokraitis (1993)	소원한 유형	가끔씩 접촉하고 의식적으로 상징적 관계 유지
	동료적 유형	조부모, 손자녀가 같이 여가활동을 즐기는 재미추구형
	적극 참여하는 유형	자발적으로 손자녀 양육에 적극 개입하고 실질적 권위 행사
	조언하는 유형	손자녀의 조언자로 지혜의 저장소 역할
	대리부모 유형	부모의 불가피한 사정으로 자녀를 대리 양육
Neugarten & Weinstein (1964)	공식적 유형	양육에 관여하지 않고 주어진 조부모 역할만 수행
	재미추구형	손자녀와 즐거운 여가시간을 가지며 접촉
	대리부모 유형	부모를 대신해 손자녀 양육
	지혜 원천 유형	가족 내 최고 권위를 유지하고 가정의 지혜의 원천이 됨.
	원거리형	별거하며, 공식 가족모임 외에는 별다른 관여를 하지 않음.

출처 : 권중돈(2019). p.276.

한편 노인에게 형제자매는 일생에 걸쳐 가족이라는 유대감과 소속감을 제공하는 중요한 존재이다. 노인은 형제자매와 같은 세대로서, 혈육으로서 유사한 경험을 공유하며, 나이가 들면서 과거의 갈등이나 경쟁에서 벗어나 더 친근한 관계를 만들어갈 수 있다. 또한 부모-자녀 사이의 돌봄관계를 보완해 줄 수 있는 등 형제자매의 존재가 심리정서적 의지가 되는 경우가 적지 않다(Hooyman & Kytak, 2008). 외국이나 우리나라에서 노인의 형제자매 관계에 관한 연구는 부족한 편이지만, 골드(Gold, 1989)는 노인과 형제 간 친밀감 수준에 따라 친밀형, 일치형, 규범형, 무관심형, 적대형으로 분류하였다. 미국에는 규범형 관계를 맺는 노인이 가장 많았으나, 우리나라 노인은 미국에 비해 가족주의 의식이 강하기 때문에 보다 친밀하고 애정있는 관계를 형성하고 있을 것으로 추정된다(권중돈, 2019).

이처럼 노인의 주요 가족관계는 일상에 영향력이 큰 요소이기 때문에 노인가족을 지원하고 기능을 보완할 수 있는 서비스가 반드시 필요하다. 그러한 서비스는 돌봄 관련 서비스, 가족관계 유지나 개선을 위한 교육, 상담, 물질적 지원 등에 다양한 형태로 녹아 있으며, 가족 단위의 개별 서비스로 존재하기보다는 개입의 방향으로 작동한다고 할 수 있다. 한편 노인복지관 사업구분 중 사례관리 및 지역사회돌봄사업 영역에는 '가족기능 지원'이 포함되어 있고, 특히 요보호노인으로 인한 가족해체 방지, 돌봄 필요 노인과 가족에게 서비스 제공 등 지역사회 안에서 노인가족이 보호받을 수 있는 사업을 하도록 규정되어 있다. 관련 프로그램으로 노인 및 가족상담, 가족관계 프로그램, 가족캠프, 세대통합 프로그램이 예가 될 수 있겠다(보건복지부, 2020).

2. 노인학대와 인권

1) 인권과 노인학대의 관계

세계인권선언에서는 인간이 존엄한 존재가 되기 위해 가져야 할 당연한 권리를 인권(human rights)이라고 보고, "인간이 누구이고 무엇을 하든 하나의 존엄한 존재로서 존중받을 권리"라고 규정하고 있다. 또 UN 인권센터에 따르면 인권은 "인간의 타고난 천성에 내재된 것으로, 이것 없이는 인간으로서 살 수 없는 권리"이다(국가인권위원회, 2004).

노인도 타연령대의 사람들처럼 인간으로서 누려야 할 모든 권리를 가진 존재이자 인권의 주체이며, 그런 차원에서 노인의 인권은 '인간다운 노후생활을 누릴 수 있는 권리'로 이해할 수 있다(박수천, 2005; 이석준, 2001). 그러나 이런 개념은 추상적이기 때문에 미국 백악관 노인회의(1969)에서 채택한 노인헌장에서는 9가지 노인의 권리, 즉 인간으로서의 역할을 수행할 수 있는 권리, 각자의 능력에 따라 취업할 수 있는 권리, 노후생활의 궁핍을 면할 수 있는 권리, 여가 · 교육 및 의료에 대한 지역사회의 자원을 공평하게 향유할 수 있는 권리, 노후의 필요를 충족할 수 있는 주거지에 거주할 수 있는 권리, 가족의 최선의 이익에 반하지 않는 정신적 · 경제적 원조를 받을 수 있는 권리, 본인이 원할 경우 독립해 생활할 수 있는 권리, 생존이나 사망 시까지도 인간으로서의 존엄성을 잃지 않을 권리, 노후를 풍요롭게 보내는 데 필요한 모든 지식에 접근할 수 있는 권리 등을 구체적으로 명기하고 있다(권중돈, 2006).

우리 국가인권위원회(2006)에서는 국가인권정책 기본계획에서 노인의 주거권, 건강권, 사회복지권이라는 3가지 권리보장을 노인인권증진의 목표로 정하고 있다. 또 노인인권실태조사(국가인권위원회, 2018)에서는 노인인권을 건강 · 돌봄, 의식주 등 기본생활, 소득, 고용 · 노동, 사회참여 · 통합, 존엄 · 안전의 6개 영역으로 구분하고 있으며, 김미혜(1999), 서혜경(2001), 권중돈(2012) 등도 노인인권 영역과 권리의 내용을 보다 구체적으로 제시해 실제적 인권보호의 방향을 이해하도록 하고 있다.

〈표 13-6〉 노인인권의 영역

<table>
<tr><th>구분</th><th colspan="2">노인인권의 영역 및 내용</th></tr>
<tr><td>김미혜
(1999)</td><td colspan="2">의식주 등을 보장받을 권리
수발을 요구하고 받을 권리(수발청구권)
적절하고 충분한 의료를 보장받을 권리
적절한 노동과 이에 상응하는 소득을 보장받을 권리
재산상의 관리와 보호를 보장받을 권리
정치 및 정책에 참여할 권리, 문화적 생활을 누릴 권리
권리구제를 요구할 권리</td></tr>
<tr><td>서혜경
(2001)</td><td colspan="2">의식주 보장의 권리 / 수발청구권
적절하고 충분한 의료보장의 권리 / 노동과 적당한 소득보장의 권리
재산상의 권리보호를 받을 권리 / 정치 및 정책에 참여할 권리
권리구제를 요구할 권리</td></tr>
<tr><td rowspan="4">권중돈
(2012)</td><td>존엄권</td><td>행복추구권과 평등권</td></tr>
<tr><td>자유권</td><td>신체자유권, 사생활자유권, 정신적 자유권, 경제적 자유권, 정치적 자유권</td></tr>
<tr><td>사회권</td><td>경제권, 노동권, 주거권, 건강권, 평생교육권, 문화생활권, 사회참여권, 가족유지권, 소통권</td></tr>
<tr><td colspan="2">절차적 권리</td></tr>
</table>

출처 : 권중돈(2019). pp.306~307 내용을 표로 재구성.

2) 노인학대의 개념과 유형

넓은 의미에서 노인인권보호를 위한 사회적 노력은 노인복지제도 전체라고 할 수 있지만, 노인인권보호를 위해 우선적으로 개입이 요구되는 노인학대, 노인차별, 노인권익운동 현장에 더욱 관심을 가질 필요가 있다. 특히 학대받는 노인은 인간으로서의 기본적 권리를 침해당하기 쉬운 취약한 상황에 노출된 경우가 많다.

노인학대에는 일반적으로 신체, 언어, 정서 또는 심리 상해, 방임과 무시, 노인의 재산이나 자본 오용 등이 공통적으로 포함되며, 직접적 폭력뿐 아니라 소극적, 간접적인 부적절한 행위 모두를 넓게 포함하는 방향으로 개념이 확대되고 있다 (정순둘 외, 2020).

우리나라 「노인복지법」 제1조의2, 제4호에서는 "노인학대란 노인에 대하여 신체적 · 정신적 · 정서적 · 성적 폭력 및 경제적 착취 또는 가혹행위를 하거나 유기 또는 방임을 하는 것을 말한다."고 규정하고 있다. 제39조의9에서는 노인학대의 유형과 범위를 정하고, 신체, 정서, 성, 경제 관련 학대(abuse)와 유기(abandonment), 방임(neglect) 등 6가지 유형의 행위를 포괄적으로 포함하고 있다. 또 「형법」, 「가정폭력방지법」, 성폭력 관련 법률, 「노인장기요양보험법」 등에도 노인학대에 대한 규정을 포함하고 있다.

〈표 13-7〉 노인학대의 개념과 유형

학대 유형		개 념
신체적 학대		신체의 상해, 손상, 고통, 장애를 유발할 수 있는 물리적 힘에 의한 폭력적 행위
정서적 · 심리적 학대		정신적 또는 정서적 고통을 주는 것
언어적 학대		언어로 정신적 고통을 주는 것(정서적 학대에 포함)
성적 학대		노인의 동의가 없는 모든 형태의 성적 접촉 또는 강제적 성행위를 하는 것
재정적 · 물질적 학대		자금, 재산, 자원의 불법적 사용 또는 부당한 착취, 오용 및 필요한 생활비 등을 주지 않는 것
방임	적극적 방임	의도적으로 서비스나 수발을 제공하지 않는 것 또는 보호의무의 거부, 불이행

학대 유형		개 념
방임	소극적 방임	비의도적으로 서비스나 수발을 제공하지 않는 것 또는 보호의무의 거부, 불이행
자기방임	적극적 자기방임	본래 자기가 해야 할 신변의 청결, 건강관리, 가사 등을 본인이 할 수 있는 능력이 있어도 스스로 포기하여 하지 않은 결과, 심신의 건강상의 문제가 생기는 것
	소극적 자기방임	기본적인 일상생활을 본인의 체력 · 지식 · 기능 부족 또는 어떤 사정으로 인해 본인도 모르는 사이에 하지 못하게 된 결과 신체 및 심리적 기능에 문제가 발생하는 것
유기		비독립적 노인을 격리하거나 방치하는 행위

출처 : 권중돈(2019). pp.325~326 〈표 9-9〉를 재구성.

3) 노인학대의 실태

노인학대 예방과 해결을 전담하는 노인보호전문기관에 따르면 최근 5년간 노인학대 발생 및 개입 건수는 〈표 13-8〉과 같다. 중복학대 별도표기가 시작된 시점을 고려해서 살펴보면 노인학대 개입 건수가 계속 증가하는 것을 알 수 있다.

〈표 13-8〉 노인학대 유형별 발생 현황(단위 : 건)

구분	신체	정서	성적	경제	방임	자기 방임	유기	중복 학대	계
2019년	432	358	61	31	208	101	14	4,038	5,243
2018년	384	361	63	29	248	95	16	3,992	5,188
2017년	2,651	3,064	150	411	649	291	71	–	7,287
2016년	2,132	2,730	91	491	778	523	66	–	6,811
2015년	1,591	2,330	102	542	919	622	48	–	6,154

* '중복학대'는 2018년부터 별도로 표시됨.
출처 : 중앙노인보호전문기관 홈페이지(http://www.noinboho.or.kr/), 방문일 2020. 11. 1.

노인학대는 주 1회 또는 월 1회 주기적으로 나타나는 경우가 가장 많고, 매일 발생하는 경우도 매년 세 자리 수 이상으로 전체 중 15% 전후의 비중을 차지한다.

〈표 13-9〉 노인학대 발생 빈도 (단위 : 명)

구분	매일	주 1회 이상	월 1회 이상	3개월에 1회 이상	6개월에 1회 이상	일회성	계 (피해노인)
2019년	732	1,462	1,430	492	321	806	5,243
2018년	689	1,574	1,434	444	327	720	5,188
2017년	717	1,471	1,243	334	273	584	4,622
2016년	937	1,376	1,071	252	218	426	4,280
2015년	883	1,393	804	210	176	352	3,818

출처 : 중앙노인보호전문기관 홈페이지(http://www.noinboho.or.kr/), 방문일 2020. 11. 1.

노인학대가 지속된 기간은 '1년 이상~5년 미만' 및 '5년 이상'이 유사한 수준으로 많았다. 이는 피학대 노인 다수가 장기간 학대에 노출된 채 생활하다 도움을 받게 되었음을 의미한다. 반면 학대 지속기간이 1개월 미만인 경우는 가장 적었는데, 이것이 바로 학대피해 노인의 조기 발견 및 신속한 개입을 더 강조할 수밖에 없는 이유이다.

〈표 13-10〉 노인학대 지속기간(단위 : 명)

구분	1개월 미만	1개월 이상 ~ 1년 미만	1년 이상 ~ 5년 미만	5년 이상	일회성	계 (피해노인)
2019년	188	851	1,711	1,770	723	5,243
2018년	180	934	1,696	1,738	640	5,188
2017년	181	828	1,508	1,591	514	4,622
2016년	169	734	1,553	1,469	355	4,280
2015년	151	710	1,370	1,307	280	3,818

출처 : 중앙노인보호전문기관 홈페이지(http://www.noinboho.or.kr/), 방문일 2020. 11. 1.

노인학대 발생 장소는 가정이 절대적인 비중을 차지하며, 노인복지시설에서의 학대 빈도도 증가하고 있다. 또 배우자, 아들, 딸 등 가족, 친족이 가해 당사자인 경우가 매우 많다. 따라서 노인과 함께 생활하거나 가까이에서 공식·비공식적 관계를 갖는 이들의 노인인권의식 향상교육이 절실히 필요하다.

〈표 13-11〉 노인학대 발생 장소(단위 : 명)

구분	가정 내	생활시설		이용시설		병원	공공장소	기타	계(피해노인)
		노인주거 복지시설	노인의료 복지시설	노인여가 복지시설	재가노인 복지시설				
2019년	4,450	432	54	3	128	45	60	71	5,243
2018년	4,616	59	321	1	40	65	42	44	5,188
2017년	4,129	35	292	1	15	27	58	65	4,622
2016년	3,799	62	176	4	12	24	94	109	4,280
2015년	3,276	206		57		88	80	111	3,818

출처 : 중앙노인보호전문기관 홈페이지(http://www.noinboho.or.kr/), 방문일 2020. 11. 1.

〈표 13-12〉 노인학대 행위자와 학대피해 노인과의 관계(단위 : 명)

구분	피해자 본인	배우자	아들	며느리	딸	사위	손자녀	친척	타인	기관	계
2019년	200	1,749	1,803	1,09	438	27	112	50	222	1,067	5,777
2018년	240	1,557	2,106	143	436	34	134	59	168	788	5,665
2017년	290	1,263	1,913	131	424	27	124	49	176	704	5,101
2016년	522	952	1,729	157	475	23	103	63	221	392	4,637
2015년	622	652	1,523	183	451	21	64	46	283	379	4,224

출처 : 중앙노인보호전문기관 홈페이지(http://www.noinboho.or.kr/), 방문일 2020. 11. 1.

4) 노인학대 관련 서비스

학대피해 노인들은 불안, 위축, 수치스러움, 죄책감, 스트레스, 분노, 우울, 무력감, 절망 등 위험수위의 부정적 심리 상태를 보이며, 가족에게는 비참함과 소외감, 배신감, 적개심, 나아가 마음을 표현하지 못하는 심정을 보이게 된다. 또 이웃이나 친구관계에서는 학대를 은폐하려 하기도 하며, 관계 자체가 단절되기도 한다. 그러나 견디고 인내하며 독립적으로 살아가고자 의지를 갖고, 공적 개입을 기대하는 심리를 갖기도 한다(이영분 외, 2009). 노인들이 이러한 부정적 경험을 하지 않도록 노인학대 위험에 처한 노인을 조기에 발견해 예방하는 것이 최우선이지만, 예방적 조치에 한계가 존재하므로 학대피해 노인의 회복을 위한 적극적 개입은 필수적이다.

노인학대 예방과 해결을 위해 우리나라에서는 2006년부터 노인보호전문기관을 운영하고 있다. 노인보호전문기관은 전국 어디에서든 노인학대를 신속히 신고할 수 있도록 동일한 전화번호(1577-1389)의 단일신고체계를 갖추고 있으며, 2020년 11월 기준으로 중앙노인보호전문기관 및 전국 34개소의 지역 노인보호전문기관을 설치하고 사회복지 · 노인복지 전문가를 배치해 각종 노인인권 침해 문제에 대응하고 있다.

중앙노인보호전문기관은 노인인권보호 관련 사업, 노인학대 예방사업 총괄관리 및 조정, 지역노인보호전문기관 지원 · 관리 · 평가 등을 전개하고, 지역 노인보호전문기관은 노인학대 신고전화 운영 및 현장조사, 학대 및 피학대 노인 상담, 일반시민이나 노인학대 행위자에 대한 예방교육, 신고의무자 대상 교육, 피해노인 보호를 위한 쉼터 운영 및 자원 연계 등 직 · 간접적인 개입업무를 담당한다. 구체적인 내용은 중앙 및 각 지역별 노인보호전문기관 홈페이지에서 확인할 수 있다.

3. 노인과 성(性)

1) 노년기 성에 대한 편견

전통적으로 유교적 특성이 강한 우리 사회는 성에 관해 공론화하는 문화에 익숙하지 않으며, 더구나 노인의 성에 대해서는 그 논의 자체를 금기시하는 경향을 보여 왔다. 그러나 사회가 변화하면서 성과 관련된 제품이나 영화와 같은 문화상품 등을 통해 노인의 성에 대한 금기가 서서히 깨지고, 노년기 이성관계나 성에 대한 연구들이 조금씩 발표되기 시작하였다(권중돈, 2019).

정도의 차이는 있지만 서구사회에서도 이러한 편견은 유사하며, 여전히 노인의 성생활에 대한 오해가 존재한다. 쿤(Kuhn, 1976)에 따르면 노인의 성에 대해 만연되어 있는 부정적인 태도와 편견은 주로 '노인에게 성은 중요하지 않다, 노인이 성적 활동에 대한 관심을 갖는 것은 비정상적이다, 노인의 재혼을 권장해서는 안 된다, 남성노인이 젊은 여성을 찾는 것은 합당하나 그 반대는 안 된다, 장기요양시설에서 노인들은 성별로 분리되어야 한다'는 것 등이다(오진주, 2002).

생물학적 노화 측면에서 볼 때 노년기에 성기능이 저하되는 것은 사실이다. 그러나 성적 노화 자체보다 성적 파트너 유무가 노후 성생활에 더 영향을 미치며, 발기부전 치료제, 충분한 전희 등으로 70세 이후에도 성생활을 영위하는 노인이 상당수에 이른다(권중돈, 2019). 노인들도 성적인 관계를 통해 자기존재를 더 소중하게 인식하게 되며 심리적 욕구를 충족시킨다. 생식기능 중단 상태여도 이성과의 접촉, 친밀감의 욕구는 남아 있으며, 이것이 건강에도 긍정적 영향을 미친다(조추용 외, 2019).

또한 무엇보다 성은 성행위에만 국한되는 것이 아니라 '사람들 사이의 사랑, 따뜻함, 접촉, 공유'를 포함하는 개념이자, 성적 존재로서의 자기표현이고 경험이다. 따라서 한 사람의 인간으로서 노인이 갖는 성에 대한 관심은 생리적 차원의 신체적인 것만을 가리키는 것이 아니라 심리적, 정서적, 사회적 측면을 포괄하는 것으로 이해되어야 한다(오진주, 2002).

[그림 13-1] 노인의 성

출처 : 한국영상자료원 홈페이지(https://www.koreafilm.or.kr/), 방문일 2020. 11. 17.
영화물등급위원회 공식블로그(https://blog.naver.com/daliboni/222068825372), 방문일 2020. 11. 17.

인간은 사회적 존재이므로 성행동의 결정양식도 사회문화적 환경에 의해 좌우

된다. 따라서 한국 노인의 성의식, 성행동에 대한 올바른 지식과 이해는 노인의 성생활에 긍정적 영향을 미치게 되고, 노인의 삶의 질 향상에도 기여할 수 있게 된다(조추용 외, 2019). 그럼에도 불구하고 노인의 성에 대한 편견이나 그릇된 고정관념이 만연하여 노인의 성적 경험에 부정적 영향을 주게 된다면 그것이야말로 노인차별주의에서 벗어나지 못하는 발상이라고 할 수 있을 것이다.

2) 노년기의 성적 변화

노년기의 성적 변화는 심리적, 생물적, 사회문화적 맥락과 밀접한 관련이 있다. 생물학적으로 볼 때 노년기의 성기능은 노화로 인한 내분비계 변화, 신체질환과 관계가 있다. 여성은 폐경 후 질의 축소, 탄력 손실, 질 분비물 감소 등으로 인해 성관계 시 통증을 느끼게 되고, 성적 감응도 줄어든다. 남성은 발기와 사정에 변화를 경험하는데, 음경 크기 감소와 강직도 저하, 발기 각도 저하 등 불완전한 발기 문제가 발생할 수 있다. 또 만성질환으로 성기능에 문제가 생기면 의도적으로 성생활을 자제하기도 한다. 이런 이유로 성적 기능이 변화하기는 하지만 적절한 성적 자극을 통해 여성 및 남성 노인 모두 성적 표현과 행위가 가능하다(오진주, 2002).

노인의 성행동에는 심리적 요소가 밀접하게 작용한다. 불안감, 우울감, 긴장감, 성행위 자체에 대한 불안, 실패에 대한 공포 등은 성기능 저하의 주된 요인이 된다. 스트레스, 죄의식, 만성적 무료함, 분노, 지나친 음주 등도 노년의 성적 관심과 활동에 부정적 영향을 미치며, 대부분의 성기능 장애가 심리적 원인에 의한 것이라고 할 정도이다(홍숙자, 2010). 이런 내용은 성행동이 단순히 성교행위에 그치는 것이 아니라 인격 전체와 관련된 심리적 행동이라는 점을 보여준다. 따라서 노인의 성이 노인의 정신과 연결되어 있다는 것을 이해하고, 의미를 부여할 수 있어야 할 것이다.

사회적 노화도 노인의 성기능과 관련된다. 배우자와의 사별, 자녀의 재혼 반대 등으로 자신의 성적 관심을 표출할 방법을 찾지 못할 때, 사회적 편견이나 종교적 이유 등으로 성적 표현의 기회를 상실하거나 억제할 수밖에 없을 때 노인은 자신의 성적 충동에 죄의식, 수치심을 느낄 수도 있다(모선희 외, 2018).

3) 노년기의 성 관련 문제

노인의 성 관련 문제로 우선 성기능의 변화를 들 수 있다. 조사에 따르면 노인의 절반 이상이 노후 성생활이 중요하다고 인식하고 있으나(정경희 외, 2017) 성교통과 오르가즘, 발기불능, 노인성 질환과 투약 등으로 인해 성적 역기능을 경험한다. 이런 문제 해결을 위해 행동-정신역동치료, 호르몬요법, 음경보형물 삽입(prosthetic devices), 자연환원법 등을 사용할 수 있다(최성재 외, 2011).

또 노인의 무분별한 성생활이 발생할 경우 가정, 사회에 부정적 영향을 준다. 노인들이 많이 모이는 공원 등에서 성적 욕구 충족을 위한 성매매가 이루어지는 현상은 인격의 황폐화, 노인의 심신 및 경제적 문제 등으로 이어진다. 이는 황혼이혼, 노인의 매독이나 에이즈 등과도 무관하지 않다(조추용 외, 2019).

한편 경찰청에 따르면 60세 이상 노인의 성범죄가 계속 증가하고 있는데, 여성노인의 경우는 성범죄의 피해자로 부각되고 있다. 이는 핵가족화와 여성 독거노인이 증가하면서 나타난 결과로 해석된다. 이 때 가해자 대부분은 동네 주민이거나 만취상태의 우발적 범행자인 경우가 많고, 평균연령은 40대 중반이다(조추용 외, 2019). 따라서 위기 시 물리적 자기방어 능력이 취약한 여성 독거노인을 보호할 수 있는 적극적 조치가 필요하다.

4. 호스피스 케어와 임종

1) 죽음과 임종의 개념

죽는다는 것의 의미는 문화, 연령, 건강, 인지적인 능력, 개인의 생활상황, 성,

성격 등에 따라 다르기 때문에 죽음의 개념을 한마디로 규정하기는 어렵다. 그럼에도 불구하고 죽음(death)의 개념을 사전적으로 살펴보면 '동식물에 소생의 가망성이 없는 모든 생체기능의 영구적 정지, 생명의 종결, 죽는다는 사실이나 행동 및 과정(Webster 사전), 생물의 생명이 없어지는 현상(국립국어원)'이라고 확인된다(서혜경, 2009).

카스텐바움(Kastenbaum, 1996)은 기존 연구들의 정의를 종합해 "죽음은 살아 있는 상태의 종결, 죽어가는 과정이 끝나는 것을 의미한다."고 하였다. WHO는 죽음을 "소생할 수 없는 삶의 영원한 종말"이라고 정의하고(조추용 외, 2019), 대한의사협회는 사망을 "심폐기능 정지로 인한 심폐사 또는 전뇌 기능의 소실인 뇌사"로 정의하여 뇌사를 죽음으로 인정한다(남상욱, 2009). 이런 내용으로 볼 때 죽음은 현존하는 세상에 존재하는 것이 완전히 끝나는 것, 절대적으로 완전히 소멸되는 것을 의미한다고 하겠다.

많은 경우 죽음은 임종(dying)과 혼용되고 있으나 엄격한 의미에서 둘은 구분된다. 죽음은 생명이 정지된 상태, 살아 있는 상태의 종결을 가리키고, 임종은 죽어가는 과정, 즉 유기체가 생존능력을 상실해 가는 과정을 가리킨다(최성재 외, 2011). 웹스터(Webster) 사전에서도 임종을 "생명이 끝나가는 것, 죽음이 임박한 것, 점차 소멸되는 것"이라고 하면서 죽음과 구분하여 설명하고 있다(정순둘 외, 2020). 즉, 죽음은 살아 있는 영역에 속하지 않지만 임종은 살아 있는 과정에 위치한다.

또 죽음은 사회적 과정으로 이해되기도 하고, 신학적, 법적 의미의 죽음으로 구분할 수도 있다. 참고로 재스트로(Zastrow, 2005)의 죽음의 유형을 제시하면 〈표 13-13〉과 같다.

〈표 13-13〉 죽음의 유형

유 형	내 용
생물학적 죽음	호흡정지, 심장정지, 동공확대를 죽음의 판단 기준으로 하는 이른바 3증후설에 근거하여 인간의 장기기능이 정지된 상태를 의미함.
의학적 죽음	모든 체세포의 기능 상실로 생체가 기능하는 데 필요한 화학적 · 물리적 또는 전기 · 생리적 활동을 잃게 되어 인체의 세포가 불가역적인 상태로 변화는 것을 의미함. 즉, 뇌 또는 호흡이나 심장박동의 완전한 정지
사회적 죽음	생명은 유지되고 있지만 인간으로서의 기능을 전혀 할 수 없는 상태, 식물인간이 대표적 예가 됨. 의학적, 법적 죽음이 전제되어야 함.
신학적 죽음	생명체의 기능이 완전히 정지된 상태에서 인간의 생명이 신에게 귀의하는 것을 말함. 철학적 정의로는 생각의 정지.
법적 죽음	의사가 죽음을 판정한 후 이를 기초로 죽음을 법적으로 인정한 경우를 말함.

출처 : Zastrow, C.(2005). Introduction to social work and social welfare. pp.406~411. 서혜경(2009). pp.23~24에서 재인용.

2) 죽음의 의미와 태도

노인이 자신의 죽음을 어떻게 인식하고 받아들이느냐에 따라 노년의 삶에 대한 태도와 삶의 만족도는 달라진다. 즉, 노인이 자신의 죽음에 어떤 의미를 부여하느냐에 따라 남은 삶에 대한 의미도 달라지는 것이다. 노인들은 보통 죽음에 대해 거부감과 두려움을 느끼는 한편 죽음을 수용하려는 마음도 갖고 있으며, 죽음에 대한 부정이 수용적 태도로 변화하기까지 여러 감정이 혼재하게 된다(최성재 외, 2011)

에릭슨(Erikson)은 '나의 삶이 그랬어야만 했고, 다른 무엇으로도 대치될 필요가 없으며 대치될 수도 없다고 수용하는 것'을 자아통합이라고 하면서(최현옥, 2014), 노년기의 자아통합 달성을 주요 과업으로 규정하였다. 에릭슨의 통찰에 따라 이해하면 자아통합감이 높은 사람들은 죽음에 대해서도 의연하게 대처할 수 있지만 그렇지 못한 사람들은 인생을 낭비했다는 느낌, 모든 것이 끝났다는 느낌 등 절망을 경험하면서 공포 속에서 죽음을 바라보게 된다(성기옥, 2016). 즉, 바람직한 노년기는 지난날의 실패, 좌절과 성공을 재통합하는 시기인데 만일 재통합에 실패하고 지금까지의 결과에 만족을 얻지 못하면 절망스러워하고, 자기자신을 낮게 평가하며, 죽음을 미완성의 삶을 중단시키는 사건으로 인식하게 되는 것이다(정순둘 외, 2020). 이런 측면에서 볼 때 노인은 죽음을 부정하기보다는 끌어안고 잘 사는 삶이 되도록 노력해야 하며, 웰리빙(well- living)이 웰다잉(well-dying)과 결코 분리되지 않았다는 것을 이해하고 죽음을 준비하도록 도울 필요가 있다(서혜경, 2009). "웰다잉을 통해 웰빙을 완성한다."(강원남, 2018)는 죽음준비교육 전문 실천현장의 목소리도 같은 맥락에서의 움직임이라고 해석할 수 있다.

사람들의 죽음 대처 과정에 대한 견해로 가장 널리 인용되는 것은 퀴블러로스(Kübler-Ross)의 이론이다. 퀴블러로스는 죽음에 대해 사람들이 보이는 반응을 부정, 분노, 타협, 우울, 수용이라는 5단계로 설명한다. 죽음에 직면하면 사람들은 자신에게 일어난 일에 충격을 받고 부정하지만, 죽음을 피할 수 없다는 것을 깨닫게 되면 왜 내가 죽어야 하는지에 초점을 두고 분노한다. 그 다음에 죽음을 늦추고자 하는 희망을 갖고 다양한 방법을 찾아 타협을 시도하지만 불가능하다는 사실을 받아들이면서 우울을 경험하게 된다. 이 단계에서 사람들은 죽음 자체 및 다양한 상실을 슬퍼하다가 결국 죽음과 싸워 이길 수 없고 모든 것이 끝났다는 것을 수용한다. 물론 모든 사람이 이러한 과정을 온전히 경험하는 것은 아니므로 퀴블러로스의 주장은 비판을 받기도 한다. 그럼에도 불구하고 죽음에 대한 관심과 대중적 인식 확대, 죽어가는 과정을 함께 경험하는 것에 대한 필요성 제고 등에 기여하였다는 점에서 의미가 있고, 여전히 죽음의 단계를 설명하는 가장 보편적 방식으로 인용되고 있다(서혜경, 2009).

3) 존엄한 죽음, 웰다잉

현대의학의 비약적 발전은 인간수명의 연장과 삶의 질 향상에 기여하였으나, 죽음으로부터의 자유를 가져다줄 수는 없다. 오히려 임종과정에서 인위적 연명치료를 해 죽음으로 가는 시간을 연장하는 것 때문에 본인과 가족의 고통이 커지고 삶이 피폐해지는 일이 발생하기도 한다.

연명치료 중단과 관련된 역사적 사례

1997년 서울 보라매병원에서 환자의 인공호흡기를 제거한 의사와 가족이 살인죄로 기소된 일이 있다. 당시 환자는 머리 수술 후 자발호흡 불가상태로 인공호흡기를 부착했으나, 보호자는 경제사정 때문에 조기퇴원을 요구했다. 환자는 인공호흡 중단 후 5분 만에 사망했다. 대법원에서는 보호자와 의료진에게 각각 살인죄와 살인방조죄를 선고했다.

그 후 2009년 세브란스병원에 입원한 여성노인 김할머니는 치료 중 일시적 심정지로 심폐소생술을 받았으나 뇌손상을 입고 수개월간 식물인간 상태로 지냈다. 가족들은 '환자는 평소 무의미한 연명치료를 원하지 않았다'고 주장하며 인공호흡기 제거를 요청하였으나 병원은 이를 거부했다. 가족들은 소송을 제기했고, 대법원은 '회복불가능한 사망단계에 진입한 환자는 연명치료를 중단할 수 있고, 환자에게 부착된 인공호흡기를 제거'하도록 판결하였다.(출처 : 의대생신문, 2016. 11. 30).

위에서 제시한 사례는 존엄사, 안락사와 관련이 있다. 존엄사는 말 그대로 인간적 품위가 있는 죽음을 말한다(이순민, 2019). 생명유지를 위해 강제적인 수단을 사용하지 않고 생명연장조치를 중단하여 자연적으로 죽음에 이르게 한다는 점에서 '소극적 안락사'와 동일한 의미로 사용한다(서혜경, 2009). 소극적 안락사는 의도적인 약물 주입, 환자에게 필요한 약물의 중단 또는 의료기구 사용의 중단으로 생명을 단축시키는 '적극적 안락사'와 구분되며, 무의미한 연명치료를 중단하는 행위를 가리킨다(서혜경, 2009; 정순둘 외, 2020).

당시 우리나라에는 연명치료 중단과 관련된 법률이 없어 각 사건별로 법원의 판결에 따를 수밖에 없었다. 이후 활발한 논의와 활동을 거쳐 2016년 2월에 「호스피스 · 완화의료 및 임종과정에 있는 환자의 연명의료결정에 관한 법률(약칭 연명의료결정법)」이 제정되었고, 2018년 2월 4일부터 시행되고 있다. 「연명의료결정법」은 "호스피스 · 완화의료와 임종과정에 있는 환자의 연명의료와 연명의료중단 등 결정 및 그 이행에 필요한 사항을 규정함으로써 환자의 최선의 이익을 보장하고 자기결정을 존중하여 인간으로서의 존엄과 가치를 보호하는 것을 목적(법 제1조)"으로 한다. 이 법을 통해 누구나 '연명의료계획서' 및 '사전연명의료의향서'를 작성하고 자신의 연명의료중단 및 호스피스에 관한 사항을 계획할 수 있다. 또한 말기환자 등 회생가능성이 전혀 없이 사망이 임박한 사람의 연명치료를 중단해 사망했을 경우도 환자의 가족이나 의사에게 살인죄나 살인방조죄의 적용이 없도록 하는 근거가 되어 속칭 웰다잉법이라 부르기도 한다.

인간생명에 대한 결정에 관여한다는 점, 생명경시 풍조 조장 우려, 빈곤층의 남용 등에 대한 우려로 찬반 논쟁이 없는 것이 아님에도 불구하고 법률 제정 후 연명의료계획서 및 사전연명의료의향서 등록비율은 지속적으로 증가해 왔다(국립연명의료관리기관 홈페이지, 2020. 11. 1). 단적인 예로 법률 제정 1년 뒤 서울대병원에서는 과거에 비해 29배나 되는 환자들이 연명의료계획서를 작성한 것으로 나타났다(서울대학교병원 공식블로그, 2019. 7. 9).

이처럼 높은 관심 속에서 많은 사람이 새로운 선택을 할 수 있게 되었지만, 때로는 사전연명의료의향서 작성이 마치 존엄사, 웰다잉의 전부인 것처럼 이야기되는 것 같기도 하다. 고통스럽게 생명을 연장하지 않을 수 있게 된 것은 선택의 확장이라는 점에서 의미가 있지만, 비참하고 고통스러운 삶을 살았던 사람이 죽음의 순간에 무의미한 연명치료를 중단하는 것만으로 인간으로서 존엄한 죽음을 맞이했다고 하기는 충분하지 않아 보인다(강원남, 2018). 따라서 노인복지실천 현장에서 죽음을 논할 때는 법적, 기능적 차원의 존엄사, 웰다잉 개념을 분명하게 이해하는 데서 더 나아가 그것이 내포한 의미를 보다 확장해 적용함으로써 존엄한 삶의 연속선상에서 존엄한 죽음을 맞이하도록 돕는 실천방법을 찾아 고민해야 할 것이다.

4) 호스피스 · 완화의료 서비스

(1) 호스피스의 개념과 발달

임종단계에서 연명치료를 중단한다고 해서 모든 치료가 중단되는 것은 아니다. 육체적 통증을 최소화하고 인간다운 죽음을 마주하도록 돕는 처치를 받을 수 있다. 그런 의미에서 호스피스 케어가 중요한 위치를 차지한다. 인간은 죽음에 대해 저마다 다른 태도를 보이지만 공통적으로 두려움을 느낀다고 알려져 있고, 호스피스 케어는 그러한 두려움을 넘어서 죽음을 조금이라도 더 편안하게 받아들이도록 도울 수 있기 때문이다.

호스피스는 라틴어로 손님을 뜻하는 'hospes'와 손님접대, 손님을 맞이하는 장소를 뜻하는 'hospitum'에서 기인하며, '손님을 돌본다'는 의미를 갖는다. 이는 중세의 성지 예루살렘으로 가는 성지순례자나 여행자가 하룻밤 쉬어가는 휴식처라는 의미에서 유래된 용어이다(노유자, 2002). 이런 어원을 배경으로 호스피스는 '죽음을 앞둔 말기 환자와 그 가족을 사랑으로 돌보는 행위로서, 환자가 남은 생동안 인간으로서의 존엄과 높은 삶의 질을 유지하며 살다가 평안하고 복된 죽음을 맞이하도록 환자와 가족의 신체적, 정서적, 사회 · 경제적 · 영적 요구를 충족시키며 사별가족의 고통과 슬픔을 경감시키기 위한 총체적 돌봄'을 가리킨다(노유자 외, 1994).

현대적 의미의 호스피스의 출발은 1967년 런던의 성크리스토퍼 호스피스(St. Christoper Hospice)이며, 미국에서는 1971년에 코네티컷(Connecticut)에서 가정 호스피스로 시작되었다. 우리나라에서는 1965년 강원도 강릉 '마리아의 작은 자매회' 수녀들이 '갈바리의원'에서 호스피스를 처음 소개했고, 이후 종합병원, 대학병원, 민간단체 등에서 호스피스 시설을 운영해 왔다. 특히 「호스피스 · 완화의료 및 임종과정에 있는 환자의 연명치료결정에 관한 법률」 제정 후 호스피스 기관은 꾸준히 증가하고 있는 추세이다(권중돈, 2019).

한편 호스피스와 관련해 우리나라에서는 「연명의료결정법」 제정 이후 호스피스 · 완화의료라는 용어가 공식적으로 사용되고 있다. 완화의료는 1970년대 캐나다를 중심으로 시작된 것으로서 생애말기 과정에 초점을 두고, 임종과정에서의 고통을 감소시키고 궁극적으로 그들의 삶의 질 개선을 목적으로 하는 서비스이다(정순둘 외, 2020). 호스피스 · 완화의료라는 용어가 사용되는 것은 이와 같은 호스피스와 완화의료의 기본 철학, 서비스 제공 형태 및 방법, 팀접근 방식, 자원봉사자의 케어 포함 등의 유사성 때문이라 할 수 있다(정경희 외, 2018).

(2) 호스피스의 철학 및 목적

호스피스 운동은 과학기술의 발달이 가져온 비인간화 문제, 사회변화 문제로 인한 노인 소외, 임종자에 대한 무관심과 소홀한 대접, 생명의 가치관 및 윤리관의 변화에 대한 인간성 회복 운동이다(노유자, 2002). 또 부분으로서의 인간이 아닌 신체적, 사회적, 영적 또는 그 이상의 합(合, sum)으로서의 인간을 이해하는 총체주의(holism), 즉 인간은 여러 부분의 합 이상이라는 사상과 철학에 기반한다(노유자 외, 1994 ; 서혜경, 2009). 스커브(Skobe, 1997)는 총체적 접근으로 편안함과 안위를 제공해 삶의 질을 높이는 것, 치유되지 않는 말기환자의 삶의 질을 최대화하고, 가족도 함께 돌보는 것을 호스피스 정신이라고 하였다.

이런 배경에서 호스피스 철학은 다음과 같이 정리된다. 첫째, 말기환자와 임종환자, 그 가족을 돌보고 지지한다. 둘째, 그들의 남은 생을 가능한 한 편안하게 하고 충만된 삶을 살도록 한다. 셋째, 삶을 긍정적으로 받아들이며 죽음을 삶의 자연스런 일부분으로 받아들인다. 넷째, 삶을 연장시키거나 단축시키지 않는다. 다섯째, 환자와 그 가족의 요구에 부응하도록 가능한 한 모든 자원을 이용하여 신체적, 사회심리적, 영적 요구를 충족시키며 지지하여 죽음을 준비하도록 돕는다(노유자, 2002).

이러한 철학적 바탕 위에서 제공되는 호스피스 케어의 목적은 죽음을 앞둔 환자가 좀 더 편안하고 의미있게 여생을 보내도록 돕는 데 있다. 즉, 임종환자와 가족의 삶의 질을 극대화하고, 통증과 고통스러운 증상의 완화로 안위를 도모하며, 그들에게 편안한 환경을 조성하는 한편 신체적, 사회심리적, 영적, 경제적, 문화적 측면의 지지를 제공하고, 죽음을 긍정적으로 받아들여 평안한 임종을 맞이하도록 하며, 남은 가족들이 사별 후에 슬픔, 상실감 및 스트레스를 잘 극복하고 새로운 삶을 살도록 도와주는 것이다(노유자, 2002).

(3) 호스피스의 유형과 주요 서비스

호스피스의 유형은 호스피스를 제공하는 장소와 주체에 따라 몇 가지 형태로 구분된다. 우리나라에는 입원형, 가정형, 자문형, 소아청소년형이 있으며, 입원형 외의 유형은 시범사업으로 운영 중이다.

입원형 호스피스는 말기암 환자를 대상으로 통증 및 신체증상 완화, 임종관리, 환자와 가족의 심리 · 사회 · 영적 문제 상담 등을 진행한다. 가정형 호스피스는 시범사업 참여기관 진료환자 중 서비스 이용 희망자의 가정을 호스피스 팀원이 방문하여 서비스를 제공한다. 자문형 호스피스는 일반병동과 외래 진료환자 중 호스피스 대상자와 가족이 담당의사 변경 없이 진료를 받으며 호스피스 전문인력에게 자문, 증상관리, 전인적 돌봄, 상담, 자원연계를 제공받는 서비스이다. 소아청소년형 호스피스는 생명을 위협하는 질환으로 치료받는 소아청소년 환자와 가족이 치료과정에서 겪는 증상, 불편, 스트레스 등 신체적, 심리적, 사회적 어려움을 완화시키고 삶의 질을 향상시키기 위한 통합적 의료서비스이다(보건복지부 외, 2019).

〈표 13-14〉 2020년 10월 현재 유형별 호스피스 전문기관 현황(단위 : 개소)

유형 구분	입원형 호스피스	요양병원 호스피스	가정형 호스피스	자문형	소아청소년 완화의료
기관수	86	12	37	33	7

출처 : 중앙호스피스센터 홈페이지(http://hospice.go.kr/), 방문일 2020. 11. 1.

호스피스 케어의 주요 내용은 호스피스 유형이나 환자의 상태에 따라 상이하지만 일반적으로 직접서비스, 간접서비스로 나누어진다. 직접서비스는 말기환자에 대한 사정, 신체케어, 상담과 교육, 투약 및 처치, 정서적 케어, 영적 케어, 가족관리 등으로 구성된다. 간접서비스는 환자의 생활공간에 대한 환경관리, 물품 및 도구 제공, 의뢰, 호스피스 인력 교육과 관리, 회의 기록 및 보고, 장례 등 호스피스 대상자에 대한 직접적 서비스에 필요한 업무로 구성된다(황나미 외, 1996).

(4) 호스피스 인력 및 팀 구성

호스피스 케어는 다양한 분야의 전문가와 비전문가가 호스피스 팀을 구성하여 대상자를 돌보는 특징을 갖는다. 팀에서는 조정자가 팀 구성원을 조율하며, 각 직종별 구성원들이 각자의 역할을 잘 수행하도록 중재하고 팀을 통합해 운영한다.

전문팀에는 조정자, 의사, 간호사, 가정간호사, 사회복지사, 사목자, 약사, 영양사, 심리학자, 물리치료사, 작업치료사, 언어치료사, 예술치료사, 음악치료사 등 각종 치료사가 포함되며, 비전문팀에는 환자, 가족, 자원봉사자가 포함된다. 호스피스 팀 구성원들은 서로 존중하는 가운데 상호 역동적인 역할을 수행함으로써 호스피스 대상자를 위한 서비스 목적을 달성할 수 있게 된다(노유자, 2002).

우리나라의 경우 「연명의료결정법」 시행규칙 제20조1항(별표1)에서 호스피스 · 완화의료 전문기관에 의사, 간호사, 사회복지사를 필수인력으로 두도록 하고 있다. 사회복지사는 환자와 가족을 돕기 위해 가능한 한 모든 자원을 동원하고, 재정적 · 법적 보험관계 문제 등을 해결하도록 지원하며, 사회심리적 도움을 위해 상담을 실시한다. 또 사별가족의 상실에 대한 고통 극복을 위한 상담을 하며 직원대상 호스피스 교육에 참여한다(정순둘 외, 2020). 구체적으로는 상담, 사정, 사별관리, 퇴원계획, 지역사회 자원관리 등의 직접적 개입업무, 팀활동, 자원봉사자관리 등 간접적 개입업무, 팀활동, 대외활동, 기록 연구 등의 확장업무로 구분할 수도 있다(심세화, 2017:47-48 재인용).

참·고·할·만·한·정·보

- 각당복지재단 http://www.kakdang.or.kr
- 국가인권위원회 https://www.humanrights.go.kr/search/index.jsp
- 국립연명의료관리기관 https://www.lst.go.kr/main/main.do
- 중앙노인보호전문기관 http://www.noinboho.or.kr
- 중앙호스피스센터 http://hospice.go.kr/index.do
- 한림대학교 생사학연구소 http://www.lifendeath.or.kr/main/main.php
- 행복한 죽음 웰다잉연구소 https://well-dying.kr
- 동아일보. "존엄사 택한 노인들, 남은 소망은 다르지만 한결같이 남긴 말은?". (조건희 · 김소영 기자, 2019. 11. 15)
  https://www.donga.com/news/Society/article/all/20191115/98379708/1
- 시니어每日. "노인의 성, 언제 어디까지인가?". (배소일 기자, 2019. 7. 22).
  http://www.seniormaeil.com/news/articleView.html?idxno=9940
- 위클리서울. "노인층, 일자리와 연령 · 차별 · 편견 · 소외 · 학대 등 직면, 노인인권 OECD 최하". (한성욱 선임기자, 2020. 11. 4)
  http://www.weeklyseoul.net/news/articleView.html?idxno=55866
- 전북도민일보. "가족갈등과 세대갈등을 넘어서는 소박한 방법". (김옥근 기자. 2019. 1. 24)
  https://www.domin.co.kr/news/articleView.html?idxno=1227953
- 서울대학교병원 공식블로그(2019. 7. 9)."환자 스스로 연명의료결정 1년새 29배 증가 했습니다".
  https://blog.naver.com/chsnuh/221581431259('SNUH이야기-SNUH소식-서울대학교병원 내과 허대석 교수, 방문일 2020. 11. 1)
- 영화물등급위원회 공식블로그. 영화 〈69세〉 포스터.
  https://blog.naver.com/daliboni/222068825372
- 의대생신문(2016. 11. 30). "연명의료법 2018년부터 시행... 보라매병원 사건 이후 19년만".
  https://mednews.tistory.com/949(정창희 기자, 방문일 2020. 11. 1)
- 한국영상자료원 홈페이지. 영화 〈죽어도 좋아!〉 및 〈죽여주는 여자〉 포스터.
  https://www.koreafilm.or.kr (방문일 2020. 11. 17)

생·각·해·보·기

- 노년기 가족관계가 중요한 이유는 무엇인지 생각해 봅시다.
- 노인복지와 노인인권이 어떤 관계에 놓여 있는지 생각하고 설명해 봅시다.
- 노인학대 예방과 해결을 위해 우리사회가 함께할 수 있는 것에 대해 생각해 봅시다.
- 노년기 성(性)에 대해 자신이 갖고 있던 편견이 무엇인지 이야기해 봅시다.
- 노인과 인터뷰하여 노인의 죽음에 대한 태도, 죽음을 두려워하는 이유를 파악해 봅시다.

참고문헌

감사원(2020). 감사보고서-노인요양시설 운영 및 관리실태.
강원남(2018). 누구나 죽음은 처음입니다. 메이드인.
강진령 · 이종연 · 유형근 · 손현동(2009). 상담자 윤리. 경기도 : 양서원.
건강보험공단(2014). 장기요양기관의 새로운 표준모델이 될 서울요양원을 찾아서. 건강보험.제17권 제11호 통권193호, pp.32-33.
고재욱 외(2018). 노인복지론. 양서원.
국가인권위원회(2004). 국제인권장전 : 유엔인권해설집.
국가인권위원회(2006). 국가인권정책기본계획 권고안(2007~2011).
국민건강보험공단(2019). 2018 노인장기요양보험통계연보.
권순만 · 박건희(2006). 노인 장기요양 재원조달체계 : 제도의 유형과 정책 과제. 한국노년학연구, 15, 9-36.
권중돈(2006). 노인복지실천에서의 인권관점 도입방안 고찰. 광진노인종합복지관. 고령사회 노인인권 증진을 위한 실천적 접근. pp.44-65.
권중돈(2008). 노인복지론. 서울 : 학지사
권중돈(2012). 인권과 노인복지실천. 학지사.
권중돈(2019). 노인복지론(제7판). 학지사.
권진숙 · 박지영(2008). 사례관리의 이론과 실제. 서울 : 학지사.
김귀환 · 나직균(2010). 노인복지론. 서울 : 동문사.
김귀환 · 나직균(2012). 노인복지론. 동문사.
김동환(2008). "노인복지상담의 현황과 전망", 복지상담연구. 3(1): 55-72.
김미혜(1999). 노인과 인권. 월간 복지동향, 8:20-26.
김미혜(2002). 노인복지실천론. '노년학의 이해'. 대영문화사.
김미혜 · 성기옥 · 팽경희 · 최희진 · 최소영(2011). 손자녀 양육 조부모와 자녀와의 갈등에 영향을 미치는 요인. 한국노년학. 31(4), 905-923.
김수영 외(2009). 노년사회학. 서울 : 학지사.
김주희 외(2005). 장기요양노인간호. 경기 파주 : 군자출판사.
김춘경 · 이수연 · 이윤주 · 정종진 · 최웅용(2010). 상담의 이론과 실제. 서울 : 학지사.
김춘남 외 4인. 경기도 노인 사회참여활동 성공모델 연구. 정책연구보고 2016-11.
김태현 · 김양호 · 임선영(2011). 노인복지론. 서울: 구상.
김혜경(2005). 전기 · 후기고령자의 건강수준 및 복지욕구에 관한 비교연구, 한국노년학, 26(1), 1-16, 한국노년학회.
김희수 · 이은숙(2009). 노인상담의 이해 2판. 경기도 : 양서원.
남상욱(2009). 뇌사와 심폐사 그리고 장기이식. *Korean Journal of Pediatrics, 52*(8): 856-861.
노대명, 백혜연, 김명중, 쿠옌웬, 장인수, 한솔희(2017). 아시아 사회보장정책 비교 연구 -노후소득보장제도를 중심으로. 한국보건사회연구원.
노유자(2002). 죽음, 임종, 호스피스. '노년학의 이해'. 대영문화사.
노유자 · 한성숙 · 안성희 · 김춘길(1994). 호스피스와 죽음. 현문사.
노인장기요양보험 홈페이지 http://www.longtermcare.or.kr/
노인장기요양보험공단(2018). 요양시설 이용률 현황(2017년 12월말 기준).
노인장기요양보험공단(2020). 장기요양기관현황(2020.9.30.기준).
농림축산식품부 홈페이지(https://www.mafra.go.kr/mafra/1333/subview.do) cafe.daum.net/sdmseniornews/g9ed/28
동아닷컴 www.donga.com/
모선희 · 김형수 · 유성호 · 윤경아 · 정윤경(2018). 현대노인복지론(제6판). 학지사.
박경숙, 김미선(2016). 노인가구형태의 변화가 노인 빈곤율 변화에 미친 영향. 한국 사회학, 제50집 제1호.
박수천(2005). 노인 인권보호의 세계동향과 성년후견인제 도입방안. 한국노인복지학회. 2005년 추계학술대회 자료집. pp.11-31.
박정은, 원영애, 최은영(1994). "초기노인여성의 사회참여 방안에 관한 연구". 한국여성개발원.
법제처 국가법령정보센터 http://www.law.go.kr/
보건복지부 홈페이지 http://www.mohw.go.kr/
보건복지부(2002). 마드리드 고령화국제행동계획.
보건복지부(2017). 2017 노인실태조사 보고서.
보건복지부(2018.07.23.). 제2018-146호 장기요양등급판정기준에 관한 고시.
보건복지부(2019). 2019 노인일자리 및 사회활동 지원사업 운영안내.
보건복지부(2019). 2019년 요양보호사 양성 표준교재.
보건복지부(2019). 지역사회 통합 돌봄(커뮤니티케어) 선도사업 추진계획.
보건복지부(2020). 요양보호사 공통표준교재.
보건복지부(2020). 2020 노인복지시설 현황.
보건복지부(2020). 2020년 노인맞춤돌봄서비스 사업안내.
보건복지부(2020). 2020년도 노인보건복지사업안내.
보건복지부(2020.06.07.). 노인맞춤돌봄서비스 집중신청기간 운영 보도자료.
보건복지부 · 중앙호스피스센터 · 건강보험심사평가원 · 국민건강보험공단(2019). 2019호스피스 · 완화의료사업안내.
보건복지부 · 한국노인인력개발원(2020). 2020년도 고령자친화기업 운영 안내.
보건복지부 · 한국노인인력개발원(2020). 2020년도 시니어인턴십 사업운영 안내.
보건복지부 · 한국보건사회연구원(2017). 2017년도 노인실태조사. 보건복지부 · 한국보건사회연구원.
보건복지부 · 한국보건사회연구원(2020). 2019년도 장기요양 실태조사. 보건복지부 · 한국보건사회연구원.
사회복지법인 애린원 홈페이지 http://www.aerinwon.org/
사회복지법인 청운양로원 홈페이지 http://www.chungwoon.or.kr/

산업연구원(2019). 고령사회 수요 변화에 대응하는 고령친화산업 발전 과제와 시사점.

서혜경(2001). 노인권익 운동의 오늘과 내일. 밝은 노후. 1:25-31.

서혜경(2009). 노인죽음학개론. 경춘사.

서혜경 · 정순둘 · 최광현(2013). 노인 · 상담. 서울 : 학지사.

성기옥(2016). 노후불안과 자아통합감이 삶의 만족에 미치는 영향:사회적 자본의 매개효과를 중심으로. 이화여자대학교 박사학위논문.

신원우(2001). "노숙자 음주문제 해결을 위한 과제중심모델의 적용가능성에 관한 연구", 한국사회과학, 23(1): 149-178.

심세화(2017). 호스피스 사회복지사의 이직의도에 미치는 영향 요인들. 고려대학교 박사학위논문.

심의보 · 이민표 · 장우심 · 박성금 · 배극수 · 신창원 · 오호진 · 육도수 · 정상규 · 정윤태 · 허호(2012). 노인복지론. 경기파주 : 양서원.

안홍순(2013). 노인복지론. 공동체.

양옥경 · 김정진 · 서미경 · 김미옥 · 김소희(2018). 사회복지실천론. 나남.

양옥남 · 김혜경 · 김미숙 · 정순둘(2009). 노인복지론. 공동체.

오봉욱 외(2019). 초고령사회를 대비하는 노인복지론. 정민사.

오진주(2002). 노인복지실천론. '노년학의 이해'. 대영문화사.

원석조(2018). 노인복지론. 공동체.

유해숙(2016). "교육복지사업의 의미와 효과." 21세기사회복지연구 13(2), 109-136.

윤경아, 김형수, 모선희, 유성호(2012). 현대노인복지론. 서울 : 학지사.

윤석명(2019). 보건복지포럼. 2018년 정부 노후소득보장 강화 방안 평가: 국민연금과 기초연금, 한국보건사회연구원.

윤영대(2006). 현대상담의 윤리적 문제와 바람직한 상담자 윤리 연구. 진리논단, 626-643.

윤종주(1980). 우리나라 노인인구에 대한 사회인구학적 고찰. 한국노년학. 1:22-37.

윤종주(1994). 노인과 사회참여 : 그 현황과 전망, 한국노년학 14, 169-178.

윤희숙 · 정경희 · 박능후 · 전병유 · 권용진(2010). 노인장기요양보험의 현황과 과제. 한국개발연구원.

이광재(2012). 노인장기요양보험법총론. 공동체.

이근홍(2008). 캐어매니지먼트. 서울 : 공동체.

이미란(2012). 노인의 건강성과 자아통합감의 영향경로에서 가족지지 매개효과-연령집단에 따른차이를 중심으로. 한국콘텐츠학회논문지, 12(10), 280-290.

이미란(2018. a). A Study on the Care Experience of the Elderly with Dementia and the Quality of Life of the Family, *Asia-pacific Journal of Convergent Research Interchange*, *4*(1), 53~61.

이미란(2019. a). 재가노인의 회복탄력성 향상을 위한 지역사회노인 여가활동 연구, 예술인문사회융합멀티미디어논문지, 사단법인인문사회과학기술융합학회, Vol.9, No.3, pp. 685-694.

이미란 외(2019). 부산광역시 2019 지역사회 상생 · 협력 지원사업, 고신대학교 시니어뮤직커뮤니티 사업 보고서, 대학특화형 프로젝트공동연구(2019. 04~2019. 12).

이미란(2018.b). Smart aging activation measures and new growth innovation strategies of 4th industrial revolution for Korean elderly, *Asia Life Sciences*, SUPPLEMENT15-2, pp.1179~1190.

이미란(2019.b). 사회적 고립 속에 살아가는 노인의 삶과 욕구에 대한 탐색, 아태융합기술교류학회 하계학술대회, 충남대학교 글로벌인재양성센터, 2019년 5월 11일.

이병록(2017). 노인복지론. 경기 일산: 공동체.

이석연(2020). 노인요양시설 내의 요양보호사실의 배치에 관한 연구: 서울시 국공립 노인요양시설을 중심으로. 가천대학교 대학원. 석사학위논문.

이석준(2001). 고령화 사회의 노인인권보장에 관한 연구. 고려대학교 박사학위논문.

이순민(2019). 사회복지윤리와 철학. 학지사.

이영분 · 김미혜 · 정순둘 · 권금주(2009). 학대피해노인의 심리 · 정서적 특성에 관한 질적 연구-노인보호전문기관 상담원 경험을 중심으로. *Journal of The Korean Data Analysis Society, 11*(3):1257-1272.

이윤경 · 강은나 · 김세진 · 변재관(2017). 노인의 지역사회 계속 거주(Aging in Place)를 위한 장기요양제도 개편 방안. 한국보건사회연구원.

이은희(2014). 新노인복지론. 학지사.

이인수(2004). 21세기 노인복지론. 서울 : 대왕사.

이인수 · 김미주 · 신은영(2004). 21세기 국내외 노인복지와 실버산업. 서울 : 대왕사.

이현주(2019). 소득보장 정책의 현황과 과제.

이호선(2012). 노인상담 2판. 서울 : 학지사.

임미혜 · 이승연(2014). 청년기 손자녀-친/외조부모간 유대와 접촉, 가치유사성 및 부모-조부모관계 질과의 관계. 한국노년학. 34(2): 277-297.

임병우 · 김은주 · 임중철 · 주경희(2015). 노인복지론. 경기 : 공동체.

임재옥 외(2015). 노인복지론. 양서원.

임종린(2017). 선배시민 사회참여 및 역할인식 증진 영향요인에 관한 연구. 한국사회복지행정학. 19(4). 1-31.

장민(2019). 우리나라의 노인빈곤율 현황과 시사점. 한국금융연구원.

장미옥(2016). 신 노년문화형성을 위한 노화담론분석과 평생 교육적 논의. 문화예술교육연구. 11(4). 63-87.

장수지, 김수영, 문경주(2015). 노년기 사회통합의 가능성. 한국지역사회복지학 0.52 : 1-29.

장인협 · 정영순 역(1986). 사회복지방법론. 수문사.

장휘숙(2007). 성공적 노화, 스트레스 연구, 15(4):325-330.

저출산고령사회위원회 · 보건복지부(2019). 제3차(2016~2020) 저출산 · 고령사회 기본계획(수정).

정경희 · 서제희 · 이선희(2018). 웰다잉(Well-dying)을 위한 제도적 기반 마련 방안. 한국보건사회연구원.

정경희 · 오영희 · 이윤경 · 오미애 · 강은나 · 김경래&홍송이(2017). 2017년도 노인실태조사, 한국보건사회연구원.

정상양 · 김옥희 · 엄기욱 · 이경남 · 박차상(2012). 한국노인복지론. 학지사.

정순둘 · 고미영(2003). 재가 노인을 위한 사례관리 서비스의 효과성 연구-팀접근 모델을 중심으로-, 한국사회복지학, 54, 273-294.

정순둘 · 김혜경 · 박화옥 · 김범중 · 곽민영 · 양옥남(2020). 노인복지학. 공동체.

정순둘 · 박애리(2018). 고령친화 환경인식이 사회결속력 인식에 미치는 영향: 연령통합인식의 매개역할을 중심으로. 한국노년학, 38(4) 999-1013.

조아라(2013). 일본의 고령자 거주문제와 주거정책: Aging in Place를 중심으로. 대한지리학회지, 48(5), 709-727.

조영제(2016). "도심형 노인요양병원 건축계획에 관한 연구-유니트케어 중심으로-", 홍익대학교 대학원 석사학위논문, p.38.

조추용(2017). 노인복지론, 서울 : 창지사.

조추용,김양이, 윤은경(2017). 노인복지론. 서울 : 창지사.

조추용(2003). 노인의 여가활용과 사회참여에 관한 연구. 노인복지연구, 22, 7-34.

조추용 · 김양이 · 윤은경(2015). 노인복지론. 서울 : 창지사.

조추용 · 김양이 · 윤은경(2019). 노인복지론. 서울 : 창지사.

중앙일보 우리동네 어르신혜택 https://news.joins.com/digitalspecial/342

중앙치매센터(2019). 대한민국 치매현황 2018 보고서.

최성재(2002). 장수의 사회적 및 심리적 요인에 관한 탐색적 연구 : 한국, 일본 및 핀란드 백세인의 특성 조사 연구. 한국노년학, 22(2), 183-207.

최성재 · 장인협(2010). 고령사회의 노인복지학. 나남출판.

최성재 · 장인협(2002). 노인복지학. 서울대학교출판사.

최성재 · 장인협(2010). 고령화사회의 노인복지학. 서울대학교출판문화원.

최성재 · 장인협(2011). 고령화사회의 노인복지학. 서울대학교출판문화원.

최신덕(1983). 노인과 가족. 아산사회복지사업재단(편). 현대사회와 노인복지. pp.229-241. 아산사회복지사업재단.

최현수(2003). 우리나라 노인빈곤 동향 및 빈곤구성에 대한 연구. 한국노년학 23권 3호. pp.143-160.

최현옥(2014). 관련변인을 중심으로 비교한 자아통합 척도 연구. 한국노년학. 34(3): 539-553.

통계청(2011, 2016). 인구주택 총조사보고서.

통계청(2017. 5). 장래가구추계(2015~2045).

통계청(2019. 3). 장래인구 특별추계결과.

한경혜, 김주현, 박경숙, Hiroko Akiyama, 이재인(2011). 도시지역 연소노인들의 사회참여와 동기요인 간의 관련성. 한국노년학, 31(4). 1189-1208.

한국금융연구원(2019). 우리나라의 노인빈곤율 현황과 시사점, 2019-16(장민).

한국노인인력개발원(2017). 노인일자리 종합계획(2018~2022) 수립에 관한 연구-앙코르 라이프 플랜(Encore Life Plan).

한국노인인력개발원(2018). 2018 노인일자리 및 사회활동 통계동향.

한국노인인력개발원(2018). 노동시장 환경 변화에 따른 노인일자리 창출방안 연구.

한국노인종합복지관협회(2016). 선배시민대학: 행복한 노년의 삶, 1-16.

한국보건사회연구원(2018). 2018년 전국 출산력 및 가족보건 · 복지실태조사.
한국보건사회연구원(2019). 노인빈곤율 변동의 원인 분해 및 정책과제, 연구보고서 2019-08 (고제이 · 구인회 · 우해봉 · 이아영).
한국보건산업진흥원(2012). 고령친화산업 현황 및 전망.
한국보건산업진흥원(2017). 고령친화산업과 4차 산업혁명.
한국보건산업진흥원(2017). 제외국의 고령친화산업현황.
한국보건산업진흥원(2019). 2019년도 고령친화산업 육성 사업.
한국사례관리학회(2012). 사례관리론. 서울: 학지사.
한국주택금융공사 홈페이지(https://www.hf.go.kr/hf/sub03/sub01_02_01.do) cafe.daum.net/sdmseniornews/g9ed/28 http://news.chosun.com/site/data/html_dir/2019/04/25/2019042500093.html 워크넷 홈페이지 (https://www.work.go.kr/empWelfareSrv/recommendSrv/srvEmpPolDetail.do?svno=P0044)
한혜경(2009). 재가노인 대상 강점관점 사례관리의 효과성 연구. 한국사회복지학, 61(4): 243-263.
허남순(1998). 과제중심모델의 적용에 관한 연구 : 재가노인을 위한 사례관리. 한국사회복지학, 35: 399-426.
현외성(2010). 노인복지학 신론. 양서원.
현외성 · 김수영 · 조추용 · 이은희 · 윤은경(2000). 한국노인복지학강론. 유풍출판사.
홍숙자(2010). 노년학개론. 하우.
황나미 · 노인철(1996). 말기환자 관리를 위한 호스피스의 제도화 방안. 한국보건사회연구원.

Adamson, J., Lawlor, D. A. & Ebrahim, S. (2004). Chronic disease, locomotor activity limitation and social participation in older women: Cross sectional survey of British women's heart and health study. *Age and Ageing, 33*(3), 293-298.
Atchley, R. C, & Barusch, A. (2003). *Social forces and aging: An introduction to social Gerontology(10th ed.)*. Belmont, CA: Wordsworth.
Atchley, R. C.(1971). Retirement and leisure participation : Continuity or crisis? *The Gerontologist, 11*, 13-17.
Atchley, R. C.(2000). *Social Forces and Aging(9th ed.)*. Belmont, CA : Wadworth Tompson Learning.
Atchley, R. C., & Barusch, A. S.(2004). *Social forces and aging: an introduction to social gerontology*. 10th. Belmont,, CA: Wadsworth/Thomson Learning.
Baltes PB, Mayer KV (Eds.) (1999). *The Berlin Aging Study*. Cambridge, UK, Cambridge University Press
Beaver, M. L. (1983). *Human service practice with the elderly*. Englewood Cliffs, NJ: Prentice-Hall.
Benokraitis, N. V.(1996). *Marriages and families: Changes, choices, and constraints*. Upper Saddle

River, NJ: Prentice Hall.

Biestek, F. P. (1957). *The casework relationship*. Chicago, IL: Loyola University Press.

Birren, J. E.(1959). Principles of Research on Aging. In J. E. Birren(Ed.), *Handbook of aging and the individual*. Chicago : University of Chicago Press.

Bloom, A.(1980). Social work and the English language. *Social Casework, 61*, 332~338.

Botwinick, J.(1978). *Aging and behavior : a comprehensive integration of research findings*. New York : Springer Publishing Co.

Burlingame, V. S. (1995). *Gerocounseling : Counseling elders and their families (Springer series on life styles and issues in aging)*, Springer Publishing Company.

Burr, J. A. Caro, F. G., & Moorhead, J. (2002). Productive aging and civic participation. *Journal of Aging Studies, 16*, 87–105.

Butler,R.N., Gleason,H.P.(1985). *Productive aging*. New York : Springer.

Carstensen LL (1998). A life–span approach to social motivation. In J. Heckhausen & C. Dweck (Eds.), *Motivation and self–regulation across the life span*. New York: Cambridge University Press.

Challis, D. von Abendorff, R. Brown, P.Chesterman, J., and Hughes, J. (2002). "Care management, dementia care and specialist mental health services: an evaluation", *International Journal of Geriatric Psychiatry*, *17*(4): 315–325.

Charles M. Sell, (1985) : 208.; 양옥남 외, 2016 재인용.

Compton, B. R., & Galaway, B.(1999). *Social work processes*. Wadsworth.

Corey, M. S., & Corey, G. (2002). *Groups: Process, and practice*. New York: Brooks.

Cowgill, D. O. & Holmes, L. D.(1972). *Aging and modernization*. New York : Appleton–Century–Crofts.

Cumming, E. & Henry, W. E.(1961). *Growing old : The process of disengagement*. New York : Basic books.

DuVall, E.(1971). *Family development*. Philadelphia: J.B.Lippincott.

Dychtwald, K. (Ed.). (1999). *Health aging*. Graithersburg, MD: Aspen Publishers.

Epstein, L. (1992). *Brief treatment and a new look at the task–centered approach*. Macmillan Publishing Company.

Erikson, E. H. (1963). *Childhood and society(2nd ed.)*. New York : W. W. Norton & co.

Fast, B. and R. Chapin. (2000). *Strengths–based care management for older adults*. Baltimore: Health Professions Press.

Foster, L. and Walker, A. (2014). "Active and Successful Aging : European Policy Perspective." *Gerontologist, 55*(1).

Friedlander, W., & Apte, R. Z.(1980). *Introduction to social welfare(5th ed.)*. Englewood Cliffs, NJ: Prentice–Hall.

Hampton,J. K. Jr. (1991). *The biology of human aging*.Dubuque, IA: Wm C. Brown Publishers.

Harman, D.(1981). The aging process. *Proceeding of the National Academy of Science, 78*.

Havighurst, R. J. (1972). *Developmental tasks and education.(3rd ed.)*. New York : David McKay.

Hill. A. L. (2004). "Ethical Analysis in counseling: A case for narrative ethics, moral visions, and virtue ethics". *Counseling and Values*. *48*(2): 131−148.

Homans, G.(1961 ; 1974). *Social behavior : Its elementary forms*. New York : Harcourt Bacon.

Hooyman, N. R., & Kiyak, H. A.(2008). *Social gerontology: A multidisciplinary perspective*. Pearson Education.

Hooyman, N.R., and Kiyak, H.A. (2010). *Social Gerontology: A Multidisciplinary Perspective*, Boston: Pearson Education Inc.

Johnson, L. C. (1989). *Social Work Practice, 3rd.*, Massachusetts : Allybn and Bacon.

Johnson, P. J., and Rubin, A. (1983). "Case management in mental health: A social work domain?", *Journal of Social Work, 28*(1): 49−55.

Julius, R. Ballew, J. R., and Mink, G. (1996). *Case management in social work: Developing the professional skills needed for work with multiproblem clients paperback*,Springfield, IL: Charles C. Thomas Publisher.

Kane, R. A., Kane, R. L., & Ladd, R. C.(1998). *The Heart of Long−term Care*. Oxford University Press, USA.

Ku, I., Kim, C−O. (2018), Decomposition Analyses of the Trend in Poverty Among Older Adults: The Case of South Korea, *Journals of Gerontology: Social Sciences*, april 2018, 1 - 10.

Lee, G. R., & Ishii−Kuntz, M. (1987). Social interaction, loneliness, and emotional well−being among the elderly. *Research on Aging, 9*, 459−482.

Leitner, M. J., & Leitner, S. F. (1985). *Leisure in Later Life*. NY: The Haworth Press.

Leon, C. M., Glass, T. A., & Berkman, L. F. (2003). Social engagement and disability in a community population of older adults. *American Journal of Epidemiology, 157*, 633−642.

McDonald, P. A., and Haney, M. (2003). *Counseling the older adult*. Jossey−Bass, Inc., Publishers.

Mclnnis−Dittrich, K. (2002). *Social work with elders*. Boston: Allyn and Bscon.

Mehrabian, A. (1972). *Nonverbal communication*, Chicago, IL: Aldine−Atherton.Thomson Higher Education.

Meichenbaum, D. H. (1985). *Stress−inoculation training*. New York: Plergamon.

Miller. S. J.(1965). The social dilemma of the aging leisure participant : A Model of normal aging. *Human Development, 16*.

Morgan, D. L., Schuster, T. L., & Butler, E. W.(1991). Role reversals in the exchange of social support. *Journal of Gerontology, 46*(5), S278−S287.

Moxley, D. P. (1989). *Practice of case management*. London: University of Michigan Press.

Moxley, D. P., and Buzas, L. (1989). "Perceptions of case management services for elderly people", *Health & Social Work, 14*(3): 196−203.

Neugarten, B. L., & Weinstein, K. K.(1964). The changing American grandparent. *Journal of Marriage and the Family*, 199-204.

O'Connor, G. G. (1988). "Case management: System and practice", *Social Casework, 69*(2): 97-106.

Palmore, E. B. (1981). *Social Patterns in Normal Aging: Findings from the Duke Longitudinal Study*. Durham: Duke University Press.

Reid, W. J. (1992). *Task strategies: An empirical approach to clinical social work*. New York: Columbia University Press.

Riley, M. W. & Fomer, A.(1968). *Aging and society, vol.1 : An inventory of research findings*. New York : Russell Sage Foundation.

Robert N. Butler, Herbert P. Gleason(1985). *Productive aging: enhancing vitality in later life*. Springer Pub. Co.,

Rogers, C. R. (1942). Counseling and psychotherapy. Boston: Houghton Mifflin company.

Rose, A. M.(1965). The Subculture of the Aging : A Framework in Social Gerontology. In *Older People and Their Social World*, pp.3-16.

Rothman, J. (1991). "A model of case management: Toward empirically based practice", *Social Work, 36*(6): 520 - 528.

Rothman, J. (1992). *Guidelines for case management-putting research to professional use*. Los Angeles: University of California.

Rowe, J. W., & Kahn, R. L. (1998). *Successful aging*. New York: Pantheon Books.

Saleebey, D. (1992). *The strengths perspective in social work practice*. White Plains, New York: Longman.

Schaie KW (1990). The optimization of cognitive functioning in old age. In P. B. Baltes and M. Baltes (Eds.), *Successful Aging*. Pantheon Books.

Steinberg, R. M., and Carter, G. W. (1983). *Case management and the elderly*, Lexington, MA: Lexington Books.

Stone, R. I.(2006). Emerging issues in long-term care. In *Handbook of Aging and the Social Sciences*(pp.397-418). Academic Press.

Strawbridge WJ, Cohn RD, Shema SJ, Kaplan GA (1996). Successful aging. *American Journal of Epidemiology*. 144:135-141.

Strupp, H. H.(1995). The psychotherapist's skills revisited. *Clinical Psychology: Science and Practice, 2*(1), 70~74.

UN Economic Commission for Europe(2002). Regional Implementation Strategy for the Madrid International Plan of Action on Ageing. http://www.unece.org/fileadmin/DAM/pau/_docs/ece/2002/ECE_AC23_2002_2_Rev6_e.pdf. (UN 2017/12/4)

Welfel, E. R. (2015). *Ethics in counseling and psychotheraphy*. Boston: Cengage Learning.

White, L. K., Booth, A., & Edwards, J. N.(1986). Children and marital happiness: Why the negative correlation?. *Journal of Family Issues, 7*(2), 131-147.

WHO. (2002). "Active Ageing : A Policy Framework." Geneve : WHO.

Woodside, M. R., & McClam, T. (2003). *Generalist Case Management: A Model of Human Service Delivery*. Pacific Crove, CA: Brooks/Cole.

Woodside, M. R., and McClam, T. (2006). *Generalist case management: A Method of Human Service Delivery, 3th Ed.*, Belmont, CA: Thomson Brooks/Cole.

World Health Organization(2017). Towards long-term care systems in sub-Saharan Africa. Geneva : World Health Organization.

Zastrow, C. (2006). *The practice of social work: A comprehensive work text*. Boston: Cengage Learning.

白沢正和. (1993). 在宅介護支援センターに学ぶケースマネジメント事例集. 東京: 中央法規.

前田大作. (1990). "ケースマネージメントとは何か". 月刊福祉. 194(1): 36-37.

KBS [취재후] 요양병원에 입원한 지 한 달 만에 숨져... (2020. 09. 14) 이형관 기자 .

UN 노인을 위한 유엔 원칙(UN Principles for Older Persons, 1991).

http://www.silverinews.com/news/articleView.html?idxno=4367 silverinews. 2019.12.17.

https://www.nid.or.kr(중앙치매센터)

http://www.monews.co.kr(메디칼업저버)

http://www.seniorcitizen.or.kr/한국노인종합복지관협회 선배시민대학

https://m.chosun.com/svc/article.html?sname=news&contid=2018110300236조선일보. 2018.11.03.

https://m.chosun.com/svc/article.html?sname=news&contid=2019060100224조선일보. 2019.06.01.

https://news.joins.com/article/23088765중앙일보. 2018.11.02.

https://www.chosun.com/site/data/html_dir/2019/07/16/2019071600975.html?utm_source=naver&utm_medium=original&utm_campaign=news조선일보. 2019.07.16.

https://www.nhis.or.kr(국민건강보험공단)

http://www.100ssd.co.kr/news/articleView.html?idxno=38736백세시대신문. 2017.04.07.

https://www.yna.co.kr/view/AKR20190930076400002연합뉴스. 2019.09.30.

저자소개

장우심 현) 유원대학교 사회복지학부 교수

길태영 현) 중부대학교 사회복지학전공 교수

이미란 현) 고신대학교 사회복지학과 교수

임재옥 현) 대덕대학교 사회복지과 교수

정명환 현) 포항대학교 사회복지과 교수

성기옥 전) 경북전문대학교 사회복시과 교수

노인복지론

초판 1쇄 발행 2021년 2월 26일
초판 2쇄 발행 2022년 9월 1일

지 은 이 | 장우심 · 길태영 · 이미란 · 임재옥 · 정명환 · 성기옥
펴 낸 이 | 김기섭
편 집 인 | 정현주
펴 낸 곳 | 창지사 www.changjisa.com
08589 서울시 금천구 가산디지털 1로 83 파트너스타워 1차 9층
전화 (02)719-2211~3
팩스 (02)701-9386
등 록 | 1977년 4월 28일 · 제1-421호

ISBN 978-89-426-1422-6 (93330)

값 21,000원